十大事故から読み解く
山岳遭難の傷痕

羽根田 治
Haneda Osamu

十大事故から読み解く　山岳遭難の傷痕

――

目次

カバー表写真＝毎日新聞社
裏写真＝読売新聞社
ブックデザイン＝中村竜太郎

第一章

木曽駒ヶ岳の学校集団登山事故

学校集団登山

全校生徒もしくは一学年の生徒全員が集団で山に登る「学校集団登山」は、日本独特の風習であるという。そのはじまりは、明治二十年代にまで遡る。

『野外教育研究』二〇〇六年十巻一号に掲載された「わが国における野外教育の源流を探る」(井村仁)によると、「大日本帝国憲法」が発布された一八八九(明治二十二)年、長野県尋常師範学校が七月に草津白根山および浅間山の登山を実施した。また同校はその翌年に富士山にも登っている。これらが学校集団登山のはしりともいえるが、いずれも修学旅行の一環として行なわれたもので、登山そのものを目的とする集団登山が盛んになるのは明治三十年代の半ばごろになってからだ。

たとえば長野市立長野高等女学校は一九〇二(明治三十五)年に戸隠山に登って以降、飯縄山、妙義山、富士山などで学校集団登山を実施している。東京府第一高等女学校も一九〇五(明治三十八)年夏に総勢二十五人による富士山登山を行なった。このように先んじて学校集団登山を取り入れたのは主に女学校だったが、やがて男子の学校も積極的に導入するようになっていく。

〈先覚的指導者が、生徒の心身鍛錬、協力とルール順守の集団訓練、大自然の体験学習などの目標を掲げ、毎年の恒例としたものが多い。初めは、信仰の山で登山道が古くから開かれた安全な地元の山岳を対象とした。やや遅れて男子の学校にも集団登山は拡がり、こうした活動の積み重ねが、大正期、各校に山岳部設立を促す〉（山と溪谷社『目で見る日本登山史』より）

「わが国における野外教育の源流を探る」のなかで井村は、学校教育制度が整って間もない明治中期に学校登山が実施されるようになったことについて、「修験道とその考え方が広くわが国に浸透していたことから、自然な形で野外教育の手段として登山が取り入れられていったのでは」と考察する。

日本では、山岳信仰が独特の発展を遂げて修験道が普及するに従い、信仰登山が盛んに行なわれるようになった。その代表的なものが「富士講」「御嶽講」「立山講」などに代表される講中登山であり、いわば今日のツアー登山の源流ともいえるこうした登山が、一般大衆に浸透したのは世界の登山史上特筆すべきことであった。

そんななかで生まれたのが、「成人登山」「元服登山」という風習だった。たとえば北アルプスの立山周辺の村々では、男子十五歳に達すると夏に立山に登るしきたりがあったが、それは立山に限ったことではなく、成人への通過儀礼として登山を行なう風習は全国各地に見られた。

この風習が、学校制度が成立して間もない明治中期のころから、学校登山という形に変わって実施されるようになったというわけである。

そのはじまりのころより、学校集団登山を熱心に推奨してきたのは、低山から標高三〇〇〇メートルの山々を擁する国内屈指の山岳県、長野県である。同県の学校の生徒たちにとって集団登山は、在学中に数回は経験する伝統行事のようなものであった。

そして長野県南部の伊那地方で古くから学校集団登山の対象となってきたのが、地域のシンボル的存在の木曽駒ヶ岳だった。地元の小学校では明治時代後期より木曽駒ヶ岳登山を奨励し、以来十数年の間にこの山に登頂した児童は数千人にものぼるという。

地元の中箕輪尋常高等小学校では、赤羽長重（四十三歳）校長が着任した翌年の一九一一（明治四十四）年以降、学校行事の一環として木曽駒ヶ岳への登山が行なわれるようになり、一九一三（大正二）年の登山も八月二十六、二十七日の一泊二日で実施されることになった。時期的には天候が安定している八月上旬に行ないたかったのだが、夏休みや講習などで日程の調整ができず、やむを得ずこの日取りになった。

登山には高等科二年生の男子生徒二十五人が参加予定で、赤羽校長および訓導（戦前の小学校の教諭の旧称）の征矢隆得と准訓導・清水政治の三人が引率することになった。引率教員はなるべく多いほうがよかったのだが、ほかの学年の授業があったり、軍籍のある者は演習に召集されたり、喪中で辞退する者がいたりするなどして、結局この三人しか都合がつかなかった。とはいえ、それまでに赤羽は駒ヶ岳に数回登っており、征矢と清水も軍人なので体力的に不安はなかった。また、同窓会員（同校の卒業生）の青年九人もいっしょに登ることになったため、人数的に引率者の数も適正であると思われた。

登山を翌日に控えた八月二十五日の午後には、参加生徒と職員が顔を合わせてのミーティングが行なわれ、「高等科第二学年男　駒ヶ岳登山修学旅行案」と題した計画書が配られた。上伊那郡教育会がまとめた事故報告書『信州駒ヶ嶽遭難始末』によると、計画書には、登山の目的が次のとおり四項目に分けて記されていた（以下、とくに出典の表記がないものは同書からの引用）。

一、訓育的方面

一・至誠奮闘的意志の鍛錬を為すこと（一生懸命がんばる意志を鍛えること）

二・自治協同的行為の実践指導をなすこと（自分たちで協力して作業を実践すること）

二、智的方面

一・駒岳を地理的に観察せしむる事

二・駒岳頂上より木曽伊那両谷及眼界の及ぶ限りを眺望観察せしむることにより郷土的観念養成に資すること

三・土地の高低と植物との関係並に高山植物を実地に採集せしめて理科的観念を明瞭ならしむる事

三、情的方面

一・無辺偉大、崇高無上なる天地の荘厳美に接せしめて敬虔心の養成に資す（荘厳で美しい偉大なる自然を敬う気持ちを育成すること）

二・教師朋友と苦楽を共にする点よりして社会的犠牲的精神同情的仁愛的精神の養成に資す（教師や友だちと苦楽を共にして助け合う気持ちを育成すること）

四、身体的方面

一・強行遠足により身体を鍛錬陶冶する事

二・高山跋渉渓谷探険の方法に熟せしむる事

計画されたコースは、伊那町の内ノ萱から将棊頭山《しょうぎがしら》を経て木曽駒ヶ岳に登り、帰りは権現山経由で西春近村の小出に下山するというものだった。今のコースの呼び名でいえば、桂小場コースを登って権現づるねコース（権現山コース）を下りる、ということになる。桂小場コースを取るのはこのときが初めてであり、過去二回は権現づるねコースを歩いたものと思われる。

計画書には、行程中の要所間の距離と到着予定時間が細かく記されている。それによれば、二十六日は朝五時に学校を出発。約一二キロ離れた内ノ萱に九時に到着して朝食を摂り、九時半に行動を再開。一四キロほど先の将棊頭山には午後三時到着予定で、さらに約八キロ先の伊那小屋（現在の宝剣山荘付近にあった山小屋）へ。途中、天水岩、濃ヶ池、駒飼ノ池などで休憩を取りながら五時に小屋に入り、この日はそこで宿泊。翌二十七日の朝は眺望観察や植物採集を行ない、また地理や植物に関する講話を聞くなどして過ごし、九時に小屋を出発。将棊頭山から約一二キロの登山道をたどって午後二時に小出に下山し、学校までもどって午後六時に解散するという予定だった。

行動中の注意点としては、「安易に人に頼らず、お互いに助け合って自分たちで対処すること」「自分の携行品は他人に渡さず、必ず自分で所持していること」「休憩後に出発するときは、忘れものがないようにその跡を必ず確認すること」「隊列を離れてはならず、いかなる場合も鈴が聞こえる範囲内にとどまっていること」「霧が発生したときは、離れ離れにならないよう細引きで結び合って行動すること」などが挙げられている。

計画書で目を引くのは装備に関する記述だ。「服装は袷の着物、股引、脚絆、草履とする」「雨具としてゴザ（合羽）、麦藁帽子（笠）を用意する」「防寒具として真綿五枚、冬シャツ一枚を用意する」「草履は履いているもの以外に二足を携帯する」「金剛杖（ふつうの杖でも可）を用意する」「食料は餅が最もいい。握り飯なら、中に防腐のための梅干しを入れること。味噌漬けを入れた握り飯や焼き餅は腐敗しやすい」「スルメ、鰹節、蒸田作などを少量持つ」「糖分として氷砂糖、砂糖、金平糖などを少量持つ」「塩分として味噌、味噌漬けなどを少量持つ」「薬品として宝丹や仁丹などを用意する」など、当時の登山風習が垣間見えて興味深い。

説明会が終わって赤羽が帰宅したところに、近所の友人が訪ねてきた。二人で縁側に出て空を眺めながら、「やあ、明日の天気は大丈夫だぞ」といった話をした。しかし、その日の新聞の天気予報には「東海東山は北東の風曇」とあった。それが赤羽には気にかかっていた。

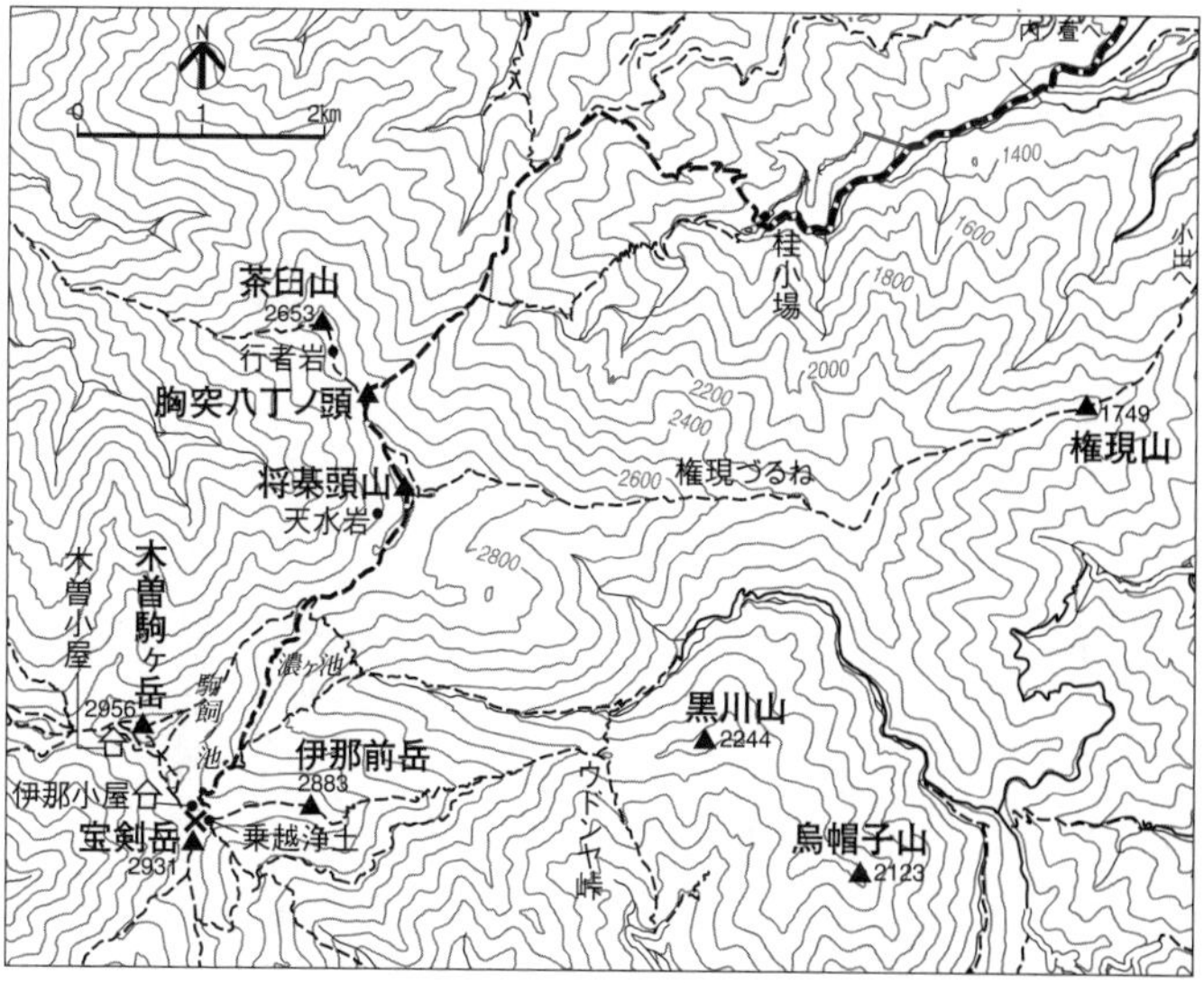
N
0
1
2km
茶臼山
2653
行者岩
胸突八丁ノ頭
将棊頭山
天水岩
木曽駒ヶ岳
2956
木曽小屋
駒飼池
濃ヶ池
伊那前岳
2883
伊那小屋
宝剣岳
2931
乗越浄土
桂小場
1400
1600
1800
2000
2200
2400
2600
2800
権現づるね
権現山
1749
黒川山
2244
烏帽子山
2123

台風の接近

登山当日の二十六日、赤羽は午前三時に目を覚まして空を見上げてみた。西から南の空には白い雲がかかっていたが、北から東の空にかけては青空が広がっていた。雨は降りそうになく、しばらくすれば晴れてくるだろうと考えた。

生徒たちの様子が気になったので、寝巻きのまま学校に行ってみると、準備万端に整えた二人の子どもが早くも登校しており、「やあ、ずいぶん早く来たねえ」と声をかけた。そうしているうちにも生徒たちが集まりはじめた。

「先生、山に登らんかね」

寝巻き姿の校長を見て不思議に思ったのだろう、一人の生徒が大声で尋ねてきた。

「いや、先生も登るから、みんな待っておれよ」

そう答えた赤羽は、身支度を整えるためいったん自宅に引き返した。前夜から学校に泊まっていた清水は、聞こえてきた校長の声に驚いて飛び起き、急いで準備にとりかかった。

四時ごろになって再び姿を現わした赤羽は、かつて付属の訓導時代に着ていた縁付き黒羅紗の洋服に身を包み、着ゴザを羽織り大きな麦藁帽子を被っていた。さらに足には脚絆を着けて草履を履き、なにやらものがたくさん詰まった革袋を右肩から斜め掛けにし、前日に篤志家から借り受けた双眼鏡を掛け、手には杖を握っていた。その足で用務員室へ行き、山の上でハイマツを切って薪にするためのノコギリを借りようとしたが、なかったので鉈を持っていくことにした。

時刻は出発時間の五時になったが、遅刻する者がいてまだ全員集まっていなかった。五時半まで待ってようやく全員がそろい、校庭に整列して点呼をとったのち、装備と服装のチェックを終えて五時四十分に行動を開始した。

参加者は当初の予定どおり引率者三人、生徒二十五人、同窓会員の青年九人の計三十七人で、征矢を先頭に身長の低いものから生徒が順に一列となり、その中間に赤羽が入り、最後尾に清水がついた。九人の青年は隊列のところどころに散って入った。

出発時の空模様は、薄い雲が木曽駒ヶ岳の山頂付近を覆っていたが、青空も顔を覗かせていた。春日街道をたどって七時に南箕輪村大泉に入り、学校から約四キロの距離にある公園で休憩を取った。ここで再度、服装がチェックされ、草履の履き方について教員からアドバイスが与えられた。このころには南北に細長い青空が見えており、陽の光も射しはじめ、天気がよくなりつつあることを思わせた。

そこで暑くならないうちに少しでも距離を稼いでおこうと、十五分で休憩を切り上げて出発した。二回目の休憩を取ったのは西箕輪村の大萱にある西箕輪尋常高等小学校のあたり。時刻は八時ごろで、空はすっかり晴れ上がっていた。暑さを避けるために林のなかの日陰に入り、荷を下ろして体を休め、朝食を摂った。

行動を再開したのは約三十分後。その出発時に、行者風の白髪の老人がやってきたという生徒の証言がある。老人は最後尾にいた生徒数人のところに来て、木曽駒ヶ岳のほうにかかる白い雲を指してこう言ったという。

「あの雲には雷獣が乗っている。地元の人はあの雲が出るときは決して山には登らないよ」

一行は梨ノ木、中条を経て平沢の小沢橋付近で小休止を挟み、十時四十分に内ノ萱の発電所に到着した。暑さはいよいよ厳しくなっていたので、発電所の西の芝生の原で正午まで大休止を取ることにした。生徒たちには帽子を脱いで風通しをよくするよう指示を出し、食事を充分に摂らせて水筒には水を補給させた。

この休憩中に、山の雲が下がってきて雨がぱらつき、一行を心配させたが、すぐにやんでしまった。生徒たちは「天も我々に味方してくれているんだ」と喜びながら準備を整え、十二時に内ノ萱を出発した。

同窓会員の青年の一人、有賀義計はのちに記した手記に「雨が降ってきたときに赤羽校長は『帰ろうではないか』と提案した」と書いている。しかし数人の生徒はこれを聞き入れず、「帰らぬ、帰らぬ」と言って出発してしまったため、赤羽もつられて歩き出したという。なお、中箕輪尋常高等小学校の当日の『校務日誌』には、「午後天候あまり宜しからず、登山の野営案じられる」とある。午後になって天気が下り坂となり、関係者が登山の一行の安全を心配した様子がうかがえる。

内ノ萱の先から本格的な登山道の登りが始まるが、それまでに体調の不良等を訴える生徒は一人もなかった。一〇〇メートルほど登ったところで再び雨が落ちてきたが、すぐに上がった。途中の清水が湧いているところで小休止して水を補給し、そこから数百メートル登ったところで、上から下りてきた数人の登山者に行き合った。早速赤羽が山の上の天気について尋ねてみると、「昨晩はちょっと降られたが、今朝はよく晴れていた」とのことであった。

総勢三十七人はみんな元気いっぱいで、ときにみんなで軍歌を唄いながら順調に歩を進めてきたが、赤羽ら引率者にとって唯一の懸念が天候だった。その懸念が、下山してきた登山者からの最新情報によって払拭され、胸のつかえがすっかり下りたかのような気分になった。

その後、何度かの休憩を取りながら登り続け、とくに問題もなく全員無事に「行者嶽の東の山巓」（現在の胸突八丁ノ頭だと思われる）にたどり着いた。時間は午後四時ごろだと思われる。このころになると雲が周囲の山々を覆っており、遠望はきかなくなっていたが、風はまったくなく静寂そのものだったという。ただし、生徒の一人白鳥武人は、手記に「その時分のもう寒風身を切る思いの中に雨降り、何ともいえぬ感起これり」と記している。

そこから主稜線をたどり、やがて一行は濃ヶ池の畔に立った。このあたりは霧が深く、岩陰には残雪があって冷気が漂っていた。ここで二十分ほど休憩をし、予定どおり植物採集を行なった。『信州駒ヶ嶽遭難始末』によると、「生徒たちは元気旺盛で、我先にと駆け回りながら植物を採集した」とあるが、「そのときにはもう体が冷え切っていて、寒くて寒くてたまらなかった」「空腹と疲労で弱っている仲間もいた」と、のちに手記にしたためた生徒もあった。

濃ヶ池から伊那小屋へ向かう道は峻険な悪路となり、歩くのに難渋した。しかも、小休止を取りながら駒飼ノ池まで来たところで、天候が一変した。突如として黒雲が湧き上がり、冷たい谷風が吹き付けてきたのである。

一行が山の上で遭遇したのは、台風の影響による悪天候だった。登山初日の二十六日午前六時、日本列島の南海上には台風があって、ほぼまっすぐ北上しつつあった。結果的にこの台風は、二十七日の朝六時に関東の南海上にまで接近、その後速度を速め、房総半島から鹿島灘、宮城県沖をかすめるようにして北上したのち、三陸地方に上陸して青森から函館あたりを通り、翌二十八日の朝に日本海に抜けるという進路をとった。つまり、中箕輪尋常高等小学校の集団登山は、台風が最接近していた最悪の状況下で実施されてしまったのである。

そもそも日本で初めて天気予報が発表されるようになったのは、一八八四（明治十七）年六月一日のことである。以降、午前六時、午後二時、午後九時の毎日三回、東京気象台が全国の天気予報を発表し、東京の交番などに印刷されて張り出されるようになった。もっとも、当時の予報は、「全国一般風ノ向キハ定リナシ天気ハ変リ易シ　但シ雨天勝チ」というように、全国の予報をまとめてたった一文で表現するという、まるで役に立たないものだった。一八八八（明治二十一）年ごろからは天気予報が新聞に掲載されて一般の人の目にも触れるようになったが、北海道から九州まで全国七エリアの天気がすべて同じ「區々の風過半晴天」であるなど、やはり極めて大雑把な予報であった。

ちなみにラジオで天気予報が聞けるようになったのは、ＮＨＫが国内で初めてラジオ放送を開始した一九二五（大正十四）年からで、それまでは新聞のみが天気予報を伝える唯一のメディアだった。

前述したとおり、登山前日に赤羽がチェックした新聞の天気予報には、「東海東山は北東の風曇」と書かれていたという。また、登山当日の二十六日付の「信濃毎日新聞」の天気予報には「佐久、上田、長野、飯山、南西風曇りなれども驟雨の模様あり」とある。当時はまだ日本国内のまばらな観測地点のデータのみで予報を出していたのだから、その精度は大正になっても推して知るべしだ。当然、台風についても、その発生や接近を察知する術はなく、天候が悪化してきて初めて台風の接近がわかるわけで、対策のとりようもなかったのだろう。

当時の東京朝日新聞を見てみると、一行が木曽駒ヶ岳を目指した八月二十六日までは台風に関する記事はまったくなく、二十七日付の紙面に、初めて悪天候による東京界隈での被害に関する以下の一段分ほどの記事が掲載された。

〈久しく旱魃に苦しみつゝありしに一兩日前より降り出でし雨は容易に歇まず昨夜の如きも本所、深川方面には下水の氾濫せし所少からず若し本日も降り續かば各所に出水を見るに至るべき模様なり（以下省略）〉

しかし、台風が通り過ぎた二十八日付の紙面には、「暴風雨關東を襲ふ」と題し、ほぼ一面を割いて台風関連の記事を載せている。この記事中には初めて「颱風」という用語が見られ、各地の被害状況を詳しく報じているが、見出しには「本日は概して平穏」という、とってつけたような一文も見られる。こうした記事を見るかぎり、当時の天気予報は、防災という点でほとんど役に立っていなかったと言っていいだろう。

中箕輪尋常高等小学校の一行は、よもや台風が接近しているとは想像だにしないまま、駒飼ノ池に差し掛かったあたりで突如悪天候に見舞われた。このころになると、さすがに疲れの色を隠せずにいる生徒も見えはじめたが、なんとか行進を続け、予定よりも一時間遅れの夕方六時ごろようやく伊那小屋にたどり着いた。

しかし、小屋を目の当たりにした教員や生徒は自分たちの目を疑った。そこには四角く囲った高さ一メートルのほどの石垣と、十数本の角材があるのみで、壁もなければ屋根もなかった。野営した形跡が残っているのは、登ってくるときにすれ違った登山者が前夜ここに泊まった名残りであろう。その惨々たるありさまを、ある生徒は「焼けあるいは風雨に吹かれ、跡形もない」と手記に記し、また青年会員の一人は「小屋は焼け落ち、焼けぼっくいの柱や梁などの木が十数本あるだけで、みんなの落胆の様子はたとえようがなかった」と描写している。

小屋が腐朽して壊れているという情報は、教員らも事前に把握していた。だが、まさかこれほど酷いとは思ってもいなかったようだ。

とはいえ、悪天候下で夜の闇が迫りつつあるなかでは、躊躇している暇はなかった。とりあえず空腹を感じている生徒に急いで食事を摂らせたうえで、全員を二班に分けた。一班は赤羽と清水の指揮のもとで小屋の応急修理を行ない、征矢が率いるもう一班は暖をとるための薪集めに取り掛かった。疲れていないはずはないのだが、そんな素ぶりを見せる生徒は一人もいなかった。

〈兒童の元氣は頗る旺盛で、其働きは實に目醒しきものであつた。訓育上目的とする處の至誠奮闘的精神、自治と協同の精神は、別に左迄の注意もなく、自ら遺憾なく發揮された〉

小屋の修復は、石垣の上に材木を斜めに渡し、その上にハイマツを敷き、さらに持参したゴザや合羽で覆って屋根を葺《ふ》いた。作業は四、五十分ほどで終了したが、そのころにはあたりは暗くなっており、風はさらに激しさを増して雨も降りはじめていた。昼間の暑さが嘘のような寒さに震えながら、どうにか三十七人全員が小屋の中に入り、防寒具を着込んで食事を済ませた。

しかし、猛烈な風はますます勢いを強め、雨も激しくなってきた。急造の小屋ゆえとても風雨を防げるものではなく、七時か八時ごろには突風が吹いて屋根が吹き飛ばされてしまった。全身は雨に濡れて寒さも耐え難くなり、そのうち雹《ひょう》まで降ってきた。

三人の引率者は、寒さに凍える生徒たちを励ましながら、なんとか火を起こして暖をとろうとするが、湿った古木とハイマツの生木であるうえ、雨が吹き付けてくるのだから、なかなか火はつかない。赤羽がどうにか数本のロウソクに火を灯し、その上に木を置いてみたが、煙がくすぶるばかりで目も口も開けていられなくなった。やむなく愛蔵の手帳を取り出して、ページを破って種火にしようとしたが、うまくいかなかった。

小屋の真ん中に吊された、たったひとつの提灯のほのかな明かりのもと、誰一人として声を上げる者もなく、みんな寒さに震えながら押し黙ったままだった。

強烈な風雨は夜が更けるに従いさらに強くなり、巻き上げられた砂や石が容赦なく吹き付けてきた。ときには饅頭ほどの大きさの石が弾丸のように飛んできてヒュンと体をかすめた。

そうしているうちに、疲れと寒さのため、うとうとしだす生徒が出はじめた。依然として赤羽は火を起こそうと躍起になっていたが、眠りそうになる生徒がいることに気がつくと、三人一組になって抱き合い、体を暖め合いながら眠らないように指示を出した。

どれぐらい時間が経っただろうか、赤羽のすぐそばにいた古屋時松という生徒が睡魔に抗しきれなくなり、「先生、眠くて困る」と訴えてきた。一行のなかでは、この生徒の衰弱がいちばん激しいようだった。

赤羽は、火を起こす努力を続けながら、こう言って生徒を励ました。

「古屋、眠るな。元気を出せ。明日の朝はいい天気になるぞ」

三十七人にとって、自然の猛威に翻弄された、長く過酷な一夜となった。ようやく夜が明けたとき、マッチはすべて使い果たし、ロウソクも尽きていた。

朝が来れば風雨もおさまって天気は回復しているだろうという期待は、虚しく裏切られた。おさまるどころか暴風はますます猛り狂い、小屋の残骸もろとも体まで持っていかれそうなほどの激しさだった。寒さも前夜にも増して厳しく感じられた。その非情な現実に、教員も生徒たちもただただ黙然とするのみであった。

状況は間違いなく最悪なものとなりつつあった。その場でじっとしているだけでは、いずれ力尽きてしまうのは明らかなので、三人の教員が協議した結果、木曽駒ヶ岳の山頂付近にある木曽小屋を探し出して避難することになった。

ただちに赤羽と清水が小屋を探しに出掛けていったが、強風に吹き飛ばされた小石が雨とともに顔に打ち付け、目や口を開けることができない。それどころかまともに立って歩くことさえできず、やむを得ず四つん這いになって進んだ。しかし、雨とガスで視界が悪いうえ、四つん這いになっているため、進むべき方向が定められない。どうにか三〇〇～四〇〇メートルほど進んだが、とても木曽小屋には行き着けそうになく、午前七時、二人は断念して岩陰伝いに小屋にもどってきた。

小屋に残っていた生徒たちは、赤羽と清水が木曽小屋を見つけて引き返してくるものと信じ込んでいた。そうすれば、風に吹き飛ばされそうになる恐怖を感じることもなく、小屋の中で火を焚いて体を暖めることができる。あともうしばらく我慢すれば、この悲惨な状況から解放される、そう信じて疑わなかった。ところが、その期待はあっさり裏切られた。生徒たちの落胆は大きく、その場は失望の沈黙に支配された。

死屍累々の惨状

三人の教員は再度、対応策を話し合い、今度は赤羽と征矢の二人が内ノ萱まで下山して、人夫を雇って必要な物資――食料や着替え、小屋を修復するための資材など――を担ぎ上げてくることになった。三十人以上の生徒を率いて暴風雨のなかを下山するよりは、必要物資を搬送したうえで、天気が回復するまで小屋にとどまったほうが安全だと判断したのである。

「我々が人夫を連れてくるまで、生徒たちのことをよろしく頼む」

赤羽は清水にそう言って、征矢と二人で小屋を飛び出していった。何人かの生徒は「いっしょに下りたい」と訴えてきたが、「危険だから」と言って思いとどまらせた。

二人は猛烈な風に何度も吹き飛ばされそうになりながらも、道の両脇にあるハイマツや岩にしがみついてなんとか体勢を保ちつつ、登山道を下っていった。しばらくして駒飼ノ池のあたりに差し掛かると、地形の影響だろうか、かなり風が弱くなった。そこで二人はいったん歩みを止めた。

「この程度ならば生徒たちも下れないことはないだろう。我々が内ノ萱まで下りて必要な装備をそろえ、再び小屋に引き返してくるとなると、少なくとも八、九時間はかかるだろうし、夕方になってしまうともどってこられなくなるかもしれない。あのまま小屋で待たせ続けるのは命の危険にも関わってくる。だったら、充分に注意しながらしっかり連携をとって、生徒を連れて下山したほうがいいのではないか」

そう考えた赤羽は、征矢と相談し、再度小屋に引き返していった。二人が小屋の前まで来ると、内部からなにやら騒がしい雰囲気が伝わったきた。何事かと思って入ってみると、清水が古屋を抱きかかえ、ちょうど宝丹を口の中に入れようとしていたところだった。聞けば、十分ほど前に突然気を失ったという。

目を見開き、歯を食いしばっている古屋を見て、赤羽は「ああ、困ったなあ」と呟き、看病に手を貸しはじめた。しかし、大声で「古屋、古屋」と呼び掛けながら、背中を叩いたり顔に水をかけたりするも、反応は返ってこない。体を毛布で包み、手足を摩擦しても意識は回復せず、人工呼吸をしてみても効果なし。鉛筆を口に挟《よ》じ入れて薬を飲まそうとしたが受け付けず、脈は刻一刻と細くなるばかりだった。

ほかの生徒たちが重く沈んだ表情で不安げに見守るなか、あの手この手を尽くして看護に努めたが、およそ一時間後、古屋は目を見開いたまま顔面が蒼白になり、とうとう還らぬ人となってしまった。

〈一同が目の當り此悲惨の古屋の最後を見たのである。一同は既に死の運命が、目の前に迫まれるが如く感じ、云ひしれぬ恐怖の念に打れた。此時校長は顔色土の如く、古屋を抱いたまゝ、一時無言であつた〉

しかし、いつまでも悲嘆に暮れているわけにはいかなかった。優先すべきは、これ以上の犠牲者を出さずに、ほかの生徒たちを無事下山させることであった。『信州駒ヶ嶽遭難始末』によると、このとき赤羽は「急いで下山の支度をするように」と命じ、生徒たちはそれに従い各自の小さな荷物を腰に巻きつけ、屋根代わりにしていたゴザを剥がして身に着けた。生徒のなかに一人「僕のゴザがない」という者がいたので、征矢が「誰のでもいいから早く着けろ」と急かし、順次小屋を出発したという。

だが、小説家の新田次郎は、この報告は虚偽だとしている。新田がこの遭難事故をテーマにして『聖職の碑《いしぶみ》』を著わしたのはよく知られるところだが、執筆に当たっては当然、事故報告書にも目を通していた。その記述のなかで、どうしても腑に落ちなかったのが、全員で伊那小屋を出発するくだりであった。『新装版　聖職の碑』（講談社文庫）の巻末に収録されている「取材記・筆を執るまで」に、新田はこう記す。

〈外は立っては歩けないような暴風雨だったというから、風速三十メートル以上の強風が吹いていたであろう。その中へほとんど無防備なこどもたちを出したということは、常識的に考えて、どうしても納得できない点であった。（中略）この場合は、暴風雨が去るまで、仮小屋で頑張るのが当然である。然し、かくてあるべきにあらねば、いざ急ぎ下山の準備をせよ——というあたりに、なにか秘められたものを感じた。時松の死の外になにかがあったのだ。そうでなければ、仮小屋を出る筈はない。そのなにかは、この遭難報告書には書かれてはいない。私はそれを知りたかった〉

新田の疑問は、現地での取材において、事故の生存者に会って話を聞くことによって氷解した。生存者の一人は、新田にこう証言した。

〈伊那谷へも木曾小屋へも行けないから、この仮小屋で嵐が通り過ぎるまで待とうということになっていた。ところが、古屋時松が死んだ。みんなが不安に襲われた。一部の青年の発言が更に不安を煽った。先生が制するのを聞かずに一部の青年が外へ飛び出したので、他の者もいっせいに小屋の外へ飛び出した〉（『新装版　聖職の碑』より）

また別の生存者も、「小屋を出るときは順番など決めずに、わあっと出ていったと思う。ゴザはほとんど吹き飛ばされてしまっていたので、ゴザを早く拾った者が助かったのではないか」と述べた。さらに清水は、古屋が息を引き取ったときの状況を、八月三十日付の信濃毎日新聞に次のとおり語っている。

〈此れ（注・古屋の死）を見たる他の生徒は大に打ち驚き泣くやら喚くやら大騒ぎとなり先生々々々」と聲を限りに泣き叫び一刻も早く此の危險の場合より逃れたしと乞ひたるも職員は却つて比儘下山を急ぎなば危險の怖れあればとて下山するを止めよと注意を與へたりされど生徒は之を耳にせず我先きにと三々伍々下山し始めたるより三名の職員は一生懸命に注意し一行の四分五裂し行くを追ひつゝ呼べども叫べども物の二三間と離れゝば強風雨の爲に遮られて聞へずなりぬ斯くて斯くの如く一大慘事を見たるは實に遺憾千万なり〉

つまり、『信州駒ヶ嶽遭難始末』にある出発時の記述は事実ではないということになる。新田は、この事故報告書の原文を書いたのは征矢ではないかと推測したうえで、次のように述べている。

〈征矢訓導が、この決定的瞬間の真相をそのまま記録に止めるのに躊躇したのは、へたなことを書くと、青年の中から悪者を出す虞れがあったからであろう。その筆の押え方は妙にして切なるものがあった〉

生徒や青年らが仮小屋を飛び出していったあと、最後に残ったのが、赤羽、征矢、同窓会員の有賀の三人だった。息を引き取った古屋は、紺がすりの袷に黒い三尺の帯を締め、ズックの鞄を肩にかけた状態で、ゴザの上に寝かせられていた。三人はその古屋をどうやって搬送するか話し合ったが、一人で歩くのさえ危険な暴風雨のなか、人を背負って運ぶことなどとうてい不可能だった。気の毒だがここに置いていくしかない。それはわかりきったことではあったが、古屋を一人残していくのはあまりに忍びなく、赤羽はどうしてもその場を去ることができなかった。

「僕は古屋といっしょにここに残るから、君たちは生徒を連れて早く避難したまえ」

そう言う赤羽を、征矢は涙を流しながら説き伏せた。

「だけど先生、古屋はもう死んでしまったんです。死んだ一人の生徒よりも、ほかの大勢の生徒の命のほうが大事です。いっしょに下りてもらわなければ困ります」

それを聞いた赤羽は「そうさなあ」と考え込むように呟き、ようやく踏ん切りをつけたか、古屋を振り返りながら外へ出ていったのであった。

時刻は午前九時ごろ。荒れ狂う風雨は先ほどにも増して激しくなっているようであった。轟々と鳴り響く風は砂礫とともに体を打ち、衣服の中にまで流れ込む雨は氷のように冷たかった。

先に仮小屋を飛び出していった生徒や青年たちと、最後に小屋を出た赤羽らがどのように合流したのかはわからない。一時は先頭を征矢が歩き、そのあとに生徒と青年が続き、最後尾には赤羽と清水、同窓会の青年二人がつくという形になったようだが、それも長くは続かなかった。

風の威力はまともに顔に受けると呼吸ができないほどで、それぞれ帽子やゴザで鼻を覆って呼吸を助けた。誰もが自分のことで精一杯であり、できるだけ前後で連絡を絶やさないように職員が注意するも、なかなか全員には伝わらなかった。

駒飼ノ池から先は峻険な細い道となるため、一人ずつしか通ることができず、集団はおのずと長く延びた。先頭の征矢は後続の様子が気にかかり、何度も後方に声を掛けながら下山を続けた。

濃ヶ池を過ぎ、将棊頭山の分岐のところで立ち止まって後続を待っていると、十八人の生徒らが追いついてきた。しかし、そのあとが続かない。ここまで下りてきても風雨は相変わらずの激しさだった。ぐずぐずしてはおられず、一刻も早く風雨が弱まる樹林帯まで下りる必要があった。征矢は「後続は後続で一団となって下りてくるだろう」と思い、先頭の者に「行者嶽の分岐点は注意して進むように」と告げ、さらに先を急がせた（征矢は集団の後方についたらしい）。

伊那と木曽を分ける稜線上には、木曽側から猛烈な風が吹き上げてきており、何度も吹き飛ばされそうになった。命の危険を感じるほどの風に隊列も乱れたが、バラバラになりながらも岩伝いに進み、どうにか安全圏となる樹林帯の中に入り込むことができた。この先、内ノ萱まではは危険箇所もほとんどない。征矢は生徒たちに「ここまで来ればもう大丈夫だろう。君たちは先に下っていって、山麓の社のあたりで待っているように」と言い、自分は後続の者が下りてくるのをそこで待つことにした。

一方、後続の集団は、駒飼ノ池のあたりで早くも先頭集団との連絡が途絶え、散り散りばらばらになってしまったようだ。清水は最後尾を歩いていたが、仮小屋を出て一キロほど来たところで、荻原三平という生徒が「先生、目眩がする」と言って倒れ込んでしまった。慌てて抱き起こして、手を引っ張りながら歩こうとしたが、荻原は自力で歩くことができないほど衰弱していた。やむをえず荻原を背負ってなんとか濃ヶ池まで来たところ、そこには唐澤武男という生徒が倒れていた。すぐに清水が駆け寄ってみると体はすでに冷たくなっており、脈も取れなかった。たぶん赤羽であろう、介抱した形跡も見られたが、どうすることもできなかったのだろう。

後ろ髪を引かれる思いでその場をあとにしたが、濃ヶ池を過ぎた先には、有賀直治、北川秀吉、堀峯の三人の生徒が並ぶようにして上を向いて倒れていた。その側には赤羽がいて、懸命に三人を介抱していたが、すでに三人とも息絶えていた。

荻原を背負った清水も、そこまで来るのが限界だった。風雨と飛ばされた小石が容赦なく体を打ち、もう一歩も進むことができなくなった。ふと周囲を見回してみると、二人ほどが入れそうな岩陰が目に入った。そこに荻原を運び込み、自分も身を潜めて校長に呼び掛けた。

「先生もこの岩陰に入りませんか」

「いや、僕はそうしてはいられない。先に行っている子どもたちを助けなければ。君はその子どもを頼むよ」

赤羽はそう言い残すと、先行した生徒たちを追って暴風雨のなかに姿を消した。周囲をガスに閉ざされた嵐のなか、荒れ狂う自然の猛威の音を聞きながら、清水はこう決意した。

「死ぬも生きるも荻原もろともだ。ただし、自分の命のあるかぎりは、この子どもを救うことに全力を尽くそう」

疲弊し切った体は睡眠を求めていたが、「眠ったら最後。あの世行きだ」と思い、荻原の体を揺すりつつ、「元気出せ」「眠るなよ」と励ました。眠気を覚ますために、ときどき大声を上げて助けを求めたりもした。

嵐は衰えを見せないまま刻々と時間は過ぎ、いつの間にか夜になっていた。夜の九時ごろになってようやく風雨もおさまり、十時半ごろには空も晴れてきた。だが、清水は心身ともに疲れ果てていて、立ち上がる力も出なかった。どうなるかわからないが、荻原とともにここでもうひと晩過ごすしかないと、覚悟を決めた。しかし、荻原と自分自身に「眠ってはダメだ」と言い聞かせながらも、疲労から来る睡魔には抗しきれず、いつの間にかぐっすりと寝込んでしまった。

清水と別れた赤羽は、下りていく途中で生徒の平井實に追いついた。行動不能に陥っていた彼を背負い、将棊頭山の分岐から下っていくと、そこにも倒れている者が二人いた。同窓会の青年の有賀基廣とその弟の邦美であった。動けなくなった弟を運ぶ途中で力尽きたのだろう、基廣が細引きで邦美を背負ったまま倒れていた。

仮小屋で古屋を看取り、下っていく途中で唐澤を亡くし、先ほども三人の生徒を失ったばかりのところへ、さらに兄弟二人の死が赤羽に追い討ちをかけた。だが、悲しんでいる暇はなかった。背には瀕死の状態の平井がいた。とにかく少しでも早く風雨を避けられる樹林帯に逃げ込まなければならなかった。

だが、もはや赤羽の体力も気力も潰えようとしていた。その場所から数百メートルほど下り、大きな岩を越そうとしたところでとうとう力尽きた。平井を背負ったまま倒れ込み、ついには意識を失ってしまった。

先に安全圏の樹林帯に達していた征矢は、後続が下りてくるのを待ち続けていた。そこへ駆け下りてきたのが、同窓会会員の浅川政雄という青年だった。彼は征矢に、赤羽からの伝言だとしてこう伝えた。

「今、濃ヶ池のところでまた一人生徒が倒れました。そのほかにも衰弱している者がいて、背負って下りているところです。征矢先生は、急いで内ノ萱に下り、人夫を六、七人雇ってよこしてください」

これによって征矢は後続の惨状を初めて知ることになり、「一刻も早く救援を呼ばなければ」と、内ノ萱へ急行した。先に下山していた先頭集団の生徒たちを追い抜き、山麓に着いて路傍の家に飛び込んだとき、征矢はろくに話をすることができないほど疲労困憊しており、山の上で起きている状況を正確に伝えられなかった。話を聞いていた老人にようやく概要が伝わると、ただちに周辺の住民らが集められ、三十分ほどの間に救援隊の一団が組織された。

午後四時ごろ、十数人から成る救援隊が内ノ萱を出発した。彼らはまず下山途中にあった先頭集団の生徒たちをサポートして無事に下山させ、続いて稜線へと向かった。隊の先頭にいた唐木喜高が、行者岩の最低鞍部から数百メートル下ったところで倒れている平井を発見したのは、六時半ごろのことである。触れてみた体はすでに冷たく、息を引き取ったあとだった。

その先、最低鞍部の直下には赤羽が仰向けに倒れていた。右手を上に挙げ、左手を股につけ、足を投げ出し、目も口も開いたままだったが、苦しそうな表情ではなかった。赤羽に背負われていた平井は、赤羽が倒れたのち、自力で数百メートル下って力尽きたのだろう。

状況からして赤羽も絶望的だと思われたが、唐木が胸に手を当ててみると、若干だが脈があるようだった。まだ助かる見込みがあると感じた唐木は、赤羽の手をつかんで引き起こし、大声で「今から助けるから、しっかりしなさい」と呼び掛けた。救援隊の唐澤龜吉も駆け寄ってきて、うしろから赤羽を抱きかかえて支えた。そのとき、赤羽が力のない微かな声で呟いた。

「俺一人だあ」

現場は激しい風雨をまともに受けるところで、二人で赤羽の体を支えていてもいっしょに倒れそうになった。そこで帯を使って赤羽を背負い、三〇〇メートルほど下って安全な場所に下ろしてから、二人で背中をさすったり肩を揉んだりするなどして蘇生に努めた。だが、その甲斐なく、最後に「ああ、嬉しい」というひと言を残して、午後八時ごろ、赤羽は眠るようにして息を引き取った。

死の間際に赤羽が残したふたつの言葉、「俺一人だあ」と「ああ、嬉しい」の解釈については、いろいろな捉え方があるだろうが、『信州駒ヶ嶽遭難始末』では次のように推察している。

〈此失態の責任は「おれ一人だ」の意である事は明かである〉

〈「うれしい」の一語は救助者に對する、感謝の表示に外ならぬ〉

この日の救助活動は夜になっていったん打ち切られ、隊員らは夜中の〇時ごろに内ノ萱に下りてきた。

ちょうどそのころ、たった一人で下山していた生徒の原高美が内ノ萱にたどり着いた。原は先頭集団に遅れまいと濃ヶ池のあたりを下っていた途中で日野孝男、小島覺、有賀繁雄といっしょになり、しばらくは四人で行動を共にした。荒れ狂う風雨のなか、気がつくと前にもうしろにも人影はなく、四人だけがひとかたまりになっていた。

将棊頭山の分岐でひと休みしていたとき、小島と有賀が尾根道を指して「この道を行こう」と言ったが、それはたどってきた道とは違っているように思われた。

「おいそれと下ると、木曽のほうに下りてしまうぞ」

そう原が注意すると、二人は「もうこうなれば木曽でもどこでもかまわない」と言って先に下りていってしまった。仕方なく原と日野は東の方向にあたりをつけて歩きはじめ、樹林帯に入ってからは沢を下りていった。しかし、しばらく行くうちに、とうとう日野が歩けなくなってしまい、岩の上に腰掛けて原にこう言った。

「もう到底歩かれない。君は先に行きたまえ」

原は友人を置き去りにすることに躊躇を覚えたが、結局は一人下ることを選択した。

「うん、それでは僕は行くよ。たとえ僕が途中で死ぬことになっても、村家に少しでも近いところで死にたいからね。運よく村家に着くことができたら、すぐに人を頼んでよこすから、動かずにここにいるように」

このときの心境を、原は手記にこう記している。

〈同勢三十七人は四人となり、四人は二人、二人は又離れて生死の境にある友を残して一人、自分の命も判らぬこの深山で別れるとは只悲しくて涙が落ちるばかりでありますけれども体格も同じ位だもの如何ともする事は出来ない一人下って之を報じるより他、手段なしと思ひなおして下り初めました〉

すでに山は夜の闇に包まれていた。そのなかを、原は遮二無二下り続けた。岩から岩を伝い、ツルにすがり、四～五メートル滑り落ち、あるいは滝壺に落ちながらも、神や仏の加護を信じてひたすら下っていった。そしてようやく下り着いたところが内ノ萱だった。

結果的に原と日野は将棊頭山の分岐から権現づるねコースをたどっており、五合目の先あたりで主稜線を外れて枝尾根から沢へ入り込み、原が一人沢を下って内ノ萱の発電所のところ出たのだった。

この時点で明らかになっていたのは、二十人が無事下山し、赤羽、平井、古屋、唐澤の四人が死亡、残りの十三人が行方不明になっているということだった。

中箕輪尋常高等小学校の生徒たちが木曽駒ヶ岳で遭難したというニュースは瞬く間に広まり、警察や消防をはじめ学校職員、父兄など各方面からの捜索・救助隊が組織され、二十八日の朝七~八時ごろ、内ノ萱を出発して山へと向かった。信濃毎日新聞によると、この捜索に加わった救助者の数は三〇〇人以上にのぼるという。

山中で原と別れた日野は朝方、救助隊によって無事発見された。また、将棊頭山の分岐から先に下りはじめた小島と有賀は、午前十一時ごろ、自力で下山しているところを発見・救助された。この二人も、原と日野とほぼ同じルートをたどって下山していたようだ。

濃ヶ池のあたりで行動不能となり、荻原とともに岩陰に入ってビバークしていた清水が目を覚ますと、東の空に太陽が輝いていた。時間は午前六時ごろ。傍の荻原もまだ死んではいなかった。立ち上がってみると、まだ頭はぼんやりしており、足もふらふらして力が入らなかった。それでも生き延びるためには歩かなければならず、荻原の手を引きながらゆっくりと下りはじめた。

歩きはじめてすぐ、目に入ったのは唐澤の遺体だった。その先には、有賀、北川、堀の三人の遺体が横たわっていた。

〈生徒には見せたくないと思ひましたが幾つもあるのでつい生徒の眼にも入らずには居りませ

ん。其悲惨なる死体を見る毎に生徒は非常に悲しみました。私も胸一杯になつて……〉（八月三十日付信濃毎日新聞より）

将棊頭山のあたりまで下りてくると、また二人が抱き合うように倒れていた。有賀兄弟である。

〈兄は弟を弟は兄をしっかりと抱き締めたまゝ事切れて居るのです。後できくと兄の方は無事に下山すれば出来たさうですが、弟が下りて来ない為態々救ひに行って、やっと弟を見つけ背負って下らうとして、其儘遂に見るも惨らしい憐れな最後を遂げたのださうです。

私は兄弟の倒れてゐる無残な有様を見ると訳もなく涙がボロボロとこぼれて来ました〉（清水の手記より）

さらにその先には赤羽の遺体があり、近くには平井が手足を伸ばした状態で息絶えていた。二人を見たときの心境を、清水は「気も失せんばかりに驚きたり」と述べている。

下から駆けつけてきた救援隊に清水と荻原が助け出されたのがどのあたりなのか、記録によって場所がまちまちなので特定はできないが、赤羽と平井の遺体に行き合うまでの間には合流しているようだ。

結局、この日のうちに六人が自力で下山もしくは救助され、生存者は計二十六人になった。

最後に見つかった平井利秋は、内ノ萱へ下りていく途中でルートを誤り、北の権兵衛峠へ続く尾根に入り込んでいってしまったが、幸いにも午後十一時二十分、木曽の炭焼きに発見・救助された。最終的に死者は十人にのぼり、唐澤圭吾一人だけが発見されないまま、捜索は打ち切られた。

複合的な遭難原因

教員一人、児童生徒九人、同窓会員青年一人の計十一人の死者を出したこの遭難事故の要因について、新田次郎は「取材記・筆を執るまで」のなかで次の五点を挙げている。

・過去二回の集団登山では案内人を連れて登っているのに、このときは予算節約のため案内人を同行させなかった。

・事前の下見登山を行なわなかった。

・倒壊していた伊那小屋で一夜を明かしたこと。伊那小屋から歩いて一時間弱の木曽小屋に泊まったほうがよかった。

・登山二日目は強行下山するのではなく、仮小屋で天候の回復を待つべきだった。

・下山ルートに、風当たりの強い箇所が稜線上にある内ノ萱コースをとってしまった。

下見登山を行ない案内人を連れていたら事故は防げていたかというと、なんともいえない。伊那小屋が倒壊状態であることは把握できただろうが、野営の装備を充分に整えたうえで登山を実施していたかもしれないからだ。ただ、リスクマネジメントや現場での判断がより慎重なものになった可能性はある。

伊那小屋を応急修理して泊まることにしたのは、新田も指摘しているように、天候が悪化しつつあるなか、疲労困憊している生徒たちをさらに歩かせて木曽小屋に向かわせるのは危険だと判断したからだろう。それよりは、多少天気が悪くても、ひと晩ぐらいだったらなんとかここでしのいだほうが安全だと考えるのが自然である。まさか悪天候が暴風雨にまで発展し、それが長時間続くとは思いもしなかったはずだ。

翌朝、仮小屋にとどまらずに下山を強行した点については、生徒たちがパニック状態に陥って三々五々仮小屋を飛び出していってしまった経緯を考えると、そうせざるを得なかったとしか言いようがない。蜘蛛の子を散らすように外に出ていった生徒たちを再び集めて統率し、再び小屋で待機させるのは、まず困難だっただろう。たとえそれができたとしても、多かれ少なかれ低体温症による死者は出ていたように思う。

新田が現地を取材したときに実際に同じコースを歩いてみて感じたのは、「犠牲者が出たのはすべて風の強いところだった」ということだ。なかでも将棊頭山から行者岩の下の最低鞍部にかけてはとくに風が強い。では、なぜそのコース（内ノ萱コース）を避けて、小出へ下る権現づるねコースをたどらなかったのか。新田の取材に同行した地元の案内人は、その疑問に対してこう回答したという。

〈赤羽先生も、風をさけるためには、将棊頭から小出へ出たほうがよいではないかと一度は考えたに違いありません。しかし、先頭集団を引率している征矢先生はこの道を通った経験はないし、当時この道はあまり使われていなかったから、多分荒れていたでしょう。二次的危険度を考えると、やはり知り切っている内ノ萱コースを選ぶよりいたし方なかったのではないでしょうか〉

ほとんどの遭難事故は、いくつもの要因が複合的に重なり合って起きているが、この事故も例外ではない。新田が指摘した点のいくつかが事故の一因になっていることも確かだろう。しかし、なんといってもこの事故の最大の原因は、台風の接近とそれに伴う天候悪化を予測できなかったことにある。現代の天気予報のように、台風の位置や勢力、進路予想などの情報が事前に提供されていたなら、この集団登山は実施されず、事故は起きなかったはずだ。

前述したとおり当時の天気予報は、あまりに大雑把すぎて、防災という点ではまったく役に立たなかった。引率した教員らも、登山を実施するタイミングで台風が最接近するとは想像もしていなかっただろうし、実際、出発前までその兆候も見られなかった。そういう意味で、赤羽が天候を気にしつつ登山の実施に踏み切ったことは責められまい。

ただ、残念に思うのは、天候悪化の兆しが現われはじめたときに、いち早く撤退の判断ができなかったことだ。同窓会の青年会員の手記によると、内ノ萱のあたりで雨が降ってきたときに、赤羽は「帰ろう」と言ったが、生徒が聞き入れなかったという。また、主稜線まで上がったときには、周囲の山々は雲に覆われており、そのあと雨が降ってだいぶ寒かったという証言もある。登山を中止して下山するとしたら、そのいずれかのタイミングだっただろう。

たしかに、しばらくして激しい暴風雨になるとは思ってもいなかったはずだから、仕方のない部分もある。だが、登山においては、パーティの人数が多ければ多いほど、行動時間が長くなり、足並みもそろわなくなるなど、リスクは間違いなく高くなっていく。このケースにおいても、大勢の子どもを引率していることを考えれば、撤退・避難の判断は臆病なほど慎重になるべきだったのではないだろうか。

もう百年以上も前に起きたこの事故を改めて調べ直してみて、ふと思い浮かべたのは、二〇〇九年に起きた大雪山系トムラウシ山でのツアー登山中の遭難事故である。

夏に大人数を引率しての登山中に悪天候に見舞われ、低体温症で行動できなくなる者が続出し、引率者はその対応に手一杯となって指導力を失い、パーティは崩壊して参加者は散り散りばらばらに自力で下山する——人数の規模こそ違えど、ふたつの事故はまったく同じパターンをたどっているといっていい。

改めて思うのは、古い事故の教訓を埋もれさせてはならない、ということだ。

事故の翌年の一九一四（大正三）年、将棊頭山と濃ヶ池分岐のほぼ中間地点、事故現場となった稜線上に、上伊那郡教育会による遭難記念碑が建てられ、八月十五日に碑の除幕式と追悼登山が行なわれた。その碑には、事故で命を落とした十人の氏名と次の文字が刻まれた。

〈大正弐年八月廿六日中箕輪尋常高等小學校長赤羽長重君為修學旅行引率児童登山翌二拾七日遭暴風雨終死矣〉

「慰霊碑」でなく「記念碑」としたのには、死者の霊を慰めるためではなく、「事故のことを決して忘れないように」という思いが込められているという。なお、風化によりオリジナルの碑の文字が判読しづらくなったため、二〇〇四年には同じ文字を刻んだ副碑が同じ場所に建てられた。

また、この事故を機に避難小屋や登山道改修の必要性が指摘され、広く寄付を募って一九一五（大正四）年に緊急避難用の石室（現在の西駒山荘の前身）が造られたほか、風通しの強い将棊頭山から分水嶺の稜線の東側を巻く現在の登山道が設けられた。

中箕輪尋常高等小学校では事故以来、職員有志による慰霊登山はたびたび行なわれたが、学校行事としての集団登山はずっと中止されたままだった。それが再開されたのは、事故から十二年が経過した一九二五（大正十四）年のことである。この年の七月二十五日、高等科二年生五十余人は十三回忌の慰霊のため木曽駒ヶ岳に向かい、宮田小屋（現在の宝剣山荘の前身）に宿泊した。

その翌二十六日には、第一回の駒ヶ岳登山マラソンが開催され一一三人の選手が参加した。そのレースを見にきていた青年会員が、飛び出してきた白いウサギを捕まえようとしてたまたま見つけたのが人骨だった。駒飼ノ池の上部のハイマツ帯のなかで人骨が発見されたという知らせは、すぐに宮田小屋にいた中箕輪尋常高等小学校の関係者に届けられ、人骨といっしょに発見された着物の切れ端や手ぬぐいなどから、それが唐澤圭吾のものであることが判明したのだった。

なお、『聖職の碑』には、実践主義教育を重視していた赤羽校長と、白樺派の理想主義教育を標榜していた若い教師との対立構造が遭難事故の背景として描かれている。白樺派というのは日本近代文学における一派のことで、一九一〇（明治四十三）年に志賀直哉や有島武郎らが創刊した同人誌『白樺』を中心に起こったことからその名がついた。人道主義や理想主義、個性尊重などを唱えたその思想は、自由と個性を尊重した教育運動として、大正期の長野県下のとくに若い教師の間にいっせいに広がっていったという。

これに対して、行動とその結果に重きを置いた実践主義的な教育思想を持っていた赤羽校長は、若い教師らの理想主義的教育に違和感と不安を覚えながらも、理解しようと努める柔軟な人物として小説に登場する。

当時の長野の教育界には、たしかに白樺派理想主義教育と実践主義教育との軋轢があったという。新田が現地を取材した際にも、地元の人のそうした話を耳にしたそうだ。『聖職の碑』では、その対立構造が木曽駒ヶ岳の遭難事故の重要な伏線となっている。

ただし、それがほんとうに遭難事故の一因になっていたのかどうかは、『聖職の碑』以外の資料からは読み取ることはできなかった。

第二章

剱澤小屋の雪崩事故

単独行の闖入者

　東京帝国大学スキー山岳部ＯＢの窪田他吉郎（三十歳）と田部正太郎（二十七歳）、そのスキー仲間である松平日出男（二十九歳）、土屋秀直（二十一歳）の四人が、芦峅寺ガイドの佐伯福松と佐伯兵次を伴って立山に入山したのは一九二九（昭和四）年十二月二十九日のことである。このうち土屋のみが慶應義塾大学の現役の学生で、ほかの三人はみな東大を卒業しており、窪田は大学院で写真化学を専攻、田部は内務省都市計画課に勤務する技術官、松平は理化学研究所勤務の研究者であった。

　六人は厳冬期の剱岳登頂を狙っていたが、雪を抱いた立山や剱岳の景観をカメラや一六ミリフィルムに収めるのも、この山行の大きな目的のひとつだった。のちに刊行された事故報告書『劔沢に逝ける人々』（東京帝国大学山の会編）にはこう記されている（以下、出典の記載のないものは同書からの引用による）。

〈三月の立山にはもう満足しきれなくなった田部君は、あの雄大な冬の立山の景観を写真にとることを、一つの大きな楽しみとしていたし、その一行には写真化学を専門に研究していた窪田君も加わっていたので、今回の登山に写真の大きな収穫を得て帰るであろうということは、

一行以外の人たちにとっても大きな期待の一つであった〉

パーティの最年長である窪田は、金沢の旧制第四高等学校（以下、四高）時代の一九二三（大正十二）年三月、立山から針ノ木岳をスキーで初踏破するという記録を持っていた。窪田と同じく四高から東京帝国大学に進んだ田部は、パーティのリーダー格であり、この山行の発案者でもあった。一九二五（大正十四）年三月には薬師岳をスキーで初登した経験もある。この二人は登山・山スキーの実績も豊富で、劔・立山方面の山に精通していたのに対し、松平と土屋はスキーの経験こそあったものの、登山に関しては二人ほどの経験はなかったようだ。また、四人を案内する佐伯兵次は将来を嘱望されていた若き芦峅寺ガイドの第一人者で、佐伯福松も冬山の経験が豊富な芦峅寺いちばんの力持ちであった。

四人は前夜二十八日の七時二十分上野発の汽車で富山に向かい、県営鉄道に乗り換えて千垣まで行き、徒歩で芦峅寺の佐伯兵次宅を訪ねた。ここで朝食を摂り、佐伯福松が合流したのち芦峅寺を出発し、この日は藤橋ホテル（現在の富山地方鉄道立山線立山駅の近く）に投宿した。

翌三十日、六人は藤橋ホテルを出発して材木坂を上がり、ブナ平のブナ小屋を経て午後三時ごろ、弘法茶屋に到着した。弘法茶屋は現在の弘法にあり、立山界隈において窪田が最も好んで利用していた山小屋だった。小屋で荷を解いた一行は、夕暮れまでの時間をスキーの練習に励んだという。

この日、六人を追う形で一人の男が千垣から入山した。神戸のＲＣＣ（ロック・クライミング・クラブ）のメンバーで、のちに〝不世出の単独行者〟として名を馳せる加藤文太郎である。

〈ちょうど去年の暮の三十日の朝、雪の立山に魅せられた僕は、いつものボロ服姿で千垣に着きました。芦峅の佐伯暉光氏のところに寄ってあの人等が先に登られたと聞き少なからず心強く思ったことです〉（加藤文太郎著『単独行』より）

この年の暮れは、日本海に低気圧があって大陸の高気圧の張り出しを抑えていたため、日本海側の地域でも異常なほど雪が少なかった。藤橋のあたりの積雪はわずか一五センチほどで、加藤はほぼスキーを担いで材木坂を登り、桑名《ママ》（桑谷と思われる）までは夏道をたどり、ブナ坂や刈安峠ではスキーを脱いだほどだった。それでも六人のシュプールがあったので迷うこともラッセルをすることもなく、夕方六時半に弘法茶屋に到着した。

小屋の中では窪田ら四人がストーブを囲んでスキーや山の話に興じていた。加藤は二人の芦峅寺ガイドとは面識があったようで、彼らがいた炊事場の囲炉裏へ行って共通の知人らの話をし、夕食をご馳走になった。四人は小屋の中にテントを張り、その中に火鉢を入れて寝た。福松と兵次、加藤の三人は、囲炉裏のそばで毛布にくるまって眠りについた。

N
0
1
2km
西大谷山
2087
前剱
2813
2999
剱岳
剱澤小屋
大日岳
2601
奥大日岳
2606
別山乗越
別山
2880
1800
2200
2000
1600
1400
1200
1000
雷鳥平
真砂岳
2861
千垣
称名滝
称名川
立山
大汝山
3015
2992
雄山
室堂
国見岳
2621
弥陀ヶ原
弘法茶屋
龍王岳
2872
松尾峠
常願寺川

大晦日の三十一日の朝は霧が深く、雪がぱらついていた。田部と福松の二人以外はスキーの練習に出掛けていったが、加藤はほとんどいっしょに滑らず、もっぱらほかの者の滑りを眺めていた。昼ごろになって霧が晴れたので、風邪をひいていた福松を残し、六年前に猛吹雪により遭難死した板倉勝宣の霊を弔うため、みんなで松尾峠へ向かった。このとき、加藤はほかの者に挨拶もせずにあとをついていったため、顰蹙《ひんしゅく》を買ってしまった。松尾峠でひと休みして帰路につこうとしたときに、田部が加藤にこう言った。

「僕らは僕らだけで写真を撮りたいから、すまないが君は先に帰ってくれませんか」

しかし、スキーがあまり上手くはなかった加藤には、先ほどたどってきた急斜面を一人で滑り降りていくだけの自信がなかった。

〈そこで理由を話して一緒に写真に入るのが困るんだったら僕は写真に写らないようにズッと後から行きますと言えばよかったんだが、それだのに僕にそのただ一言いうだけのほんのちょっとの勇気がどうしても出ないのです。それがいつでもなんです。ほんとに自分でも情けなくなるのです〉（『単独行』より）

仕方なく加藤は尾根を西のほうに行って降りてきたのだが、それがまた田部らの心証をいっそう悪くした。これから写真を撮ろうとしている彼らにしてみれば、加藤にそのへんを歩き回られて、雪面に足跡をつけられたくなかったからだ。

その晩、加藤に自分たちの餅を分け与えた兵次が忠告をした。

「まるで知らない人に黙って付いてこられると、誰だってちょっと不愉快になるものです。最初に『自分はこういう者です。なにとぞよろしくお願いします』とひと言挨拶をすればよかったんですよ」

その言葉に加藤は初めて自分の不注意に気づき、手帳の紙に「R・C・C　加藤文太郎」と書き、「どうかよろしく」と言って窪田らに手渡した。そのとき窪田が「うん」とうなずいたように加藤には見えた。

年が開けた一九三〇（昭和五）年の元日も霧と雪の悪天候だった。加藤は近場の斜面で一人スキーの練習をし、土屋、松平、窪田、兵次の四人は急斜面を滑りながら動画を撮影した。午後になって霧が晴れると、田部と土屋は大きなカメラを持って写真撮影に出掛けていった。その晩、加藤が囲炉裏のそばでいつものフライ饅頭を一人で食べていると、福松が「そんなものばかり食べているると体に悪いから」と言って、熱いご飯と汁を差し出してくれた。

二日の朝は快晴となり、六人は早朝から起き出して準備を整え、七時に弘法茶屋を出発した。田部は装備を少しでも身軽にするため、冬山登山にいつも携行していた羽布団と、撮影済みの乾板を茶屋に残していった。それから間もなくして加藤も茶屋を出て、六人のあとを追った。その後の言動を見ると、加藤が六人といっしょに剱岳に登りたいと思っていたことは間違いないが、まだそれを口には出していない。六人に追いついた加藤が、田部に「君はどこへ行くんですか」と尋ねられて言葉に窮していると、福松が「室堂に行くんでしょう」と口を挟んだ。鏡石の先で六人と別れた加藤は、「なんだか物足りない淋しさ」を感じていた。

その後、六人は地獄谷を経由して雷鳥沢を登り、別山乗越から剱沢を下って剱澤小屋に入った。今でこそ、雪崩の巣と化す厳冬期の剱沢に入ることは自殺行為だとされているが、当時は冬季剱岳登攀の重要拠点と考えられていたようだ。加藤は室堂から一ノ越を経て雄山に登り、室堂の小屋で一泊した。このとき、トタンを打ち付けてあった窓から無理矢理小屋の中に侵入したため、後日、芦峅寺の山案内人をはじめ多くの人々から非難を受けることになった。

翌三日の朝、加藤は室堂を発ち、剱沢へと向かった。六人はこの日を休養日にあてており、加藤が剱澤小屋に着いたときにはストーブを囲んで楽しそうに話を交わしていた。

「昨日、あんなに天気が悪かったのに、君が一ノ越を登っているのを見て、みんな心配したぜ」と声を掛けられた加藤は、「今日、みんなで剱に登りませんか」と提案してみた。しかし、「今日は風が強いからダメだ」と言下に断られた。そのあと、六人に連れられて剱岳に登りたい

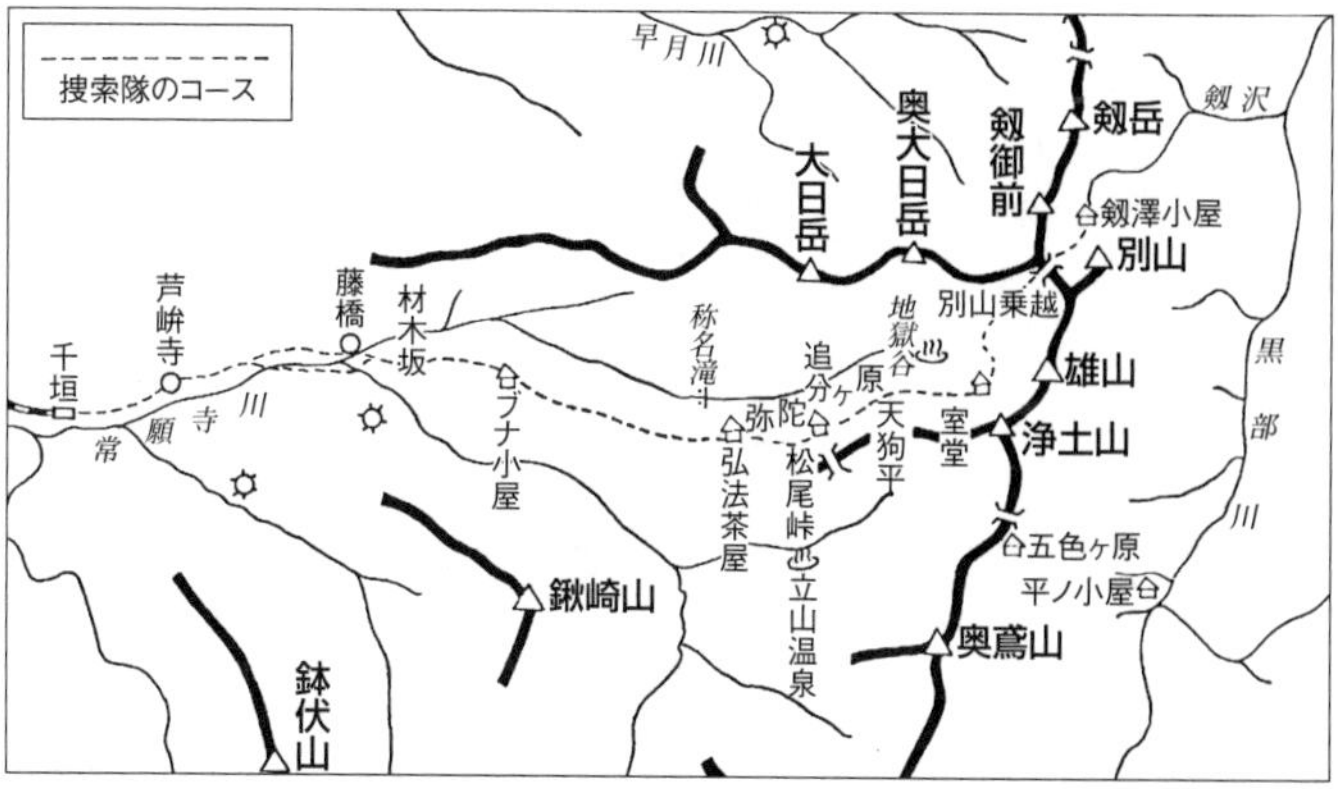

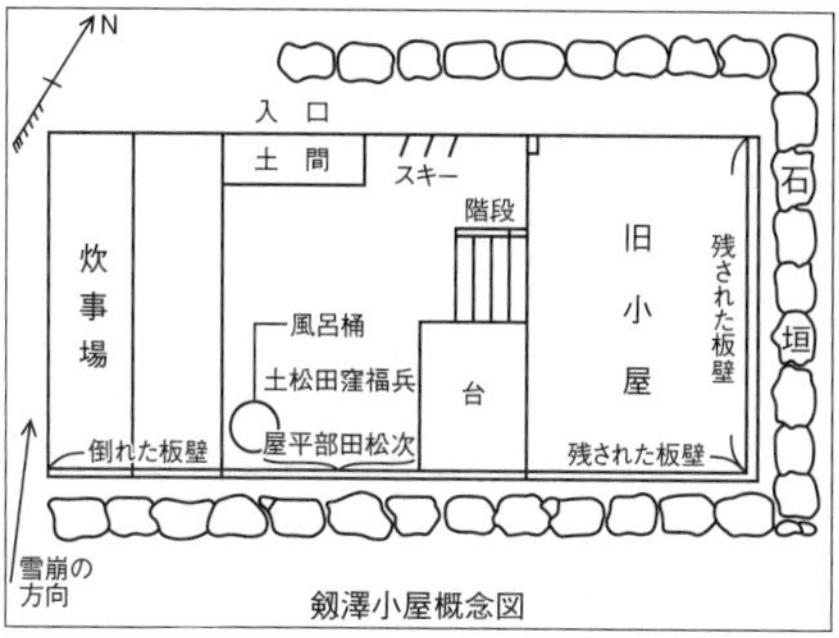

剱澤小屋概念図

上、左とも『劔沢に逝ける人々』より

と思っていた加藤と窪田の間で、次のようなやりとりがあった。

「今晩、ここに泊めてくださいませんか」

「泊めたいけれど、もし天気が悪くなって一人で帰れなくなるといけないから、今日のうちに帰ったほうがいい」

「ではあなたのパーティに入れてもらえませんか」

「君は一人だからパーティというものがわからないだろうが、パーティのなかに知らない人が一人でもいることは不愉快なんです。お気の毒だけれどお断りする。そもそも、もしこの小屋に泊まりたいと思うなら、案内人を連れてきたまえ。案内人を連れぬ人は、小屋は使えないのです。案内人を雇うお金が惜しいなら、山に登らないほうがいいでしょう」

窪田の言葉は、言うなれば加藤の登山を全否定するものであり、このとき感じた疎外感はいかほどのものだったか。彼らに強く拒絶され、さすがに小屋に泊まることは諦めたものの、それでもなお今度は兵次にこう言って食い下がった。

「今日だったら剱に登れますよ。天気は大丈夫だし、どうでしょう、登りませんか」

だが、返ってきたのは「登れるなら君、登ってみたまえ」という冷ややかなひと言だった。

〈そうだ、ほんとに僕はずうずうしい考えをもっていた。一人できながら、他人の人等の助力によって山に登ろう等と考えたことはほんとに悪かった。一人で山に登るのもいい。だが、他のパーティの邪魔になったり、小屋の後片付けについて非難を受けたりするようでは、山に登る資格はない〉（『単独行』より）

『単独行』の「一月の思い出——劒沢のこと」という文章に記されたこのくだりは、あまりに痛々しくてやるせない。このとき加藤は弱冠二十三歳で、本格的な冬山登山も山スキーも始めてまだ一年ほどしか経っていなかった。加藤の単独行が新聞や雑誌でセンセーショナルに報じられるようになるのはのちのことであり、このころは不安と心細さに押し潰されそうになりながら冬山に臨んでいた一介の登山者にすぎなかった。技術も経験も豊かな窪田らについ頼ろうとしてしまったのも、ある意味仕方のないことだった。

だが、生来の内向的な性格に加え、対人関係の構築の方法に問題があったのは事実だろう。初対面の挨拶もなく、明確な意思表示もせず、黙ってうしろからついてこられたら、誰だっていい気はしないし、気味悪く思うはずだ。窪田らに拒絶されたのも、〝身から出た錆〟であり、当然の結果だったといえよう。

とはいえ、トラブルを招いた要因を加藤の性格にばかり求めるのは酷である。

明治期に始まった日本の近代登山は、アルピニズム発祥の国といわれるイギリスの影響を強く受け、上流階級に属する一部の資産家の趣味として発展してきた。大正・昭和初期になってようやく一般大衆にも手の届く趣味となっていったが、それでもまだ日本のアルピニズムをリードしていたのは、金銭的にも時間的にも余裕のある大学・高校山岳部の現役部員やOBらのエリートたちであった。そして窪田ら四人も〝そちら側に属するぼんぼん〟であったことは言うまでもない。

実際、加藤の文章を読むかぎり、彼らが加藤を見下している感があることは否めず、ところどころに彼らのエリート意識も見て取れる。その極めつけが「案内人を雇う金が惜しいのなら、山に登らないほうがいい」という発言だ。要するに「貧乏人は山に来るな」と明言しているわけである。そういう意味では、加藤と窪田ら四人は出自からして水と油であり、パーティを組もうとしたこと自体に無理があったといえよう。

劔澤小屋をあとにした加藤は、「できるだけ劔岳の近くまで行ってみたい」と思い、一人で軍隊劔（前劔）まで登ってから引き返してきた。劔沢を去る前にもう一度小屋に立ち寄り、「ありがとうございます。いろいろご厄介になりました」と挨拶をして下山の途についた。

こうして加藤は生きている六人の姿を見た最後の人間となった。以降、六人はぷっつりと消息を絶った。「一月の思い出——劔沢のこと」の冒頭に、加藤はこう書いている。

〈一月のことを思い出すのは僕には耐えられぬほど苦しい。だがそれをどうしても話してしまわなければ、僕は何だか大きな負債を担っているような気がしてなりません。偶然同じ小屋に臥し、同じ路を歩いた六人のPartyと一人のStrangerとのあいだに醸成された感情、そんな些細な、つまらないことをと言ってしまえばそれまでですが、少なくともあのときの僕の不注意と親しみの少ない行動とを思い出すと、その貧しい記憶の残り火を過去の灰の中からかき立ててここに記すことは、僕としての義務であり、またそう努力することが、今はない六人に対する心ばかりの弔意であるとも思われるのです〉（『単独行』より）

六人、行方不明

暖かくうららかな陽気がしばらく続いた北陸地方の天気は、一月四日になって突然崩れ、連日、猛吹雪となった。その悪天候が落ち着いた九日の朝、ローカルの北國新聞朝刊に「土屋慶大生等遭難か」という見出しで、「芦峅寺ガイド二人を含む六人が劔岳に向かったが、いまだ下山しておらず、遭難した可能性がある」という内容の記事が掲載された。

その前日の八日夜、同紙の金沢本社が富山支局主任に対して記事に関する照会を行なっており、話を聞いた富山県保安課長が所轄の五百石《ごひゃくこく》警察署長に調査を命じていた。しかし、四人に同行した芦峅寺ガイドが、家族に「下山予定は一月十日ごろ」と伝えていたため、警察もこの時点ではまだ遭難したものとは考えていなかった。

一方、四人の家族は、下山予定日の六日を過ぎても帰らないことから、徐々に不安を募らせはじめていた。しかし、窪田は「危ないところへは行きません。小屋にさえいれば、危ないことは決してありません」と、田部は「立山に写真を撮りに行ってくるぜ」と、それぞれ家族に言い残して家を出ていた。田部の父親（『日本アルプスと秩父巡礼』を著した登山家、田部重治の実弟）が不安を払拭できずに窪田家に電話をかけて相談してみたが、対応した窪田の弟は、兄同様に山の経験が豊富なこともあって、少々の下山遅れはまったく問題にしていなかった。

だが、九日の夜、北國新聞の記事を見た東京の報知新聞の記者が、事の真偽を確認するために土屋家と田部家を訪れるに至り、にわかに緊張感が高まってきた。翌九日、田部の父親は息子が勤務する内務省に出向いた際、庁内でたまたま会った友人の土木局長に真相を打ち明けたところ、ただちに富山県庁に問い合わせの電話をかけてくれた。それと前後して、田部が所属している都市計画課からも同様の問い合わせが入ってきた。これにより、警察を通して再度、五百石警察署に連絡が行き、即時捜索隊の派遣が命ぜられたのである。

十日の午前四時、芦峅寺ガイドの三人――佐伯栄作、志鷹喜一、佐伯善孝――が捜索隊として剱沢へと向かった。このうち佐伯栄作は、消息を絶っている兵次の兄である。

三人が材木坂に差し掛かったとき、ちょうど下山してきたパーティとすれ違った。佐伯宗作を山案内人とする同志社大学山岳部の一行である。彼らは一月三日に弘法茶屋に入ったが、連日の吹雪により停滞を強いられ、何日待っても天候が回復する見込みがないので下山してきたのだった。その停滞中に室堂から下りてきたのが加藤だった。

加藤は四日、下山途中に弘法茶屋に立ち寄り、六人の情報について「二日に弘法茶屋から剱澤小屋に入った」「小屋には燃料も食料も豊富にあるので何日でも滞在できる」「下山してこないのは吹雪のため小屋に引き籠っているからだろう」と宗作に伝えた。宗作からその話を聞いた捜索隊の三人は、警察署の出動命令で動いていることもあり、とにかく六人の無事を確認するために、さらに上へと登っていった。宗作は芦峅寺に下りたのち、加藤から聞いた話を関係者にも報告した。

ところが、その報告がなぜか「六人は剱澤小屋にいて、明日ごろ下山の予定」というような内容にすり替わってしまった。安否不明の四人の家族は、「無事」との電報を受け取り、とりあえず胸を撫で下ろした。

剱澤小屋に向かった三人の捜索隊は、丈余りもある積雪と猛吹雪に苦しめられながら、十一日に弘法茶屋にたどり着いた。小屋の中には一六ミリ活動写真のフィルム、風呂敷包み、上着、ズボン、羽布団、アルコール瓶、ロウソクなどが残されていた。翌十二日は室堂まで入り、十三日の朝五時半、剱沢へ向けて出発した。

別山乗越を越え、剱沢を下りはじめたのが十時半ごろ。そこで三人は初めて異変に気づき、自分たちの目を疑った。あるはずの剱澤小屋が消失していたのである。

驚いた三人が駆け下ってみると、信じられないことに、小屋は跡形もなくなっていた。喜一は火事で全焼したのかと思ったが、焼けたような形跡はなく、ならばつむじ風に吹き飛ばされたのだろうかと考えた。しかし、栄作が西側の尾根の上にデブリを認め、雪崩にやられたことが確実となった。雪崩は剱御前のあたりから発生し、裏手のほうから小屋を襲い、屋根、柱、板壁などを破壊して流れ落ちていた。床は石垣に保護されて残存しているようだったが、その上に一メートル以上の雪が積もっていた。その付近では靴半足、スキー板、飯袋、弁当箱、スコップが発見された。

弟・兵次の生存が絶望的となり、栄作はせめて亡骸を掘り起こそうとしたが、喜一がそれを押しとどめた。

「もし兵次の遺体だけを掘り起こしたのでは、ほかの埋没者の家族の方に申し訳が立たない。それに我々三人だけで六人の遺体を掘り起こすのは無理だ。それよりも、ただちに山を下りてこのことを報告するのが先決だろう」

そう考えたわけである。かくして三人は下山の途につき、十四日、材木坂を下っているときに、佐伯八郎と佐伯宗作に行き合った。八郎と宗作は、三人がなかなか下りてこないので、捜索の応援隊として劔沢に向かおうとしているところだった。

喜一らによってもたらされた「六人全員遭難」の悲報は、それまで「全員が無事で小屋で天候の回復を待っている」と信じられていただけに、大きなショックを伴うニュースとなって全国を駆け巡った。朝日新聞は一月十五日付の朝刊で事故の一報を伝えたのに続き、同日付の夕刊では「土屋侍従の令息等　一行六名立山で遭難　行方不明のまゝ發見されず　雪中に埋り絶望か」との見出しで次のように報道している。

〈土屋侍従の令息秀直氏一行立山遭難のその後について富山縣電氣局に到着した情報に依と劍澤小屋は大雪崩に遭つたものの如く僅に板敷の若干を残してゐるのみで小屋建物全部は雪けい深く押し落されてゐる、スキー一足と靴片足が残されてゐる點から考察して一行四名は人夫二名と共に夜中睡眠中にこの難に遭つたものと見てよからう縣では田中保安課長、宮本同課警部補、深井縣電氣局参事が直に山麓芦峅寺に急行同地の人夫猛者連を中心に青年團、青訓所員から成る大捜索隊を編成して第二段（死體捜査の意味）の捜索に着手した、右に關し富山市の一山岳家は語る
この頃の室堂から劍澤小屋までは行程一日を要する難關でそれを決行してこゝにゐたとすれば随分大膽である、成るほど小屋に滞在すれば安全と思つたゞらうが小屋が吹き飛んでは如何ともし難く先年板倉氏の遭難も余りに立山を見くびり雪山征服の自信に生き過ぎたからであつて今回の遭難が悲しい結果を見ることになつたとすれば又々余りに一行が大膽を通り過ごしたといつてよからう〉
ちなみに、遭難パーティのリーダー格は田部であったにもかかわらず、メンバーのなかでいちばん年下である土屋の名が新聞報道の筆頭に挙げられたのは、土屋が華族であり、侍従の土屋正直子爵の息子だったからだろうと、登山史研究家で作家の安川茂雄は自著のなかで述べている。

雪崩の直撃

喜一らの報告を受け、芦峅寺の山案内人や人夫三十三人、警察官一人、東京帝国大学スキー

山岳部員二人から成る三十六人の捜索隊が組織され、十六日の早朝、芦峅寺を出発した。このほか佐伯平蔵をリーダーとする十三人が、通信隊として十七日に弘法茶屋に入った。

捜索にあたっては、「室堂を拠点として天候を見ながら現場の劔沢へ出向いて作業を行なうこと」「弘法茶屋に通信隊を置き、室堂および藤橋間の伝令に従事すること」「捜索隊の入山によって、山小屋にデポしている食料などの物資が欠乏する恐れがあるため、一般登山者の登山はとうぶんの間禁止すること」などが決められた。

三十六人は十六日に弘法茶屋まで行き、十七日の午後一時半に室堂に到着した。十八、十九日は吹雪のためやむなく停滞となったが、昼前になってようやく天候回復の兆しが見えはじめた。

そして翌二十日、緊張して眠れなくなってしまった隊員らは午前一時ごろから出発の準備を始め、三〜四時の間には朝食も済み、あとは出発の命令を待つばかりとなった。

捜索隊は三隊に分けられ、第一隊のスキー隊十五人は五時十分に、第二隊の輪かんじき隊（遺体搬送のための広いトレースをつけるための隊）十一人は五時三十五分に、第三隊（喜一、警察官、スキー山岳部員二人の計四人）は五時四十分に室堂を出発した。

第一隊と第三隊は七時十分、ほとんど同時に劔澤小屋跡に到着し、少し遅れて第二隊もやってきた。劔澤小屋は新しい小屋と古い小屋が併設して建っていたが、いずれも半倒状態で、ほぼ雪に埋もれていた。屋根および北側と西側の板壁は跡形もなく、新しい小屋の北側入口付近に数台のスキーが半倒れになっていた。

捜索作業は七時三十五分から開始され、パンの入っていた黒い風呂敷包み、薬入れの袋、地図を入れる袋、ザック、懐中時計、折れたスキー片方などの遺品が次々と発見された。そして八時三十分までに行方不明になっていた六人全員も掘り出された。六人は、潰れたテントの中で、ザックを枕として頭を南東方向に向け、北東側より兵次、福松、窪田、田部、松平、土屋の順で寝袋に入ったまま横たわっていた。そのテントの上には小屋の桁（梁）と思われる大きな角材が乗っかっていた。

掘り出された六人のなかで、ほかの者とは明らかに状況が違っていたのが窪田だった。大きな角材を取り除いてテントを破ると空間があり、そこに窪田は横たわっていたのだが、その顔色はまるで生きているかのようだった。それを見た人夫は、思わず「万歳」を叫んだという。窪田は目を瞑《つむ》っていたが（発見時に目を開けたという報告もある）、バリバリに凍ったほかの五人の衣服とは異なり、窪田のそれは軟らかく、周囲から湯気が立ち昇っていた。また、四肢も強張っておらず、皮膚も柔らかかった。隊員らは周囲に戸板を立てかけて風を防ぎ、窪田を乾いた毛布で包んで外気に触れないようにして、懸命にマッサージを行なった。その最中には、しばしば手を動かしたという。水筒のお湯に味噌を溶かして飲ませようとした者もいたが、飲み込むことができずに口から流れ出てしまった。その後、人工呼吸を試みながら仲間が「タア坊、タア坊」と呼びかけたが、ついに体から力が失われてしまった。さらに十分ほど人工呼吸を続けたが、二度と息を吹き返すことはなかった。

発見されたときの状況から、六人が寝袋に入って就寝しているときに雪崩に襲われたことは明らかだった。桁は兵次、福松、窪田、田部の四人の上に斜めに落下しており、いちばん端に寝ていた兵次は眉間を桁に直撃されて即死したようだった。福松は首をやられており、片方の足を曲げて一方の手を伸ばしていた。その手の皮がむけていたので、桁の落下後、しばらくはもがいていたものと推測された。田部は首を左へ向けてやや下を向いた体勢で発見された。手の皮がかなりむけていたのは、やはりしばらく生存していたからだろう。窪田は、体の大きな福松と田部に挟まれて寝ていたため、桁の直撃は免れたようだった。二十日の捜索時まで生存していたのは、そのためだったと思われる。

桁は松平と土屋の上には落下していなかったが、松平は板壁の倒壊にやられたようだった。土屋はなんらかの圧力を受けたようで、体の右半分を松平の上に乗せていた。二人とも即死もしくは数時間のうちに絶命したものと思われた。

六人が遺体で発見されたという一報を届けるため、ただちに隊員の一人が藤橋に向かい、ほかの者は搬送作業に取り掛かった。遺体はスキーでつくった橇に乗せて搬送され、午後三時四十分、ようやく室堂に帰り着いた。六人は営林署小屋の前に安置され、その晩はしめやかな通夜が行なわれた。

翌二十一日、六人の遺体は室堂から藤橋に下ろされ、芦峅寺へと向かった。

〈藤橋より芦峅までは、村民によって広い雪道が作られてあった。その上を十五、六名の一隊が遺骸をのせたスキー橇を一台ずつ引いて、走るがごとくに進む。一隊また一隊と、六個の遺骸が六隊の人々にひかれて、蜒蜿長蛇をなしてまっしぐらに進むさま、悲壮といわんか、悲惨といわんか、まことに言語に絶するものであった〉

二十二日には慰霊式、告別式が行なわれ、富山市内の火葬場で荼毘《だび》に付されのち、四人は遺族や友人らとともに帰路についたのであった。

事故現場の劔澤小屋跡からはたくさんの遺品が見つかり、まとめて田部のザックに入れて持ち帰られた。その遺品のなかには、天候と気温が記された、角砂糖の紙箱の紙片があった。紙片には元日から八日までの欄が区切られ、三日までの天候と気温が記入されており、四日以降はブランクになっていた。

このことから、雪崩が起きたのは三日の夜半から四日の早朝にかけてだろうという見方が強まった。しかし、加藤や同志社大学山岳部ら入山者の証言から、三日から四日にかけては降雪がなく、五日から八日にかけては吹雪が続いたことが判明し、事故発生は五日の朝ではないか、いや九日前後だろうという説を唱える者もあった。

だが、その疑問も新たな証拠の出現により払拭されることになった。この年の五月二十八日、スキー山岳部員二人が劒沢を訪れた際、劒澤小屋の経営管理者である佐伯源次郎とその子どもが、倒壊した小屋の後始末をしていたときに、田部と窪田の手帳を発見したのである。

田部の手帳は夜光時計とともに毛布のなかから発見されたが、窪田の手帳は、ほかの者の地図や旅行案内、ハガキ、便箋などといっしょにひとつのハンカチに包み結ばれていた。それが小屋の板壁の間から出てきたのだが、だれがハンカチに包んだかはわかっていない。

田部の手帳には八日までの天候と行動概要が書かれており、たとえば三日には「ツルギノ偉容ニ接ス　夕焼美シク忘レルコト出来ズ　八時ニネル」という記述が見られる。四日から八日までは「吹雪」もしくは「猛吹雪」のひと言のみだが、ほかに以下の遺書がしたためられていた。

〈只今窪田ト二人デハ土屋松平両君ニ対シテキノドクニ思ツテマス

大学ノ山口沼田両先生ニヨロシク　マムシ（注・四高以来の田部のあだ名）ハ偉クナレマセン
デシタ　カヤノ木氏ニヨロシク
福松ノ子供ヲカワイガツテヤリタイ
大キイ写真機ハ修一サンノモノ　弘法ニアル小サナモノハ西部氏ノモノ
音モナク降ル雪ハアハナダレヲオコシヤスイカラ外へ出ントシタガダメデアル
県当局ガミソコナツタノダ　私ノヤリ方ハマチガテナイ
三郎（注・田部の弟）ハ勉強シテエラクナリナサイ
センシタイザー（注・窪田が研究していた写真の薬品名）　窪田君ノヲ浅野君ニマカス
父サン私ハ足ガキカナイノデス
モウスグ窒息デお別れでせう
宗作ガクレバタスカルガダメラシイ
父母ノ長イ間ノ恩ヲ謝シ不幸ヲワビ…………………
モウ長イ時間ガスギタ　窪田君ト二人……テヰル
九日午前４20ニヤラレル
父母ヨ　サヨナラ

小屋ヲ改メヨ……
死ヌノモ辛イモノナリ
コ、…………〉

倒壊した小屋の下敷きになって足が動かなくなり、苦し紛れに書いたのだろう、遺書は手帳全般にわたってあちこちに走り書きされていた。縦書きと横書きが混在し、文字が重なっている箇所もたくさんあり、判読できない箇所もいくつかあった。

死を目前にして肉親や知り合いに心残りのひと言を残しているという点では、『風雪のビバーク』の松濤明の遺書が思い起こされる。「アハナダレ」についての記述は、田部が生前に泡雪崩について興味を持っていたことによると思われる。「県当局ガミソコナッタノダ」「小屋ヲ改メヨ」というくだりは、彼が生前から劒澤小屋における雪崩の危険を感じていたということなのだろうか。

田部の遺書により、事故の発生が九日の午前四時二十分であることが確実となった。落下した桁の直撃を受けて即死したと思われる兵次の腕時計は、針がガラスにつかえて四時二十分を指したまま止まっていたという。

一方、窪田の手帳にも日々のごく簡潔な記録が記されていた。たとえば八日には「終日猛烈ナル吹雪、煙ノタメ眼及頭痛」とある。元日、二日、五日、六日は手帳のページが切れて紛失していた。そしてまた、彼の手帳にも遺書めいた次の一文が記されていた。

〈一月廿日午前二時頃雪崩ノタメ死ス残念

不幸の罪ヲワブ

諸氏ニスマヌ……………………………………

ア丶残念ナリ

モウ如何トモ出来ナイ

人間ノ力ハ弱イモノ……（以下不明）〉

窪田の遺書は、手帳のほぼ中央に一ページに一句ずつ六ページにわたって記されていた。最初は明瞭だった文字は、一ページめくるごとにだんだん乱れていき、最後の「人間ノ力ハ……」の一句は飛んで離れたページに書かれていた。

遺書に記された日付は「二十日」であり、これが捜索隊に発見される直前に書かれたものであることは明白だ。そこで問題になってきたのが、喜一らの第一次捜索隊が十三日に初めて倒壊した小屋を発見したときに、なぜ埋没者の捜索を行なわなかったのかということだった。このときは雪崩に埋まってまだ四日目、結果的に十一日間生存していたのだから、もし捜索を行なっていたら、窪田だけは助かっていた可能性は高い。だが、喜一はすでに全員死亡したものと思い、ミイラ取りがミイラになるよりも、少しでも早く下山して事故発生の一報を入れることを優先させた。つまり、生存者がいたのにそれを見棄てて下山してしまったと見られたわけである。これにより喜一らはさまざまな方面から非難を浴び、苦しい立場に追い込まれることになってしまったという。

しかし、今の定説から言っても、雪崩に埋没後十五分以上が経過すると生存率は急激に下がり、二時間経てばほとんどゼロになるといわれている。まして、運よく桁が直撃しなかったせいで窪田一人だけが生存していたなどと、誰が想像できよう。救助作業が遺体捜索になるであろうと考えるのは当然の状況だったし、六人の埋没者を三人で掘り出すのはとうてい無理であり、応援を呼ぶために早急に下山した判断は誰も責められまい。

氷点下十数度という環境のなかで、雪崩に埋もれながら窪田が十一日間も生存できた理由についてはわかっていない。事故報告書では、「掘り出されたときは嗜眠《しみん》状態にあり、生死の境にあったことはほぼ間違いない。なぜあのような嗜眠状態を十日間も続けることができたのかは、医学的に今後大いに研究されるべき問題である」としている。

雪との闘いの歴史

事故の直接的な原因となった雪崩についても、発生直後に現場の調査が行なわれていないので、詳細は不明である。ただ、剱御前の稜線付近から発生したこと、乾雪表層雪崩であることは確実のようだ。前述したとおり、この年の初冬は例年にない暖かさで、日本海側は異常なほど雪が少なかった。それが正月明けの四日午後から一転した。

〈四日の午後降りはじめた雪は五、六、七日とふぶきどおし、八日に多量の積雪をもたらしたらしい。そして九日の朝に起こった強風によって、この新雪が自身の重さにより落下したものである〉

事故報告書にあるこの推測が正しいかどうかはわからないが、「多量の降雪」と「強風」によって雪崩のリスクが非常に高まっていたことは間違いないだろう。あるいは剱御前の東側斜面に大きなウインドスラブが形成されていたのかもしれない。

剱澤小屋に籠っていた六人も、剱岳登頂のチャンスをうかがいながらも、雪崩の危険性についてはある程度予測していたはずだ。ところが、四日以降は吹雪が続いたことで、動くに動けなくなってしまう。日に日に雪崩の危険が高まるとともに、日程も徐々に押しつつあった。もしかしたら六人の間で「剱岳登頂は諦め、天候が回復したら下山しよう」という話が交わされていたとしてもおかしくはない。

六人の遭難の可能性が囁かれはじめ、第一次捜索隊が剱沢に向かったころ、東京帝国大学スキー山岳部の関係者は六人の安否についてまだ楽観的に考えていた。

〈沢とはいえ、あれだけの丘の上に建てられ、背後は理想的な緩スロープを負い、雪崩の心配はありそうには思えなかった。小屋は一昨年の増設で見違えるほど立派な建物となり、北アルプスのなかでは、まれに見る堅牢な小屋であった。（中略）あの堅固な石垣をめぐらして谷を下に見おろす劒沢小屋の壊滅――それは私たちの夢想だにしないところであった。（中略）私たちは、一行がこの小屋に降りこめられて、天候の回復と共に下山することのみを信じていたのである〉

そもそも立山・剱エリアに一般登山者のための山小屋が建設されるようになったのは、一九二三（大正十二）年一月の松尾峠における板倉勝宣の遭難事故がきっかけだった。この事故を教訓に、富山県は公私を問わず山小屋の建設許可を与え、剱・立山エリアの山小屋施設の整備を図ろうとした。当初、整備は思うように進まなかったが、一九二四（大正十三）年五月、秩父宮殿下が立山に登った際に暴風雨に見舞われるという一幕があり、以降、山小屋の整備が急ピッチで進んだという。

剱沢小屋の創業もこの年で、営林署の仕事をしていた芦峅寺の佐伯源次郎が、富山県電気局の電源開発用の調査小屋（岩室）にトタン板を担ぎ上げて営業小屋としたのが始まりだった。余談だが、あるとき源次郎は小屋を建てるのに必要な建築資材を剱岳のほうに探しにいったが、途中でコースを誤ってしまい、誰も登ったことのない尾根をたどっていったら剱岳の山頂にたどり着いていたという。言うまでもなく、その尾根が源次郎尾根である。

この事故が起きるまでの五年間、同小屋が雪崩による被害を受けたことは一度もなかった。それが、雪崩が一度も発生していなかったためか、雪崩は起きていたが小屋に被害を与えるほどのものではなかったからなのかは、検証のしようがない。ただ、再三言うように事故の起きた年は雪が少なく、例年なら埋もれている剱澤小屋も地面が露出していたという。

〈したがって今まで毎年同じような雪崩が発生していたけれども、小屋が雪にうずまっていたために破壊をまぬがれていたが、今年に限って小屋の露出していたことによって、ひとたまりもなく破壊されたのであろうということも考えられないことではない〉

小屋の建設位置をめぐっては、事故後に問題視する声が上がり、一月二十二日付の朝日新聞夕刊には「登山者の安全を守るべき山小屋が、このような危険な場所に建設されたのは、その位置選定調査の際に重大な手落ちがあったためだ」と、富山県当局を強く非難する記事を掲載している。登山やスキーが趣味で槇有恒らとも親交のあった実業家の早川種三は、この記事に「雪崩はいつどこで起きるかわからず、山では『古い山小屋に泊まれ』というのが登山者の金言になっている。私が剱岳に登ったときも、剱澤小屋には泊まらず、五百年の歴史がある室堂の小屋に泊まった」とコメントを寄せている。

芦峅寺の山案内人らの間では、事故直後より剱岳登山の基地となる代替施設建設を訴える声が高まり、別山乗越において新しい山小屋の建設が始まった。山小屋は事故の約半年後の六月二十五日に早くも完成し、「別山乗越小屋」と名づけられて営業を開始した。これが現在の剱御前小舎である。

一方、雪崩で倒壊した剱澤小屋も再建され、終戦の一九四五（昭和二十）年まで源次郎が管理経営にあたった。戦後は富山の事業家である中井敏雄、芦峅寺の山案内人である佐伯文蔵と経営者は変わってきたが、沢のなかに立地するというロケーションから、毎年のように雪崩などの自然災害による倒壊・再建を繰り返していた。一九五九（昭和三十四）年の伊勢湾台風のときには小屋の屋根が吹き飛ばされ、六三（昭和三十八）年には大規模な雪崩によって小屋はほとんど全壊状態になってしまった。再建した小屋も、六九（昭和四十四）年、七一（昭和四十六）

年と、立て続けに雪崩による大きな被害を受けた。

終わりのない再建と補修の繰り返しに業を煮やし、一九八一（昭和五十六）年、従来の場所から二〇〇メートルほど離れた高台に小屋を移築した。ところが、雪崩の被害こそなくなったものの、そこは別山北尾根側から大きな雪圧を受ける場所だったため、今度は雪圧によって小屋が傾くという被害が出るようになってしまった。八九（平成元）年には壊滅的と言っていいほどの雪圧による被害を受けた。それを直しながらなんとか営業を続けてきたが、二〇〇六（平成十八）年に再び大きな被害を受けたため、〇八（平成二十）年、かつて小屋があった場所に新しい小屋を建てた。雪崩の被害は覚悟のうえであり、被害を最小限に食い止めるため平屋建ての小さい建物にして、石垣を大きくあつらえた。

以前、仕事で文蔵の跡を継いだ二代目の佐伯友邦に話を伺ったことがあるが、彼は言っていた。「雪崩の被害は毎年のように受けてきたから、何年にどんな被害があったなんて、とても覚え切れるものではない」と。

剱澤小屋の歴史は雪との闘いと共存の歴史でもあり、その歴史の一ページに記されているのが昭和五年に起きたこの雪崩事故だった。現在の小屋のすぐ横には、事故で命を落とした六人の霊を祀る「六字塚」の慰霊碑が立つ。

第三章

冬の富士山巨大雪崩事故

雪上トレーニングのメッカ

日本の最高峰・富士山は、二〇一三（平成二十五）年にユネスコの世界文化遺産に登録されたこともあり、夏山シーズンには国内外から大勢の登山者が訪れる。最盛期には登山道に長蛇の列ができるほどで、その混雑ぶりはまるで有名観光地のようだ。

しかし、そんなイメージとは裏腹に、日本一の標高を誇るだけに自然環境は思いのほか厳しく、毎年数人の登山者が高山病などで命を落としている。とりわけその自然が最も厳しい表情を見せるのが厳冬期。五合目から上はアイゼンの歯が立たない蒼氷の鎧に覆われ、またときに人間を巻き上げるほどの烈風が吹き荒れ、そうやすやすとは登山者を寄せ付けない山と化す。

その冬の富士山において、例外的に登山者で賑わう時期が十一月下旬から十二月の初冬のころ。この時期の富士山は、ほかのどの山域よりも早く雪が積もり、かつコンディションが厳冬期ほどは厳しくなく、首都圏から近いという地の利もあり、基本的な雪上登山技術——雪上歩行やピッケル・アイゼンワーク、滑落停止など——を習得するためのトレーニングを行なう格好のフィールドとなるからだ。

雪上登山技術を学ぶ場として富士山が注目されはじめたのは、昭和の初期ごろからだという。

大学山岳部や社会人山岳会などは、シーズン開幕と同時に富士山を訪れて雪上トレーニングを行ない、これからの本格的な雪山登山に備えた。またそこは、山岳部や山岳会に入ってきた新人が初めて雪山登山技術を習得するための場でもあった。

戦時下は山に人の姿もほぼ絶えていたが、戦後になって敗戦からの復興が進むと、徐々に登山者がもどってきた。大学山岳部が活発に活動を再開し、社会人山岳会も各地で創設され、初冬の富士山は再び雪上訓練のメッカとなった。今日では大学山岳部や社会人山岳会だけでなく、山岳団体や山岳ガイド、登山ツアー会社などが主催する雪上訓練が行なわれるようになっている。

日本大学（以下、日大）山岳部が一九五四（昭和二十九）年から五五年の冬山シーズンを前に、富士山で雪上トレーニングを実施したのは十一月下旬のことである。当時は戦後初となる登山ブームが盛り上がりつつあるころで、二年後の一九五六（昭和三十一）年に日本山岳会隊が日本人初の八〇〇〇メートル峰マナスルに登頂すると、ブームは一気に爆発する。

同部は年度始めに一年を通じての登山計画を立てており、雪山技術を習得するための富士山での雪上訓練は、毎年初冬の恒例となっていた。ただし、例年だと十一月二十三日の勤労感謝の日に絡めた連休に行なっていたが、この年は日本山岳会東京支部と東京山岳連盟の共催による講習会をはじめ、各山岳団体が同じ日程で入山することになっていたため、大変混雑することが予想された。同部としては例年どおりの時期に行ないたかったのだが、多くの新入部員がいたことから、なるべく入山者が少ないほうがいいと考え、いつもより約一週間遅い十一月二十七日から二十九日の日程で実施することになった。

〈勿論、この一週間の期間のズレからくる、富士山の状態の變化は考えないでもなかつたが、今迄の經驗と各種のデーターから見て、この點はさして問題にはならなかつた。むしろ一層冬季の状態に近いものと、別な意味での期待すらもつていた位であつた〉（日本大学体育会山岳部編『追悼　富士に眠る仲間へ』より。以下、とくに記載のない場合は同書からの引用である）

山行前に三日間にわたって行なわれた準備会では、富士山の気象や地形、ルート、滑落や突風などのリスク、氷雪技術などについて検討された。雪崩の危険については、同部が四年前に屏風尾根で遭遇した表層雪崩のことが話題に上がった。しかし、「富士山でも条件さえそろえばいつ雪崩が発生してもおかしくはない」という確認にとどまり、具体的な回避策や対処法については検討されなかった。合宿の参加メンバーは、梅松延頼をリーダーとする現役部員二十三人とOBの石井達男の計二十四人。当初は森林限界および八合目での幕営訓練を予定していたが、氷雪上を歩く基礎訓練を徹底したほうがいいとの意見が出て、リーダークラスの上級生の参加者が少なかったこともあり、幕営を取りやめて吉田大沢ルート五合目にある佐藤小屋をベースにすることになった。

二十七日、一行は午前六時三十分に新宿駅を発ち、富士吉田から馬返しを経由して午後三時四十五分に佐藤小屋に到着した。

〈天候は前線の影響で曇、時々しぐれ、あまりかんばしい状態ではなかつた。氣溫を例年の今頃に比較すると高く感じ、衣類がひどく濡れると云う程ではないが、汗をかく事が多かつた。全體的に見て、メンバーが睡眠不足から疲勞度が高い様であつた。荷物が輕いのでスムースに入山できた。ただ雪は非常に悪く、クラストの状態は望めないと思う〉

富士山の状況について入山前に想定していたのは、「クラストした斜面」と「突風」だった。しかし思いのほか気温が高く、雪の状態もあまりいいとはいえなかった。こうしたことから、その晩にもたれたリーダー会では、現実を踏まえて計画を変更することになり、以下の課題が設定された。

一・アイゼンを付けて深雪のなかを歩き、アイゼンのツァッケをパンツの裾に引っ掛けないようにするための訓練

二・アイゼンの着脱訓練
三・積雪期におけるルートファインディング
また、隊を第一パーティ十人と第二パーティ十四人のふたつに分け、大蔦正芳をリーダーとする第一パーティは訓練を行ないながら山頂を目指し、梅松がリーダーの第二パーティは屏風尾根から吉田大沢にかけての斜面をなるべく広くとって各種訓練を行なうことも決められた。
その晩は夜半ごろから霙《みぞれ》が雪に変わった。翌二十八日の早朝も雪は音もなく降り続いていて、五合目付近では五センチほどの積雪となっていた。やはり例年よりも暖かく感じられ、気温は体感で○度前後だと思われた。風はあまりなく、降りしきる雪とガスで視界もほとんどなかった。
天候と雪の状態は決してよくなかったが、冬山訓練のために来ているのだから出発するのは当然と判断し、六時に行動を開始した。ただし、コンディションが悪いため前夜決めた行動予定を再度変更し、全員で吉田ルートの夏道を登れるところまで登り、その都度訓練を行なうこととした。
アイゼンの着脱訓練を交えながら夏道を登っていき、経ヶ岳を過ぎるとそれまでに感じられなかった南東の風が急に体を叩くようになった。風に飛ばされた湿雪がしきりに頬を打つなかでのアイゼン着脱訓練は、慣れない新人部員にはつらそうであったが、着脱に時間がかかると凍傷にかかってしまう。素早く着脱できるようになるためには、必要不可欠な訓練であった。

六合目に差し掛かるころには夏道を隠すまでに雪が積もり、ルートがわかりにくくなった。降り続く雪はますます激しさを増し、ガスのため視界も二五〜三〇メートルほどしかなかった。第一パーティを先頭とする一行は、六合目から七合目の山小屋を目指して直登していったが、いつの間にか吉田大沢のほうに入り込んでいた。積雪は膝の高さまでになり、たびたびラッセルを交代した。気がついたときには、七合目の下から三番目にある山小屋の高さにまで大沢を登り詰めていた。

大沢のなかは、風当たりは少ないが積雪は多かった。第一パーティを率いていた大蔦は、雪崩の危険を明確に意識したわけではないが、早く夏道尾根にもどらなければという不安にかられていた。そのとき後続の第二パーティのリーダー梅松から、「夏道に取り付け」と声が掛かった。大蔦は即座にメンバーに対してトラバースするように命じ、深瀬一男、上田浩史、石井宏正の順で斜面を左水平方向に横切りはじめた。

ラストについていた大蔦がちょうど水平線に入ったとき、先頭を行く深瀬はあと五、六メートルで尾根に取り付くという地点まで来ていた。腰のあたりまである雪を掻き分け、勢いよく足を踏み出したとたん、ちょっと上の斜面から雪が音もなく崩れ落ちた。そのときのことを、深瀬は手記にこう書いている。

〈私の體は前方へどつとうつぶせに倒された。雪崩だととつさに感じた。體はどんどん雪の下に行き後から後から雪がどんどん重なつてくる様に感じた。輕い雪ではあつたが呼吸が全然出來なくて非常に苦しかつた。自然に死の恐怖が頭の中をかけめぐつた。下の方になつている頭を上にし、手からはなれているピッケルを握らねばならないと思い夢中でもがいた。すぐ私の附近の雪は止り私は急いで立ち上がつた。空氣を思うぞん分吸い込む。あたりは一面霧がはりつめていて視界がきかなかつた。みんなが十五米程上にいたので急いで登りはじめる〉

雪崩に流されたのは先頭の四人だった。深瀬以外の三人は三メートルほど流されただけですんだ。雪崩から脱出した深瀬を見て、ほかの者はなにごともなかったように笑っていた。そんなみんなの様子に、深瀬は「この雪崩を重大に考えすぎた」と感じ、つい先ほど死の恐怖を感じたことをバカバカしいとさえ思った。

だが、その場にいた全員は、この雪崩をもっと深刻なものとして考えるべきであった。

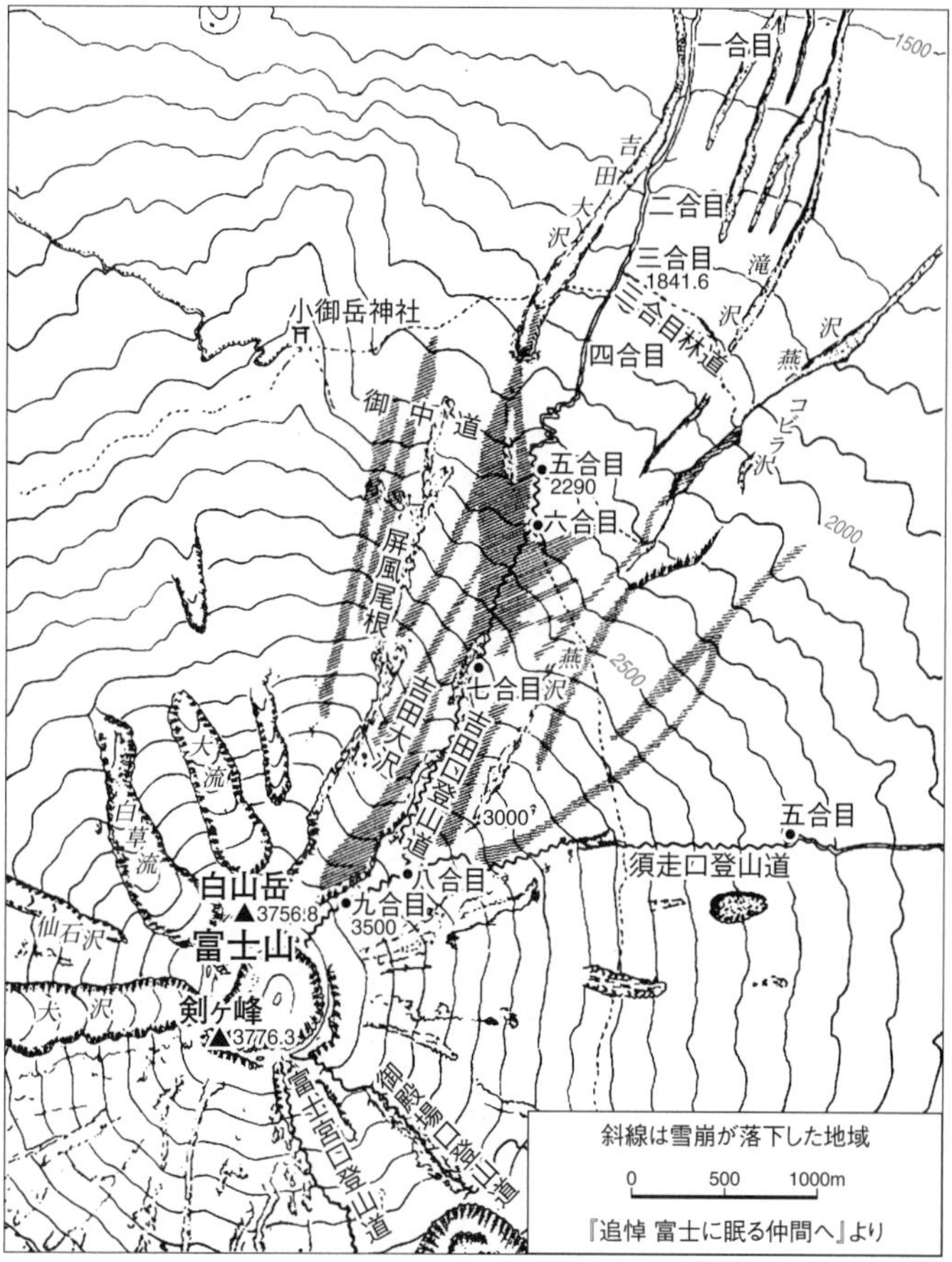
一合目
1500
吉田大沢
二合目
三合目
1841.6
三合目林道
滝沢
燕沢
小御岳神社
四合目
御中道
コビラ沢
五合目
2290
六合目
2000
屏風尾根
燕沢
2500
七合目
吉田大沢
吉田口登山道
大流
白草流
3000
五合目
八合目
須走口登山道
白山岳
▲3756.8
九合目
3500
仙石沢
富士山
大沢
剣ケ峰
▲3776.3
富士宮口登山道
御殿場口登山道
斜線は雪崩が落下した地域
0 500 1000m
『追悼 富士に眠る仲間へ』より

複数パーティを襲った雪崩

後続の第二パーティは先に夏道尾根まで登り、七合目小屋で休憩をとっていた。間もなくしてそこに第一パーティも合流した。

小休止後は「もう少し上まで行ってみよう」ということになり、第一パーティを先頭に登高を再開した。大沢のなかを登っていたときには感じられなかったが、夏道尾根に出たとたん強風に見舞われ、降りしきる雪が容赦なく頬を叩いた。おのずと一行の足並みは鈍くなったが、これぐらいの風雪は冬山では当たり前のことなので、ヤッケを着用しないまま行動を続けた。

鳥居のある山小屋（鳥居荘だと思われる）を過ぎ、七合五勺のあたりまで来たところで再び小休止を取った。コンディションは相変わらず悪く、さらに上に行けば風雪はますます激しくなることが予想された。そこでこれ以上登るのは不可能と判断し、クラストした斜面を探してアイゼン歩行技術の訓練を行なうことにした。

どうにか狭いながらも雪が硬くなっている箇所を見つけ、アイゼンを装着しての直登、斜登高、トラバースなどを繰り返し練習した。しかし、風雪はさらに激しさを増し、極度に行動が制限されるに至り、訓練を切り上げて下山に取り掛かることを決断した。それが十時二十分ごろのことである。

登り同様、第一パーティのあとに第二パーティが続いて下っていき、各パーティの最後尾にはそれぞれのリーダーの大蔦と梅松が付いた。吉田大沢の下方には、東京大学スキー山岳部パーティ（以下、東大パーティ）が休憩しているのが確認できた。間もなくして彼らは動き出し、七合目の小屋に向かってトラバースを開始した。下っていく途中、登ってきた横浜市大山岳部パーティとすれ違い、七合目の下から二番目の小屋では休憩中の登歩渓流会四人パーティと行き合った。

登歩渓流会パーティもまた毎年恒例の冬山トレーニングのため前日から入山しており、日大パーティと同じ佐藤小屋に泊まっていた。この日の朝は遅めに小屋を出発し、先行パーティのあとを追って夏道を登っていったが、降雪のためトレースは消え、また南西側から吹き付ける風雪を本能的に避けようとしたため、ルートはどうしても右方向の吉田大沢側に逸れがちだったという。

六合目から七合目に登る途中に、慶應大学パーティのテントが一張あり、三人が出発準備を整えていた。それを追い越して、七合目の下から二軒目の小屋まで上がり、ようやく風を避けられる場所を見つけてひと休みした。下からは東大パーティが速いピッチで登ってくるのが見えた。そこへ下りてきたのが、日大パーティだった。

〈上部より人影が現われて一列に下降して行くパーテーは充分の統制が取られ、先頭のリーダーらしき人は私達の前を静かに過ぎて行く。互いに目禮を交し續く隊員も静かに降りて行つた。(總人員は二十四名) 一寸先頭の足が止ると隊員は黙つて立止つている。眞白になつた防風帽や處々氷の着いたウィンドズボンは頂上迄行き得た事を物語るのに充分だつた〉(『山と溪谷』一八七号「富士山大雪崩遭難を目撃して」より)

日大パーティを見送り、十時四十分ごろ、食後の煙草をふかしたり記念写真を撮ったりして過ごしていたときだった。底のほうから妙な響きを感じると同時に、吉田大沢のほうからシューンという大音響が聞こえていた。登歩渓流会の四人が瞬時に身構えたところに雪煙が降りかかり、ザックやテルモスの上に雪が白く積もった。「突風だろうか」と思い、行動中に突風に見舞われたときの対処法などについて話していると、今度はツバクロ沢のほうで大音響が鳴り響いた。メンバーの一人が立ち上がって四方を見回すと、風雪のなかをガスのようなものが覆っていることに気づき、即座に「雪崩だ」と直感した。

十秒ほど前には、登ってくる東大パーティと下りていく日大パーティが目視できたが、ツバクロ沢の大音響のあとには、彼らの姿はすっかり消えてしまっていた。

日大パーティが登歩渓流会パーティとすれ違い、七合目のいちばん下の小屋から二、三分ほど下り、吉田大沢から派生するA沢を渡る直前まで来たときだった。メンバーの一人は吉田大沢源頭部のほうに異様な気配を感じた。ほぼ同時に梅松が「雪崩だ。右に逃げろ」と叫び、全員が右側に逃げようとしたが間に合わなかった。とっさにピッケルを雪面に突き刺した者もいたが、もろくも跳ね飛ばされてしまった。

ある者は完全に雪の中に埋没し、またある者は体の一部を雪面の上に出したまま、全員が八〇メートルほど流された。流されている間の感覚は人それぞれで、呼吸ができることをはっきり意識していた者もいれば、「肺に雪が入って苦しかった」とのちに証言した者もいた。また「ミキサーにでも入れられたような感じ」という報告もあった。

流れが止まったとき、二十四人はほぼ密集した状態で固まっていた。梅松と大蔦は充分に話を交わせる距離にあり、大蔦が「全員、大丈夫か」と尋ねると、「大丈夫だ」という声が返ってきた。二十四人の位置関係ははっきりしなかったが、おおむね全員が無事であることだけは確認できた。

ところが、ホッとしたのも束の間だった。時間にしたら、一回目の雪崩の発生から三十～四十秒後、前にも増して大きな規模の雪崩が二十四人に襲いかかってきたのである。その瞬間、大蔦は「やられた」と思ったという。流されながら、二度ほど体が雪の中に完全に埋没した。なんとか脱出しようと、無我夢中でもがき暴れているうちに、気がつくと流れは止まっていた（「流れが止まりかけると体に圧力を感じ、自動車の急ブレーキ以上のショックを感じて停止した」と証言するメンバーもあった）。

流された距離は一回目の雪崩のときとほぼ同じ八〇メートルほど。周囲を見回してみると、一人、二人と雪の中から顔を出してきた。無事を確認できたのは大蔦を含め十二人で、みんな大蔦のまわりにほぼひとかたまりになっていた。十二人はA沢を眼前にした斜面の上で停止していた。しかし残りの十二人が見当たらなかった。

〈暫く未だ流れてる流れの本流を茫然と見つめていたが少し時間が經過すると恐怖感と何とかせねばならんと云う氣持が交叉し心はあせり始めて來る。又視界がきかぬ爲、なおも第三回目の雪崩が來るのではないかと云う氣持がしてどうしようもない。梅松始め他の者は何處まで流されたのであろうか。生還を祈るばかりだつた〉

リーダーの梅松が行方不明になってしまった以上、今後リーダーシップをとるのは大蔦の役目だった。率先すべきは生存者を安全な場所に退避させることであったが、A沢にはまだあとからあとから雪が流れ落ちてきていた。十二人がいる場所もいつ三度目の雪崩に襲われるかわからず、右岸の尾根に退避しようとすると雪面に亀裂が走り、うかつに動けなくなってしまった。

また行方不明になっている仲間のことも気にかかり、幾度となく「ヤッホー」と叫んでみた。すると、その呼び掛けにかすかな応答があった。声が聞こえてきた下方に向かって「名前を言え」と怒鳴ると、四人の名前が返ってきた。

しばらくしてA沢の雪の流下も止まったので、下の四人を合流させるべく、全員が一列になって恐る恐る斜面を下りはじめた。デブリのものすごさに驚きつつ一〇〇メートルほど下りていったところで、まず三人の無事が確認できた。三人はA沢に落ち込む直前の岸の上で辛うじて止まっていた。さらにそこから一三〇メートルほど下方に、もう一人が生存していた。彼はA沢本流の雪崩に巻き込まれながら、運よく助かったのだった。以下は彼の手記からの抜粋である。

〈(二度目の雪崩のあと)さて動こうと思つていると途端に二度目の雪崩が襲つてきて、その主流に巻き込まれた。海で大波にさらわれる様に頭からかぶつた。それから中でどうもがいたかは記憶にないが、あおむけになつて流されている。とにかくもがいた。意識的と云うよりは苦しさのあまりの無意識といつた方が適當だろう。胸に壓迫感は感じなかつたが帽子が顔全體を覆つているので非常に苦しい。流されながら死が頭の中をひらめいたが、死んではなるものかと必死になつてもがく。この間相當に時間が經過した樣に感じた。助かりたい氣持から自分の存在を仲間に知らせようとピッケルをもつたまま右手を上げた。この時風の當り具合で手が雪崩の上に出ている事を意識し、助かると云う自信を強めた。氣のせいだろうか流れのスピードが落ちた樣だつた。更にもがき續けていると流れは止まつた。この時はほんとうに危機から脱して助かつたと云う氣持で一杯だつた。しかし頭から先に出たか、全身が一度に出たのかは記憶にない。氣がついたら自分がそこにいたと云うのが本當のところである。ふりかつ《ママ》て見るとまだ本流が波うつて流れている。體力が全く消耗してしまつていたので、四つ這いになつて必死になつて逃げた。上の方に小さく仲間が見られた時は本當に嬉しかつた。本流から五米位の所に移動して、安心感からそこに座つてしまう〉

これで残る行方不明者は八人となった。その八人を捜索すべきか、あるいは助かった者を一刻も早く安全な場所へ避難させるべきか。しばし迷ったものの、大蔦の決断は早かった。現在地を記憶するために周囲の顕著な岩の形や位置を頭に叩き入れたのち、生存した十六人はA沢をトラバースし、佐藤小屋を目指して駆け下っていった。小屋には後発の先輩が到着している

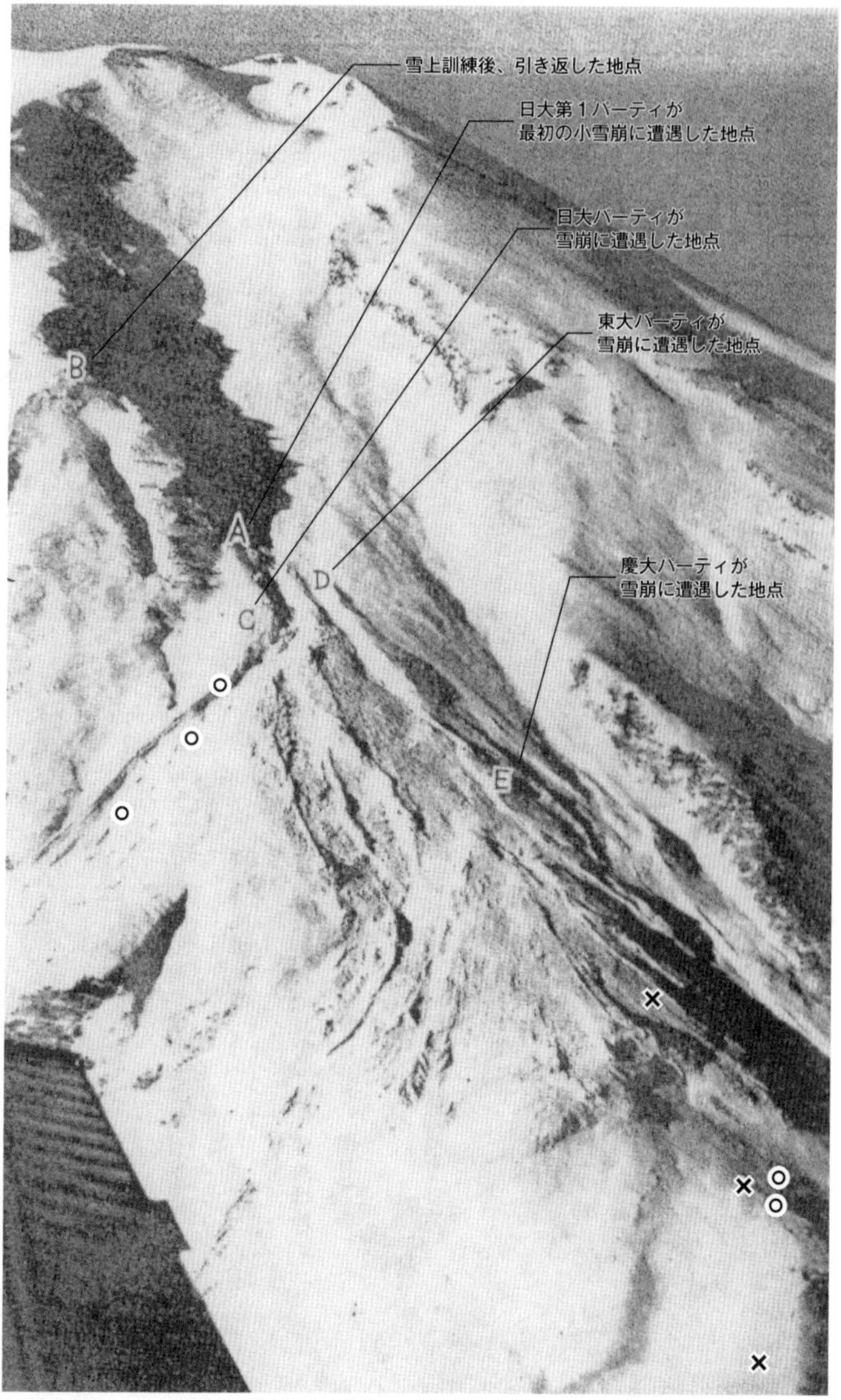

1954年11月、雪崩の現場付近。『ケルンに生きる』から転載、読売新聞社提供
○は生還者、×は遺体発見地点

はずだった。そこへいったん避難し、態勢を整えて対処に当たることにしたのだ。

大蔦は隊の先頭に立って動揺の激しいメンバーを率い、最後尾にOBの石井が付いた。しかし大蔦もあせっていたのだろう、途中でルートを誤って滝沢を下ってしまった。間違いに気づいて六合目に登り返し、ようやく佐藤小屋に到着したときには午後一時十五分になっていた。

小屋に帰り着くまで大蔦らは、行方不明の八人が無事でいて、ひと足先に小屋に避難していることを密かに期待していた。しかし、小屋に彼らの姿はなかった。そしてすでに到着していたOBの石坂昭二郎から聞かされたのは、東大パーティと慶大パーティも雪崩に巻き込まれて行方不明者が出ているということだった。


東大パーティの十一人が富士山に入山したのは、日大パーティと同じ二十七日のことである。日大山岳部同様、東大スキー山岳部でも、新人の冬山基礎訓練を行なうこの時期の富士山合宿は年中行事のひとつとなっていた。この年の合宿はメンバーの都合等により三回に分けて行なわれることになり、二十七、二十八日に実施されたのが最後の第三次合宿であった。

新宿から富士吉田駅までは日大パーティと同じ列車を利用したようだが、富士吉田駅から歩きはじめたのは東大パーティのほうが早く、佐藤小屋には午後三時十五分に到着した。一行は小屋の横でふたつのテントに分かれて幕営し、夜の十時半ごろに就寝した。

このころから雨は霙へと変わり、翌朝四時半に起きてみると、雪の重さでテントは潰れかかっていた。夜中にかなり雪が降ったようで、外には湿った重たい雪が三〇センチほど積もっていた。ラジウスの不調のため食事が遅れ、潰れかけたテントを撤収して行動を開始したのは、予定より一時間四十五分も遅い八時四十五分のことであった。

日大パーティはとっくに出発しており、彼らがつけたラッセルの跡が残っていた。森林限界のあたりまで来ると南東からの風がかなり強まり、風速一五メートルほどの吹雪となった。視界は一〇〇メートルほどで、このあたりからラッセルの跡も消え、積雪は膝ぐらいの深さまで潜った。気温は暖かく、オーバー手袋が濡れてグショグショになった。リーダーの原健彦は、「なんとなく春山を思わせる雪の状態であった」と、部報の『富士遭難追悼号』に記している。

六合目の穴小屋のあたりでいったん吉田大沢に入ったが、あまりにラッセルが深く、また夏道尾根にもどった。夏道はところどころクラストしており、アイゼンが快適にきいた。七合目小屋が左前方に見える場所で十分ほど休憩を取ったのち、再び隊列を整えて登りはじめた。

その直後の十時四十分ごろ、最後尾から二番目を歩いていた原は、召田晋一郎の「雪崩だ」という叫び声にはっと見上げると、五〇メートルほど先に白煙を上げて迫りくる雪崩が目に飛び込んできた。

〈どうしたら良いかを考える暇もなかった。「しまった」と思った次の瞬間僕はがんと殴りつけられるようなショックと共に雪崩の中に巻き込まれてしまった。雪崩の力は圧倒的だった。手と足を無茶苦茶に動かしあらん限りの力で雪の中を泳いだが、身体はちょうど大波に巻きこまれたときのように、唯雪崩の流れのままになるだけだった。雪崩は思ったより長く続き、仲々止らない。一緒の十人の仲間が心配だった。今度の山行は、冬山が初めての一年生の部員が比較的多かった。皆雪崩に呑み込まれてしまっただろうか。何としても皆を救い出さなければならない。仲間のことが気になるが、雪崩の中ではあせってもどうにもならなかった〉（『富士遭難追悼号』より）

そのうちに雪崩のスピードは徐々に弱まってきたが、今度は体が雪の中で前後から締めつけられてきた。手足が重くなり、胸も苦しくなってきたそのとき、二度目の雪崩が襲い掛かってきた。だが、それが幸いした。流れが止まりかけて体を締めつけていた雪が再び動きはじめ、手足を動かせるようになったのだ。

〈どうしても生きなければと雪の中を夢中でもがく。雪の抵抗は弱くなり身体は軽くなる。今まで暗かった眼前がぐっと明るくなる。そして雪崩は止まった〉（『富士遭難追悼号』より）

原が停止したのは、吉田大沢の標高二三〇〇メートルあたりであった。雪面から腕を出して顔の雪をぬぐい、四方を見回すと、あたり一面はデブリに覆われていて、小屋が崩壊したらしき材木片が散らばっていた。人影はまったく見当たらず、大声で「ヤッホー」と叫んだが、返事はない。仲間のことが心配で、とにかくここから脱出して探さなければと思った。しかし腰から下は固く締まった雪に埋もれていて、びくとも動かすことができない。仕方なく雪面から手で雪を掘っていくことにした。

風は相変わらず強く、雪も激しく降るなか、少しずつ掘り進めていると、上部のデブリの上に人影が動くのが目に入った。雪崩で眼鏡を失くしてしまい、左目も腫れ上がって開かなかったので、最初は誰だかわからなかったが、近づいてくるのを見るとそれは同じ四年生の仲田豊一郎だった。

仲田もまた一回目の固い雪の中に閉じ込められて指一本動かすことができなくなっていたのだが、二回目の雪崩で再び流されたことで体の自由がきくようになり、なんとか雪の中から這い出すことができたのだった。

仲田は原のところまで行くと、掘り出し作業を手伝いはじめた。そこへ雪崩を目撃した「亀の子山岳会」の二人が救助に駆けつけてきたので、原の掘り出し作業は彼らに任せることにして、仲田は救助を要請するために佐藤小屋へと駆け下っていった。
間もなくしてそこに金井龍二が合流した。金井は雪崩に流されているときのことをこう記す。
〈咄嗟にピッケルを体に引寄せてストップしようとしたようだったが、次々にぶつかる雪塊に小突かれるまま横ざまに振廻され、頭からひっくりかえりして、胸部にあった右手のピッケルが顎を掻いて腕をもぎ取らんばかりに引离れていった。呼吸が苦しくなると雪を肺までのみ込んだ。胸部の圧迫が去り、滑るのが緩くなったようだ。助かったと知って俯向きになろうとした時、どどっとぶつかる雪塊の感じと共に再び滑り出した。速い。時々、体が深く潜るのだろう、肋骨がゆがみ息がしぼり出される。眼を開き口を開いたが、唯、灰白の世界と雪の溶液がむりやりに詰込まれた。窒息から来る苦しさで死を意識し、家に黙って登ったことを想い出した。次才にぼんやりとしてきた。両腕と体がばらばらに雪に固められ、仰向けのまま非常な速さで落ちて行く〉（『富士遭難追悼号』より）
そのあとのことは記憶になく、気がついたら下半身を雪の中に埋めて座っていた。周囲はすさまじいばかりのデブリの海で、誰一人見当たらず、異様に静かだった。動くとまた雪崩が起こりそうで恐ろしかったが、孤独のほうが耐えられず、雪の中から這い出した。歩こうとしたら右足を負傷しており、一歩進むごとに傷ついた右の頬が痛んだ。喉の内側も傷ついたらしく、口からポタポタと流れ出た血がヤッケと雪面を赤く染めた。

間もなく下のほうに人の姿を認め、近寄ってみると亀の子山岳会の二人に原が掘り出されたところだった。原は左目だけでなく足も負傷しており、亀の子山岳会のメンバーにほかの部員の救助を頼んだのち、金井と前後して雪の上を這うように経ヶ岳小屋へと向かった。

経ヶ岳小屋では農大山岳部パーティの五人が火を焚いて停滞していた。そこへ原と金井がたどり着き、事故の一報をもたらした。ただちに三人が救助のため外へ飛び出していき、しばらくして一年生部員の小川透を連れ帰ってきた。小川はデブリに埋もれて意識を失っていたが、腕が雪上に出ていたため運よく発見されたのだった。小屋に担ぎ込まれてきたときは意識が錯乱していて呂律が回らず、仲間が何度も耳元で「小川!」と呼び掛けて正気づかせようとした。

その後、亀の子山岳会のメンバーが穴小屋の下のほうで雪上に出ているピッケルを発見し、そこへ下山してきた登歩渓流会のメンバーや農大山岳部員と協力して、ピッケルの下に埋まっていた者を掘り出した。それは東大パーティの一年生部員、郷茂昭だったが、すでに息絶えていた。

そうこうしているうちに、佐藤小屋のオーナーと、日大OBの石坂および登歩渓流会のメンバー(二人は後発隊として、この日に自分たちのパーティと合流することになっていた)が経ヶ岳小屋に上がってきた。

彼らに雪崩事故発生の報を届けたのは、東大パーティの二年生部員、福島啓祐と慶大パーティの星田昌博だった。二人もまた雪崩に巻き込まれたが、たまたま佐藤小屋のすぐ近くまで流されたところでほぼ同時に雪の中から脱出でき、ほとんど無傷のまいっしょに佐藤小屋に駆け込んだ。そこへ下りてきたのが仲田で、原が亀の子山岳会のメンバーに救助されたことを伝えたのだった。

報告を受けた三人はすぐに事故現場近くまで上がり、経ヶ岳小屋にいた者にまだ雪崩の危険があることを伝え、佐藤小屋への避難を促した。東大パーティの生存者とほかのパーティのメンバーは全員、佐藤小屋まで下り、郷の遺体も佐藤小屋の下にある救護所に収容された。それとほぼ同じころ、日大パーティの十六人が下りてきたのだった。

この時点で明らかになっていた行方不明は、日大パーティの八人、東大パーティの五人、慶大パーティの二人の計十五人。また東大パーティの一人の死亡が確認されており、ほかの者は負傷もしくは無事という状況であった。

事故発生後、たまたま現場近くに居合わせたほかのパーティによって、目視できる範囲内での救助活動が行なわれた。しかし、雪の状態が不安定で第三、第四の雪崩発生のリスクが高かったため、それ以上の捜索・救助活動は危険だと判断され、翌日以降に持ち越されることになった。

その晩の八時十分ごろになって、行方不明だった東大パーティの二年生、松井隆が自力で佐藤小屋にたどり着いた。

雪崩遭遇時、パーティの先頭を歩いていた松井は、野球ボール大のスノーボールが二、三個落ちてきたのを見ると同時に、召田の「雪崩だ」という叫び声を聞いた。

〈上を見ようと思った瞬間、体は投げ飛ばされ雪崩にもみくちゃにされていた。比較的小規模のような感じがし安心したせいか意識はあり、目の前が暗くなったり、明るくなったりしたこと、ピッケルが取れそうになったので手の掌を縮めたら手袋ごとピッケルが取り去られたこと、手足を動かして泳ごうとしたが雪の圧力が大きくてとても不可能だと感じたこと、一回流れが止り強い圧力がかかり又動き出したこと、空中に体がはね上ったことなどはっきり意識した。流れが止んだ時には上半身は雪の上に出ており、ただ上の方向へ向って体がうつ伏せのような状態にあり、何の苦労もなく雪から出た〉（『富士遭難追悼号』より）

しばらく呆けたようにその場に立ち尽くしていた松井は、周囲を見回してみて雪崩の末端まで流されたことに気がついた。仲間の姿を捜してみたが、それらしきものは見えず、「ヤッホー」と連呼しても応答はなかった。悲しさと恐ろしさ、それに虚しさが入り混じった複雑な気持ちを抱えながら、埋まっているかもしれない仲間をとにかく助け出さなければと思い、仲間を捜しながら斜面を登っていった。

しかし、急にわけのわからぬ感情に襲われ、雪崩の危険にもおののき、いったん東側のブッシュの下に逃げ込んだ。そこでまたしばらく仲間を捜したが、なにも発見できなかったので、ここはひとまず佐藤小屋まで下りることにした。

現在地がどのあたりなのかまったくわからなかったが、夏道尾根を越えて流されてはいないだろうと考え、御中道よりも上の吉田大沢のなかのブッシュのどれかのあたりだろうと見当をつけた。だとすれば、東寄りに下っていけばいずれ御中道に出るはずで、雪崩再発の恐怖に追われるようにして東のその沢を下っていった。

ところが、白一色の斜面を走り、滝を飛び下り、ブッシュを漕いで下っていけど、いっこうに御中道にはぶつからなかった。それもそのはずで、松井が流されたのは夏道尾根を越えた滝沢のなか、御中道よりも下のほうであった。つまり東寄りに下っていけばいくほど、佐藤小屋から遠ざかるわけである。下りすぎた、と気づいたときには、もう登り返す気力は残っていなかった。

それでも事故の発生を知らせなければという一心で、ますます激しく降りしきる雪のなか、全身濡れ鼠になりながらも、ときどき聞こえてくる自動車の音を頼りに前へと進んだ。そしてようやく林道に出てたどり着いたところが、馬返しよりもずっと下の中ノ茶屋であった。そこで東大関係者への連絡を依頼し、すぐに佐藤小屋へ向かおうしたが茶屋の者に止められ、午後四時ごろまで体を休め、濡れたウェアを乾かしてから出発していった。

その途中で下山してきた登山者に会い、東大パーティの一人が死亡し、五人が生存していることを知らされた。生存者が誰なのかは不明だったが、聞き取った服装から死亡したのは郷であると推測できた。

〈小屋に入ると眼鏡がくもり、数名の人が居ることしか見分けがつかない。「松井か」とリーダーの声が聞えた。福島、金井が寄って来た。奥で寝ていた小川も出てきた。悲しみと喜びの激情におされ、無性に泣き出したかった。それから数時間パチパチと赤く燃える木をかこみぽつりぽつりと話し合い就寝したのが二十四時頃であった〉(『富士遭難追悼号』より)

巨大雪崩の実態

松井が生還したころから夜半にかけて、佐藤小屋には地元の消防団や青年団、警察官、遭難パーティの関係者、協力を申し出た社会人山岳会のメンバー、報道関係者らが続々と詰め掛けてきて、深夜にもかかわらず騒然とした雰囲気になった。山麓の富士吉田署にも事故を知った遭難者の家族や友人らが状況確認のため続々と訪れ、夜通しごった返した。

翌二十九日、前日までの風雪はおさまり快晴の空が広がった。行方不明者十四人の捜索・救助活動は、富士吉田市の旅館内に関係三大学の現地本部を、六合目小屋に仮の現地対策本部を置き、三大学それぞれの指揮のもとに社会人山岳会や他大学山岳部、山岳団体などの協力者が入って展開されることになった。

〈一瞬の大雪崩で十五人の学生をのんだ富士山の学生遭難事故は、一夜明けた二十九日朝九時半、五合目の佐藤小屋から捜索隊が出発、現場の見通しのきく六合目の六合荘に捜索本部を移し、第二次マナスル遠征に参加した日大OBの石坂昭二郎氏を隊長として総勢百五十人が数組に分れ捜索を開始した〉（一九五四年十一月二十九日付朝日新聞夕刊より）

生存者や目撃者の証言から、東大パーティと慶大パーティは吉田大沢に、日大パーティはA

沢に押し流されたものと見られた。八人が行方不明となっている日大の捜索隊は、埋没している可能性がある地点を、雪崩遭遇地点から御中道がA沢を横切るあたりまでと推測し、ピッケルによるゾンディレーンを展開した。四人が見つかっていない東大の捜索隊は、吉田大沢から派生する滝沢を重点捜索ポイントに定め、やはりゾンディレーンでの捜索を行なった。しかしこの日は一人も発見できないまま一日が終わった。

ゾンディレーンに用いられたピッケルは長さが六〇センチほどしかなく、積雪の表層しか探せないため、翌三十日には長さ二、三メートルの鉄棒が用意された。それが功を奏したのか、東大パーティの二人の遺体が滝沢で、もう一人の遺体が吉田大沢下部の東沢で発見・収容された。一方、日大の捜索隊は、A沢と御中道が交差する直下の滝の下をこの日の捜索目標に置いた。上部より押し流されてきた雪崩はほとんど、この垂直に切れ込んだ滝に落ち込んでいたからだ。固く締まった滝下のデブリでのゾンディーレンは、捜索者を増員して終日続けられた。だが、この日も行方不明者はもとより手掛かりになるものさえ見つけられなかった。

十二月一日からは捜索のための装備を増やし、自衛隊の地雷探知機や警察犬も導入したが、成果は得られなかった。日大パーティの捜索隊は、それまでA沢全体および滝下を重点的に探したもののなにも発見できなかったことから、A沢が合流するツバクロ沢にまで捜索範囲を広げたが、ツバクロ沢のデブリは三合目付近にまで達していた。その厖大かつ巨大な最末端のデブリにはセラック状の雪塊が積み重なっており、人力による微力なゾンディレーンでどうにかなるような代物ではなかった。

また、雪崩はA沢本流からツバクロ沢を流れたのは間違いないが、B沢下部などにも顕著なデブリがあり、捜索範囲はさらに広められることになった。そうしたデブリにしても、事故発生時の雪崩によるものなのか、その以前もしくは以後のものなのか、まったく判別がつかなかった。おまけに雪崩の流路には一度ならず幾度かの雪崩が流れているため積雪層が複雑化しているうえ、雪の状態も日増しに変化した。十二月三日の捜索では、滝下のデブリから仲間のものと思われる若干の頭髪を掘り出したが、そのあとが続かなかった。

行方不明者が一人となった東大パーティの捜索隊は、捜索対象エリアを吉田大沢下部に絞り、やはり同じ方向に流されたと見られる慶大パーティの捜索隊と合同で捜索を行なった。しかし、こちらも連日成果はなく、虚しく一日の作業を終了せざるを得なかった。

十二月に入って、富士山は冬の厳しさを一段と強めつつあった。一〇〇人以上の捜索者がわずか一〇〇メートルの間に密集して捜索を行なわなければならないのも、再び雪崩が起きたらさらなる大惨事につながりかねず、危険極まりなかった。これまで五日間にわたって多数の人員が出動して捜索を行なったが、発見できたのは三人だけで、残る十一人の行方不明者の手掛かりはほとんど得られていなかった。

十二月四日、三大学の各代表は、これ以上捜索活動ができるかどうかを判断するため、それぞれの現場へ偵察に出掛けていった。そして帰宿した三大学の代表が協議した結果、作業を続けるのは困難だという判断になり、捜索を打ち切ることが決定した。その判断の根拠となったのが、次のような理由だった。

・事故発生以降は好天に恵まれ、多くの人員を動員して可能なかぎりの捜索は充分に行なわれた。

・前夜より再び降雪があり、気温も急激に低下して雪面は凍結しはじめ、スコップによる掘り出しやゾンディーレンの作業は非常に困難な状況になってきている。また、膨大なデブリの雪を排除するのはほとんど不可能である。

・本日の早朝、部分的雪崩が再度発生した。

・雪崩や滑落のリスクが高まりつつあるなかで、捜索隊員の安全の保証が難しい。

・捜索隊員の疲労も増大しつつある。

こうして捜索はいったん打ち切られることになったが、冬期間の現場周辺の積雪状態や雪崩について調査をするため、十二月の末から四月にかけて三大学が交代でパトロールを行なうことになった。また、四月もしくは五月に、雪解けの状況を見て捜索を再開することも決められた。

冬期間のパトロールは、三大学合同遭難対策委員会の計画に基づき、述べ約二五〇人の関係者を動員して実施された。そのパトロール期間中の四月十九日、吉田大沢で慶大生の遺体が発見された。翌二十日には六合目の穴小屋の上方五〇メートルのところで東大生の遺体が見つかり、これで東大パーティの行方不明者は全員が発見された（東大関係者は以後の捜索にも応援隊を出して協力を続行）。さらに二十五日にはツバクロ沢のデブリ末端付近でシェパード犬により日大生二人の遺体が発見された。

この二人の発見により、四月二十九日から一週間と決められていた第二次捜索は予定を早め、二十六日から開始されることになった。そして五月八日までに日大生五人がツバクロ沢のデブリ末端付近で、慶大生一人が吉田大沢で発見され、残るは日大生一人のみになった。その後も捜索は続けられ、事故の発生から約半年が経過した六月四日、やはりツバクロ沢のデブリ末端でついに最後の一人が発見された。これをもって、長きにわたった捜索活動にようやく区切りがついたのであった。

十五人の死者は、全員が即死の状態だったという。捜索・救助活動に関わった人員は実に延べ三五八一人、そのうち三大学以外の関係者は約半数の延べ一五四五人であった。

この雪崩の発生地点は九合目付近、吉田大沢の標高三六〇〇メートル付近で、二回にわたって流れ落ちた。一回目の雪崩は夏道尾根にぶつかってA沢に入るとともに、夏道尾根に溢れ出したが、それほど大規模な雪崩ではなかったので、夏道尾根の六合目までは届かなかったようだ（A沢に入った流れがどこまで達したのかは不明）。

だが、その直後に二回目の雪崩が発生した。この第二波は非常に規模が大きく、主に吉田大沢本流、夏道尾根、A沢〜ツバクロ沢の三つに分かれて流下した。吉田大沢本流の雪崩は激しい主流を形成して約三合五勺（標高約一九五〇メートル）まで流れ落ちた（こちらのデブリは、ツバクロ沢末端のデブリと比較すると問題にならないほど少なかったという）。夏道尾根にぶつかったものは六合荘の上部で二分し、東側の流れは滝沢へ、西側の流れは吉田大沢側へ落ちた。

そしてA沢に入った雪崩は御中道の下の滝を飛び越えてツバクロ沢に合流し、長い距離を流れて三合二、三勺のあたりでようやく止まった。ツバクロ沢デブリ末端の標高は約一九〇〇メートル。雪崩発生地点との標高差は約一七〇〇メートルで、その距離は約四キロにも及んだ。

日大パーティが雪崩に巻き込まれたのが標高約二六〇〇メートルだから、デブリ末端付近で発見された八人は、標高差七〇〇メートル、距離にして約二・二キロを流されたことになる。

〈燕澤（注・ツバクロ沢のこと）瀧下のデブリはブロックのすさまじさもさることながら、巨大な氷のうねは氷河を思わせる如く、鬼氣せまるものがあつた。末端附近の雪崩に折られた木の年輪を調べて見たら、六〇本以上を數えることが出來た。富士の春の底雪崩はすさまじいものであると聞いているが、その春雪崩でさえも、六〇年以上この木を無事にしていたことから考えて、今回の雪崩は富士の冬雪崩としては、數百年ぶりの大規模なもの、あるいは千年に一度というようなものかも知れない〉

この遭難事故が当時の登山者および山岳界に大きな衝撃を与えたのは、大学生ばかり十五人もの犠牲者を出した大量遭難だったことはもとより、初冬の富士山でこれほど巨大な雪崩が発生するとはほとんど誰も予測していなかったことが大きい。

富士山が雪上登山技術の格好のトレーニングの場として人気が集まり、また戦後に登山熱の再興するにつれ、冬の富士山での遭難事故も徐々に目立つようになってきていた。しかし、その大半は突風などによるアイスバーンと化した雪上での滑落事故であり、雪崩事故はほとんど報告されていなかった。

富士山における雪崩の記録としては、一八三四（天保五）年四月のものがよく知られている。雪崩は富士山の北麓と南麓の両側でほぼ同時刻に発生し、山麓の村落で多数の家屋や田畑が土砂で埋まり、多くの住民や家畜などが死亡するという大惨事となった。このときの雪崩は、雨や急激な気温の上昇などが引き金となって水分を多量に含んだ雪が流動する「雪代」（今は「スラッシュ雪崩」といわれている）と呼ばれるものだった。雪代は、場合によっては土砂を巻き込んだ土石流となり、大きな被害をもたらすことがある。富士山では、現代に至るまでこの雪代が幾度となく起きており、古くから山麓の住民に恐れられてきた。

ただ、雪代が起きるのは気温が上がって雪が緩む春先がほとんどだった。本格的な冬が到来する前の十一月に、雪代ではない、これほど大規模な雪崩が起きたという記録は見当たらず、まして登山者が巻き込まれて犠牲になったのは、かつてなかったことだった（『岳人』九十四号に掲載された広瀬潔の「富士山の雪崩　発生は予知できた?」という記事によると、明治四十四年二月に長谷川阮一なる人物が富士登山中に雪崩に遭って死亡したという記録があるらしい）。

それだけにこの事故は、当時の山岳関係者にとって〝寝耳に水〟の出来事であり、新聞紙上で大きく取り上げられ、『山と溪谷』や『岳人』の登山専門誌にも数度にわたって検証記事が掲載された。たとえば『山と溪谷』一八八号では、「富士山大雪崩遭難座談会」と題した記事を二十一ページにもわたって掲載した。座談会に出席したのは、事故の当事者である日大の大蔦や同大OBの石坂をはじめ、富士山測候所技官や冬富士研究家（前出の広瀬潔）、日本雪氷協会会長らなどで、その冒頭で、進行役は次のように発言している。

〈今回の富士山の雪崩はまさに晴天の霹靂といった衝撃だつた。我々は堅氷強風の富士にのみ氣をとられて、雪崩は警戒しながらも、雪崩は従來表層は小さかつたので巨大な春の底雪崩の方に重きをおいていた〉

また、一九二七（昭和二）年に起きた針ノ木岳での雪崩遭難事故の生存者と、その山岳部の先輩による対談記事を掲載したのが一九五四（昭和二十九）年十一月三十日付の朝日新聞朝刊だ。そのなかで両者は、「富士山の雪崩は予想できぬことではなかったが、ちょっと普通の状態では考えられなかった」「しかしそうは言っても、まさか富士山で雪崩に遭おうとは……」「戦後の登山界全体が雪崩の恐ろしさを忘れかけていた」「今までの雪崩遭難史のなかでも、今回の遭難は最も不可抗力の要素が多いと思う」などと発言し、この事故に対する戸惑いを見せている。

雪崩のリスクマネジメント

では、誰もが想定していなかったこの雪崩事故はなぜ起きたのだろうか。

現在の雪崩学では、雪崩事故は「不安定な積雪」「雪崩地形」「人（行動マネジメント）」がそろって初めて起こるとされている。このなかからまず当時の積雪の安定性を見てみよう。

『岳人』八十二号に掲載の「富士山なだれ遭難時の気象」（久米庸孝）によると、この年の富士山の初冠雪は例年に比べて十日ほど遅い十月七日から八日だった。以降十一月十八日までは多少の降雪があったが、いずれも大した雪ではなかった。しかし事故の一週間ほど前の十九日から二十一日までは、南岸低気圧の影響でずっと雪が降り続いた。南風が吹き込んだため気温も上昇し、十九日には最大風速約三五メートルを記録している。二十二日から二十四日までは晴れて気温も十度ぐらいまで下がったが、二十四日の夜から二十五日にかけて寒冷前線が通過したために富士山頂でも二十五日いっぱい雪が降った。二十六日は晴れたが、山頂の気温は氷点下五度程度と高かった。

二十七日から二十八日にかけては再び南岸低気圧が発達しながら通過、二十七日の一時的な霙は雪に変わり、南東の風も次第に強くなって夜半には風速二五メートルに達した。二十七日十二時ごろの富士山頂の気温は、平年より七度も高い氷点下四度。翌二十八日午前九時の気温も平年より五度ほど高い六・六度だった。風は二十八日の六時ごろから東に回りはじめ、一時は風速も落ちたが、十時には突然、風速三九メートルの強風となって北東に回り、その強風が終日続いた。

記事では雪崩の要因についての断定は避けているが、気象的なポイントとして次の三つを挙げている。

①半旬平均気温は、雪崩の前二十日間ばかりは平年よりも高めで、とくに事故前日には七度、当日は五度、半旬平年値に比べて高温が現われた。

②十九日以降の雪は、まだ完全に沈降・凍結するに至っていなかったかもしれない。

③当日は暴風雪のため九時までの短時間に五〇センチを超える新雪があり、また九時から十一時にかけて風向きが北東に回るとともに、山頂の風速は九時の一一・四メートルから十時の三九メートルに一挙に急増した。

十九日から二十一日にかけて積もった雪が完全には落ち着いていなかったという点は、『追悼　富士に眠る仲間へ』でも指摘されている。

〈この雪は二十一日の慶應隊の落雪の經驗（注・この日入山していた慶大山岳部パーティのメン

バーのひとりは、須走口七合目で、板状の雪のブロックとともに三メートルほど滑落するというアクシデントに遭った）から推定しても、余り落着いていなかつたらしい。この二十一日からその後二十七日まで、山頂の記録によると風速が平年にくらべ非常に小さいので、雪のしまり方は遅かつた譯で、どうやら落着いたという所ではなかろうか。二十七日には頂上から下まで雨またはみぞれが降つている。その水分は氷板を形成するまでには至らなかつたかも知れないが、少くともその後の新雪を區別する程度の層は形成したであろう。これは當日朝七合小屋附近において認められた層の記録とも一致する。これによつて雪崩の出易い下地が作られた。そこへ二十七日夕刻からの降雪である〉

同書はまた、事故当時の風向きも雪崩発生の一因になったと言及する。つまり前夜から吹きはじめた南東の風が、吉田大沢やツバクロ沢に対してちょうど直角に吹き込んだので、それぞれの沢の手前にある尾根の積雪を巻き上げて沢に堆積させ、吹き溜まりを形成したというわけである。このように、横方向から尾根を越えていった風が風下側の斜面に雪を堆積させることを、今は「クロスローディング」と呼んでいる。そしてクロスローディングによって風下側の斜面に形成されるのが、雪崩のリスクが高い「ウインドスラブ（風成雪）」だ。

事故当日の気象状況からして、吉田大沢やツバクロ沢の上部右岸側には吹き溜まり、すなわちウインドスラブが形成されていたものと思われる。その吹き溜まりが自重による歪みに耐えきれなくなり、自然落下したことが雪崩の発生原因だろうと、同書では推測している。自然発生だったかどうかはなんともいえないが、当日の積雪の状態が不安定だったことは、ほぼ間違いないと見ていいだろう。

次に地形を見てみると、雪崩発生地点の吉田大沢九合目付近は傾斜がかなり急であり、一応、沢地形でもあるから、一定量以上の雪が積もれば雪崩れる可能性は充分にある。同様の地形はここだけではなく富士山のあちこちにあり、潜在的な雪崩のリスクは決して低くない。にもかかわらずそれがほとんど顧みられていなかったのは、雪代は別にして、雪崩による事故は皆無だったからで、「富士山ではまず雪崩は起きない」という誤った見方が蔓延していたのだろう。

ちなみに事故現場となった吉田大沢は東側に傾いているような地形であり、七合目付近で夏道尾根に接している。一般論として、雪崩に対して尾根筋は安全だといわれているが、この夏道尾根は「尾根」といえるほどの代物ではなく、吉田大沢の右岸から続く単なる傾斜地のようなものであるという。だからこのときの雪崩の主流は、夏道尾根をやすやすと乗り越えてA沢からツバクロ沢へと向かったのだった。

雪崩事故のもうひとつの要因とされる「人（行動マネジメント）」については、雪崩が起きたときに、まさにそこに大勢の人がいたわけだから、「そのとおりです」と言うしかない。人が雪崩のトリガーになったかどうかはわからない。遭難パーティのいずれかが雪崩を誘発したのか、それとも現場近くに遭難パーティとは別のパーティがいてトリガーになったのか、あるいは自然発生的なものだったのかは、今となっては検証のしようがない。

これまで述べてきたように、事故の前日から当日にかけて、「例年にはない気温の高さ」「ひと晩で多量の降雪」「ウインドスラブを形成する南東の風」「日大パーティが七合目付近で遭遇した小雪崩」といった、雪崩のリスクを示すサインはいつくもあった。なのになぜ行動したのか、という指摘もあるかもしれない。

今日の雪山でこうしたサインが見られれば、ほとんどのパーティ、登山者は雪崩のリスクが高いと見て行動を控えるだろう。だが、それは今だから言えることだと思う。雪崩に対する当時の知見と今の知見は、おそらくかなり違っている。六十年以上も前の行動マネジメントを、今の知見を以ってして批評するのは、フェアではないだろう。

ただひとつ言えるのは、条件さえそろえば、富士山で同様の巨大な雪崩が発生してもおかしくはないということだ。冬の富士山に登ろうとするのであれば、それを心に留めておくべきであろう。

第四章

前穂東壁のナイロンザイル切断事故

岩稜会冬山合宿

社会人山岳会「岩稜会」が三重県鈴鹿市に誕生したのは、終戦からまだ一年にも満たない一九四六（昭和二十一）年四月のことである。その代表者が石岡繁雄だ（旧姓は若山。結婚を機に妻の石岡姓となった）。

石岡は一九一八（大正七）年一月、アメリカのカリフォルニア州サクラメントで生まれ、三歳のときに父親の郷里の愛知県海部郡佐織町（現在の愛西市）に帰国した。山に目覚めたのは旧制中学校四年のときで、従兄と相談して白馬岳登山を計画し、案内人を雇って大雪渓から登ったのがきっかけとなった。以後、進学した八高（旧制第八高等学校）と名古屋帝国大学（現在の名古屋大学）で山岳部に籍を置き、岩登りや冬山登山に情熱を注いだ。

戦争が終わって復員したのちは、三重県立神戸《かんべ》中学校（現在の県立神戸高校）で教員の職に就いた。生徒から「山岳部をつくりたい」という要望があったのはそれから間もなくのことで、石岡が部長となって山岳部が立ち上がった。その卒業生ら約四十人が中心となって発足したのが岩稜会であった。

〈岩稜会は、土曜、日曜などには自転車や歩きでも行ける鈴鹿の山の岩場、長い休みが取れる夏休み、冬休みには穂高連峰を主な活動の場にして、残された未踏ルートに挑戦したり、新たなルートを開発して、岩場を登り続けるということをしていました〉（『石岡繁雄が語る　氷壁・ナイロンザイル事件の真実』より）

会が発足した翌一九四七（昭和二十二）年七月、石岡は神戸中学校の山岳部員二人をパートナーに起用し、いきなり穂高岳屏風岩中央カンテ（インゼルルート）を初登攀するという成果を挙げた（この登攀は、投げ縄を使ったこと、中学生を生命の危険にさらしたことに批判の声が上がったが、石岡にとってそれは当初から覚悟のうえでのチャレンジだった）。

さらに四九（昭和二十四）年七月の明神岳五峰東壁中央リンネ完全トレース、五一（昭和二十六）年の明神岳五峰東壁中央リッペ春季初登攀、五二（昭和二十七）年の前穂高岳四峰正面壁甲南ルート春季登攀など、戦後の穂高岳周辺のバリエーションルート開拓期において次々と困難な課題を攻略し、岩稜会の名前を一躍登山界に知らしめた。そうした功績が認められ、朋文堂より依頼を受けて五四（昭和二十九）年より穂高岳の岩場のルートガイド本の制作に取り掛かり、五九（昭和三十四）年に『穂高の岩場1』を、翌年には『穂高の岩場2』を出版した。

その岩稜会の一九五五（昭和三十）年度の冬山合宿は、いまだ冬季登攀の記録がない前穂高岳四峰の正面壁北条・新村ルート、正面壁松高ルート、東南面明大ルート、それに東壁と北尾根の初登攀に目標が置かれることになった。

一九五四（昭和二十九）年の夏ごろから最終的な準備が進められ、計画も念入りにチェックされ、十二月二十二日、いよいよ合宿の初日を迎えた。期間は翌五五（昭和三十）年一月九日までで、トータルで十三人のメンバーが参加を予定していた。

先発隊として二十二日に入山したのは石原國利（二十四歳）、澤田栄介（二十一歳）、若山五朗（十九歳）、南川治資の四人。石原は中央大学の四年生で、福岡に在住の兄の石原一郎とともに岩稜会に所属していた。十四年前に穂高で一郎と石岡が出会って意気投合したのがきっかけで、以来、岩稜会のメンバーといっしょに山に登るようになり、遠くに住んでいながら兄弟そろって岩稜会に入会したのだった。

三重大学三年生の澤田と同一年生の若山は、岩稜会だけでなく同大学の山岳部にも所属しており、二人とも同部の新進気鋭の有望株であった。ちなみに若山は石岡の末の弟にあたり、小学生のころから石岡に連れられて山に登っていた。三重大学山岳部部長の南川は岩稜会には所属していなかったが、同部が冬山の経験に乏しかったことから、冬山の技術や知識を学ぶために澤田を介してこの合宿に参加していた。

二十二日、澤田、南川、若山の三人は名古屋から、國利は一人新宿から夜行列車に乗り込み、二十三日に松本で合流した。松本電鉄で島々に出たのち、バスで沢渡に向かったが、島々に着くころから雪が激しくなった。沢渡からは徒歩となり、吹雪のなか、膝まで潜るラッセルと背中の重荷にあえぎながら、坂巻まで行ってこの日の行動を終えた。そのあとでラッセル車が入ったようで、翌日は中ノ湯まで除雪された道を進んだ。釜トンネルでスキーを装着して上高地まで上がり、上高地温泉ホテルで昼食後、荷上げ物資を整理して明神養魚場の小屋に入った。

二十五日は松高ルンゼ下まで荷上げをし、二十六日は養魚場からいよいよ奥又白池へと向かった。合宿期間中は、奥又白池に張ったテントをベースにして、課題の登攀にチャレンジする計画だった。前日のシュプールは消えていたが、奥又白谷出合を過ぎたあたりからワカンによるラッセルの跡が延々と続いていた。おそらく大阪市立大学山岳部のパーティのものと思われ、先を越されたかと気にしながら登っていくと、途中で分かれて八峰側の稜線へ向かっていた。この日は前日のデポ地にテントを張り、のんびりと栄養を補給した。

翌日は南川が風邪をひいたためテントで休養することになり、ほかの三人が奥又白池のシンボル、宝の木まで荷上げを行なった。松高ルンゼ下のデブリは少なかったが、何度か行き来するため、安全を期して急な尾根に付けられた中畑新道をとった。厳しいラッセルが終わってトラバースに移り、左手に持ったストックを水車のように振り回して胸のあたりの雪を掻き分けながら、奥又白池へと進んだ。このラッセルでは、最年少の若山が驚異的な馬力を発揮した。荷物をデポし、くたくたに疲れて下り着いた幕営地では、夕刻、下又白谷か明神谷のほうから か、しきりに雪崩の音が聞こえてきていた。

二十八日の朝、出発の準備を整えてテントの外に飛び出したとたん、「あらよ」という声が聞こえてきた。この掛け声は岩稜会独特のエールであり、後発の石原兄、一郎がちょうど幕営地に到着したところだった。

前日のラッセルのおかげで作業は捗《はかど》り、この日のうちに予定の荷上げを終えることができた。夜は久しぶりに一郎を交え、明日からの合宿本番を前に大いに話が弾んだ。

この合宿には石岡は参加せず、年末年始は自宅で過ごすつもりだった。合宿のリーダーは、この日に入山した一郎が務めることになっていた。年が明ければ石岡はすぐに三十七歳となり、体力的に若いメンバーについていけなくなったというのも理由のひとつだが、若い世代のリーダーを養成するためという狙いもあった。

〈そう考えて、岩稜会の会長だけに専念させてもらうということにし、会員に諮って現役を引退させてもらったんで、暮も正月も自宅で過ごす、という当たり前のことができることになったんです〉(『石岡繁雄が語る 氷壁・ナイロンザイル事件の真実』より)

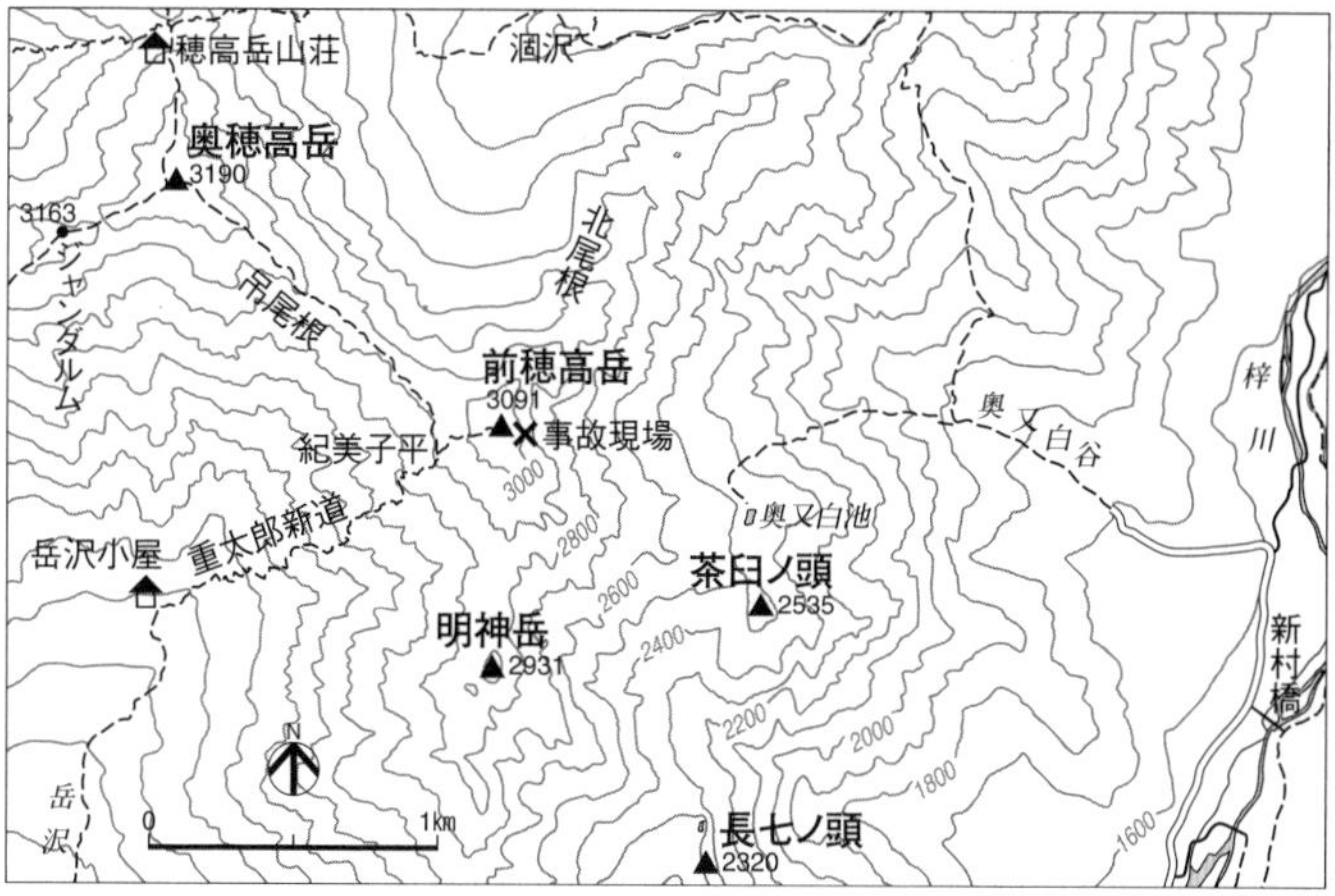
穂高岳山荘
涸沢
奥穂高岳
3190
3163
ジャンダルム
吊尾根
北尾根
前穂高岳
3091
事故現場
紀美子平
岳沢小屋
重太郎新道
明神岳
2931
茶臼ノ頭
2535
奥又白池
奥又白谷
梓川
新村橋
長七ノ頭
2320
岳沢
3000
2800
2600
2400
2200
2000
1800
1600
N
0
1km

合宿のリーダーである一郎は、会員のなかでは石岡の次に年長だが、まだ三十歳前で、体力・技術ともに優れた、石岡も認める経験豊かな山男だった。

二十九日、五人はテントを撤収し、スキーその他の荷物をデポしたのち、奥又白池へと向かった。

〈中畑新道も、三度目ともなれば、国道級だ。写真を撮り撮り、ゆっくりと進む。池へ着けば設営作業だ。10日間の生活だ。快適に張ろう。ブッシュも沢山敷いて。またたく間に、六人用ウィンパーが2張見事に張られた。夜中より、ぐんと冷え、冬の星が、輝き始める。一応明日の準備にかかる〉（澤田栄介記『岩稜会冬山合宿前穂東壁遭難記録原本』より）

この合宿では前述した冬季未登攀のルートの攻略を目標に掲げていたが、なかでもいちばんの目標が前穂高岳四峰の正面壁北条・新村ルートと正面壁松高ルートの冬季初登攀であった。そのチャレンジに先立ち、まずは冬季未踏の前穂高岳東壁のAフェースにアタックすることになった。三十日、石原兄弟と澤田の三人が、B沢および平谷のラッセルと偵察を兼ね、七時半にBCを出発した。思ったより雪は締まっていて、ラッセルの苦労も少なくB沢に入り、狭い沢を詰めていった。北壁の積雪は非常に少なかったが、北壁直下まで登ってしばらく偵察しているうちに、頭上のDフェースの上から雪のブロックが落ちてきた。ほうほうの体でBCまで逃げ帰り、午後は休養としてお好み焼きをつくって食べた。

大晦日は雪がしんしんと降る一日となった。朝方、前夜に中畑新道下部でビバークした高井利恭・吉史兄弟がBCに到着し、「明神岳の最南峰で東雲《しののめ》山渓会パーティが遭難したようだ」という真偽不明のニュースをもたらした。

「ザイルが切れた」

前穂高岳東壁のAフェースのアタックは、一九五五（昭和三十）年の元日に行なわれた。決行の日時は、リーダーの一郎が現地の気象状況、メンバーの登攀技術や体力などを考慮して決定した。アタックメンバーは澤田、石原國利、若山の三人で編成された。
〈四峰正面のアタックは東壁攻撃パーティより実力が一段上のメンバーが挑戦することになっていたが、メンバー全員が奥又白に到着していなかったので、一郎さんは最初に入山して荷揚げを黙々とこなしたメンバー四人の努力に報いようと、この中から東壁攻撃の三人を選択した可能性が高い〉（『石岡繁雄が語る　氷壁・ナイロンザイル事件の真実』より）
三時半に起床した三人はアタック準備を整え、ようやく空が明るくなった六時、見送るほかのメンバーと握手を交わし、一郎の激励の言葉をあとにBCを出発した。天気は快晴で気温はマイナス二十五度。腰まで潜るラッセルをものともせずにぐんぐんピッチを上げ、七時半、B沢の上部でアンザイレンをした。

このときに小休止を取り、テルモスに詰めてきたミルクを飲み、チョコレートを齧《かじ》ったのち、高度差一五〇メートル、傾斜六十度の北壁に取り付く。ルートをいちばん左側の右岩稜寄りにとり、Dフェースの基部に沿って一ピッチ、続けて左上方の雪の斜面を一ピッチ。次に四メートルのクラックを越えてチムニーに入る。

しかし雪の状態が悪く、さらさらと落ちるばかりでアイゼンの爪がまったくきかない。トップの國利は岩の上に乗った雪を掻き落として登らなければならず、予想外に時間をロスしてしまった。ハーケンを三本打って六メートルのチムニーを脱出し、上部のリッジに出たときには十一時になっていた。

休む間もなく急傾斜のスノーリッジを一ピッチ半登り、いよいよ核心部、第二テラスへ抜ける約四〇メートルの岩壁と対峙した。國利は左側のチムニーを避けて右側のフェースを微妙なバランスで登り、さらにチムニーに沿って五メートルほど登ったが、その先のオーバーハングに差し掛かったところで動きがはたと止まってしまった。ハーケンをきかせてこの悪場と格闘することとしばし、やがてザイルがピンと張られ、上から「あらよ」の掛け声が聞こえてきた。午後一時五十分、どうにか國利がこのハングを越えたのだった。

ちょうどこのとき、大阪市大山岳部のパーティが前穂高岳北尾根四峰に取り付いていた。彼らは「あらよ」の声を聞いて、東壁を登っているのが岩稜会のパーティだとわかり、「がんばれよー」と声をかけてきた。岩稜会のメンバーも「がんばるよー」と応答し、お互いに励まし合ったのだった。

だが、セカンドの若山がこのハングで苦戦を強いられた。

〈上からの懸命の確保があるにもかゝわらず、非常に苦しんでいる。突然全く、突然ザザーと、左側のチムニーを滑り落ちる雪と共に、上のザイルが物凄く緊張した。どうしたと声をかけたが返事がない。上から驚きの声が聞えて来た。オーバーハングの乗り越しに力つき、そのままズルズルとチムニーに滑り落ちたらしい。そのままの姿勢でいるように声をかけ、沢田はハング下まで登り、元気づいた若山を元の地点にあげ、肩車でハングを越し、左へ廻り込んで才2テラスへ出たのは14時50分であった〉（『三重県山岳連盟報告　第六号』に収録の澤田栄介による「前穂高岳東壁遭難報告書」より）

ＢＣに向かって「やっほー」と声を掛けたのち、第二テラスの急斜面を二ピッチ登り、三時十分、ようやくＡフェース下にたどり着いた。ここで二十分ほど休み、遅い昼食を摂った。Ａフェースは高度差八〇メートル、傾斜は六十五度で、登ってきた北壁に比べると積雪は少ない。甘納豆を頬張りながら壁を見上げ、ルートを観察する。

三時半、再びＢＣに向かって「やっほー」と叫び、行動を再開した。薄靄がかかりはじめるなか、右側のルートを忠実に登っていく。アブミを使って細いクラックを越え、不安定な雪がべっとり付いたスラブ状の岩に取り付き、今にも足元が崩れ落ちそうなところを慎重に進む。いつしかとっぷりと日が暮れていて、時計を見ると五時半になっていた。ザックからヘッドランプを取り出して点けてみたが、ほとんど視界はきかない。もうそれ以上は登れなくなってしまい、やむを得ずビバークを決断する。

そこは安全な足場さえなく、とてもビバークなどできそうにないところだったが、國利がピッケルで雪を掻き落としていたときに、偶然にも岩の窪みを発見した。三人がそこに集まって雪を掘り出し、幅一メートル二〇センチ、高さ三〇センチ、奥行き一メートルの穴をつくった。三人並んで壁に向かう形でそこに腰を下ろし、足を投げ出して穴の中へ入れたが、腰から上の上半身は完全に外に出ており、しかも尻は半分しか岩棚の上に乗っていなかった。ふと気を抜くと、後方に倒れ込んで真っ逆さまに第二テラスに落ちていくような体勢だったので、各自ピ

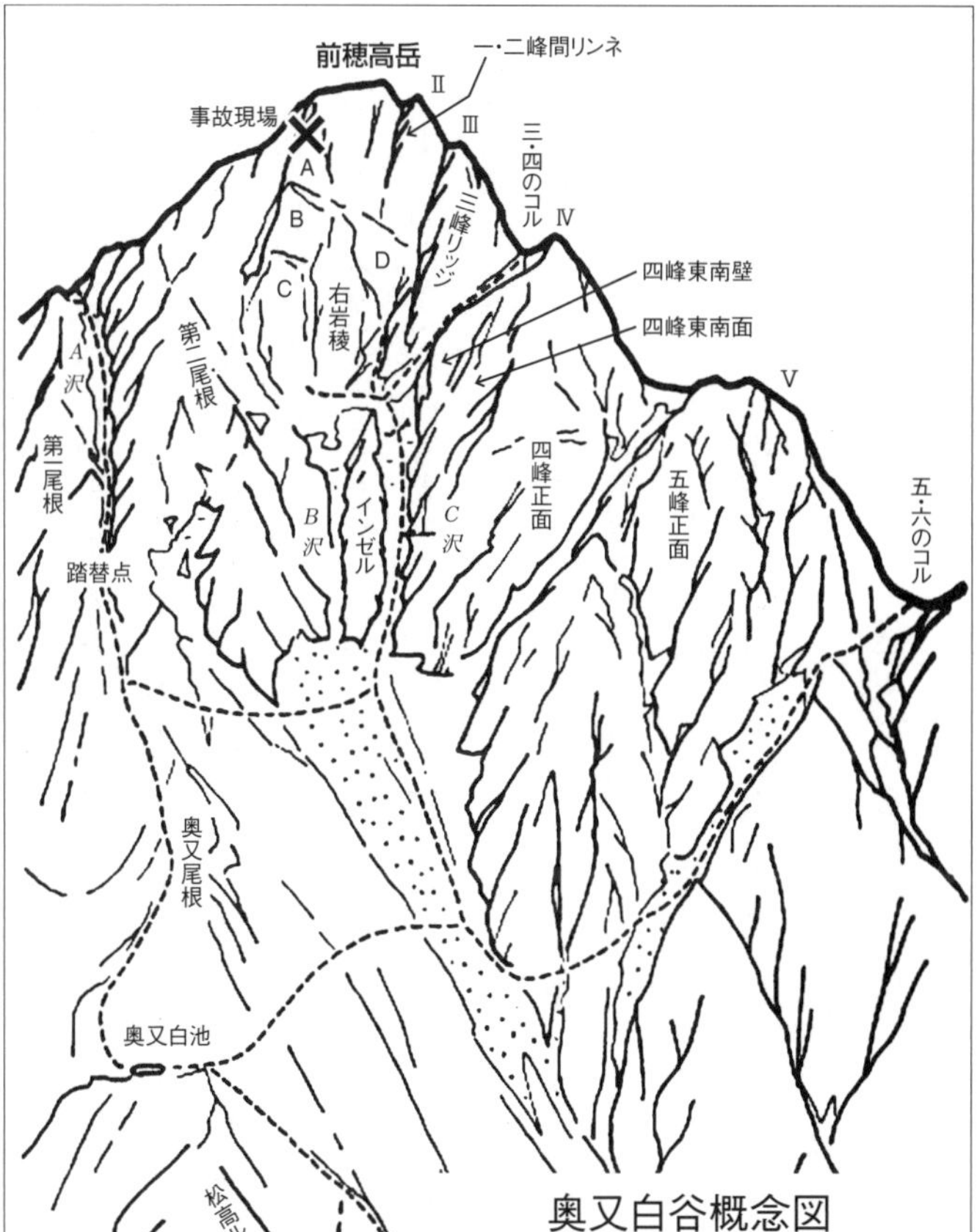
前穂高岳
一・二峰間リンネ
事故現場
Ⅱ
Ⅲ
Ⅳ
Ⅴ
A
B
C
D
三・四のコル
三峰リッジ
四峰東南壁
四峰東南面
右岩稜
第二尾根
A沢
第一尾根
B沢
インゼル
C沢
四峰正面
五峰正面
五・六のコル
踏替点
奥又尾根
奥又白池
松高ルンゼ
奥又白谷概念図
「日本登山大系 槍ヶ岳・穂高岳」(白水社)より

ッケルを使ってセルフビレイをとってツエルトを被った。

六時ごろになると、真っ黒な空から粉雪が舞い落ちてきた。寒さは非常に厳しかったが、身動きひとつできない体勢だったので、セーターを着ることもできない。アイゼンのバンドはカチカチに凍結してしまい、凍傷を心配して靴の中で懸命に指を動かすが、やがてじーんとしてきて感覚が失われてきた。

〈今頃、下の天幕ではどうしているだろう。我々の帰りの無いのを何と想像しているだろう。ラヂュースのうなっている天幕の中で暖かい雑煮で満腹して居る仲間の顔が目に浮ぶ。今日は元旦な筈だ。

何故、我々はかくもして山へ登らなければならないのだろうか。唯だ山の呼ぶ声に夢中になって良いのだろうか〉(「前穂高岳東壁遭難報告書」より)

その晩は三人とも、うとうとしては目を覚ますことを繰り返したようだ。三時ごろ、三人そろって目を覚ますと、体中が雪で覆われていた。あまりの寒さに、互いに体と体をぶつけ合って暖をとった。固形メタに火をつけようとしたが、吹き込む風と雪ですぐに消えてしまった。依然として雪は降り続いており、ツエルトから体を出せば、みるみるうちに寒さで体が強張ってくる。三人は暖かくなるのを待って行動を開始することにして、アリの歩みのように遅々として進まない時間の経過をひたすら待った。

ようやく動き出せるようになったのは八時ごろのことであった。まずは國利がビバーク地点の右側にルートを探り、四メートルほど登ったが、スラブ状の岩に乗った不安定な雪が今にも落ちてきそうで、登るのを諦めて引き返してきた。

次に右側のチムニーに取り付き、二メートルほどの上にある岩の突起を越え、さらにその上約三メートルのところにある顕著なオーバーハングの下に至った。ここまでは難なく登れたが、このオーバーハングに手こずった。どうやらここがAフェースの核心部のようだった。岩の突起にザイルをかけ、これを手掛かりにして真正面から突破しようとしたが、どうしても乗り越すことができない。しばらく息を整えたのち、二回、三回と試みたが、やはりダメだった。

そこでトップを若山に変わった。若山も難なくハングの下まで登り、國利同様、突起にザイルをかけて真正面から乗っ越そうとした。しかし突破できず、今度はザイルを突起にかけたまま右側の岩壁に沿って越えようと試みた。

右に一歩トラバースして直登に切り替えようとしたときだった。若山が「あっ」と声を上げて右足をスリップさせた次の瞬間、二メートルほど下で確保していた國利の足に若山の体が触れたと思ったら、もうその姿は下方に消えていた。

〈不思議にも墜落によるザイルのショックが全然ない。おそるおそるザイルをたぐってみる。これはなんとしたことか、八ミリ強力ナイロンザイルがぷっつり切れている。恰も鋭い刃物でたち切ったように。「五朗ちゃん、五朗ちゃん」と、才2テラスへ向って必死になって叫ぶ。9時20分、更に声を張りあげてどなっても応答がない。暫くは唖然として言葉が出ない〉（「前穂高岳東壁遭難報告書」より）

やがて気を取り直した二人は、BCに向かって「やっほー」を連呼し、救援を依頼した。その声が届き、リーダーの一郎から「了解」との応答が返ってきた。

この時点で考えうる今後の対応としては、「このまま救助を待つ」「懸垂下降して第二テラスへ降り、若山を捜したのち、左側のV字状雪渓へトラバースして逃げる」「自力でAフェース最後の二〇メートルを登り切る」の三つの選択肢があった。しかし、厳しいビバークで体は疲れ切っていたうえ、若山が転落したというショックはあまりに大きかった。雪も相変わらず降り続いていた。そんな状態で行動を続けるのは危険だと判断し、いったんはビバーク地点で仲間の救援を待つことに決めた。

だが、しばらくツエルトを被ってじっとしているうちに、若干体力も回復してきた。そうすると、どうしても第二テラスへ下らなければという気持ちが強くなり、二人で相談して懸垂下

前穂高岳東壁の全容。写真は内田修提供

降の準備に取り掛かった。しかし國利が降りはじめたときに、第二尾根のほうから救援隊のものらしき声が聞こえてきた。「やっほー」と呼び掛けると、間近で高井利恭の声がした。

「元気か」

「ザイルが切れて五朗ちゃんが落ちたんだ」

「落下地点は」

「わからん」

「現在の位置は」

「頂上直下二〇メートル」

「わかった。動かないでいてくれ」

そんなやりとりがあり、二人は再びビバーク地点に腰を下ろして待機状態に入った。時間は午後二時半。前日の遅い昼食時からほとんどなにも食べていなかったため、急に空腹を覚えはじめた。ザックを引っ繰り返してみると甘納豆が五、六個出てきたので、二人で分け合って食べた。それが呼び水となってますます腹が減り、オレンジ色のナイロンザイルがみかんに見えてきた。しかし食べるものはなにもない。

夕方四時半になっても救援隊が来る気配はまったくなく、不安な気持ちが膨らみはじめてくる。「仲間が絶対来てくれるはずだ」と信じながらも、刻々とあたりは暗くなってきた。飢えと寒気に苛まれる長い夜が、再びやってこようとしていた。

前夜と同じビバーク地点は、人数が一人減ったのでいくぶん楽に座れるようになったものの、疲労は重く体にのしかかり、BCに向かって叫ぶ声もかれて声にならない。

〈これぐらいで参ってたまるものか。ナンガパルバットで逝ったメルクル（注・一九三四年にナンガ・パルバットの山稜上で遭難死したドイツの登山家、ヴィリー・メルクル）を見よ。明日こそはがん張ると、互に励まし合う。コブ尾根、北尾根、滝谷と合宿の想出はつきない。楽しかったその時々の想出が、走馬燈の如く次から次へと出てくる。こんなことを覚めるともなく、眠るともなく想い続ける。はあっとして目が覚めて眺めると、オ4峰は正面ルートをスカイラインに黒々と厳然と聳えて居る。何時までも山々は我々を守って居てくれるだろう。段々と睡魔がおそってくる。此のま丶眠ってしまおう。彼等の懐に抱れつ丶何時かねむってしまった〉

（「前穂高岳東壁遭難報告書」より）

三日の午前四時ごろ、耐えがたい寒さで目を覚ました。風は若干弱まっていたが、雪は依然としてしんしんと降り続いていた。アイゼンのバンドをきつく締めすぎたせいか、気がつくと澤田は足の感覚がまったくなくなっていた。

ようやく長い夜が明け、ＢＣに向けてコールをかける。声がかれると口笛を吹いた。天気は回復しつつあり、九時に前日のチムニーに再度取り付いてみたが、やはり跳ね返された。十時二十分、澤田がコールをかけようとしてふと上のほうを見ると、上部の丘の上にくっきりとラッセルの跡がついていた。それを目で追うと、四つの黒い点が上に向かって移動しているのが見えた。ようやく救援隊が来てくれたのだ。

撤退の準備を整えてしばらく待っていると、突然、頭上から「やっほー」という声が聞こえてきた。救援隊は前穂高岳の山頂から懸垂下降で現場にアプローチしようとしていた。やがて利恭が懸垂下降でするすると降りてきて、「ようがんばった」と二人をねぎらった。

〈感激に何も言葉が出ない。持って来てくれた暖いミルクを飲んで少し元気が出て來た。引揚げの準備にかかる。二日間のオカン場となったこのテラスに感謝を捧げ、はるか下の才2テラスへ向って合掌する。「友よ、安らかに眠れ」と別れを告げる〉（「前穂高岳東壁遭難報告書」より）

まず國利が左側のスラブ状の壁を登って山頂に至り、続いて澤田が引っ張り上げられた。山頂では岩稜会のメンバーをはじめ、早稲田大学山岳部ＯＢ、関西登高会のメンバー、西糸屋のスタッフらが二人を迎えてくれた。

一行がＡ沢を降りてＢＣに到着したのは、星が瞬きはじめた午後五時過ぎのことであった。

長期にわたった闘い

一月二日の夜に遭難事故発生の第一報を受けた石岡は、三日の早朝、岩稜会のほかのメンバーとともに名古屋を発ち、その晩遅く上高地の木村小屋に入った。翌四日の午後、救助された澤田と國利が木村小屋に到着した。國利は自力で歩き、澤田はスノーボートに乗せられての下山だった。

二人を迎えた石岡に、國利は開口一番こう言った。

「バッカス（注・石岡の愛称）、ザイルが切れました」

このときから、石岡および岩稜会の、長い闘いが始まることになる。

当時の岩登りにおいて、命綱として使われていたのは一二ミリのマニラ麻のザイルが最も一般的だった。そこへ登場したのが、「一トン以上の重さがかかっても切れない」という謳い文句のナイロン製のザイルである。ナイロンザイルは、強度的に優れているだけではなく、麻ザイルと比べるとしなやかで扱いやすく、かさばらずに携行できるなどのメリットがあり、たちまち山男たちの注目の的となった。

ちょうどそのころ、岩稜会ではそれまで使っていた麻ザイルがだいぶ草臥《くたび》れてきていたため、発売されて間もなかった東京製綱（注・当時の国内唯一のザイルメーカー）製の八ミリのナイロンザイルを購入した（ナイロンの原糸は東洋レーヨン製）。値段的にはかなり高価だったが、安全には換えられないという判断であり、そのナイロンザイルを初めて用いて挑んだのがこの冬山合宿であった。

ところが、「一トン以上の重さにも耐える」はずのナイロンザイルが、いとも簡単に切れてしまったのである。若山が足を滑らせて墜落した距離は、わずか五〇センチほどだった。その瞬間は、衝撃も音もなかったという。たった五〇センチの墜落にも耐えられずにザイルが呆気なく切れてしまった事実に、石岡ら岩稜会のメンバーらは大きなショックを受けた。

しかも、同様の事故に遭っていたのは、岩稜会のパーティだけではなかった。大晦日にBCに入った高井兄弟が、明神岳で東雲山渓会パーティが遭難したらしいという知らせをもたらしたことは前に述べたが、この事故もナイロンザイルが切れたことによるものだった（遭難者は重傷）。また、岩稜会パーティの事故が起きた翌日の一月三日には、前穂高岳三峰を登攀していた大阪市大山岳部パーティのメンバーが、やはりナイロンザイルの切断によって墜落し、軽傷を負うという事故が起きていた。

「岩角にかかったナイロンザイルは、わずかな荷重がかかっただけで簡単に切れてしまうのではないか」

石岡がそう疑念を抱くのも当然であった。切れたザイルの一端は國利が持ち帰り、その切り口を石岡も確認していた。ザイルのもう一端は若山の体に結び付けられており、すぐにでも若山を捜し出してその切り口を調べてみたかった。だが、厳冬期を迎えた現場は容易に立ち入れるようなところではなかった。二重遭難の可能性が高いことから捜索はいったん打ち切られ、春の雪解けを待って再開されることになった。

澤田と國利を木村小屋で迎えた石岡は、國利が持ち帰ったナイロンザイルとマニラ麻の一二ミリザイルを薪の上に並べ、ナタで切り比べてみた。すると、麻ザイルはそう簡単には切れなかったのに、ナイロンザイルのほうは簡単に切れてしまった。これにより、石岡らが抱いた疑念はますます強まった。

しかし、周囲の目は違った。一月六日付の毎日新聞長野県版の朝刊には、本社運動部長の竹節作太の談話として次の一文（抜粋）が掲載された。

〈前穂高岳で三重大の若山君が遭難した直接原因を日本製ナイロン・ザイルの弱さになすりつけてとやかくいっている者もあるが、これははなはだ早計である。（中略）若山君の場合はどんな具合に切れたのか判らないが、もし岩の角で切れたとしたらザイルさばきが下手であったこ

とになるし、使い古したか、細過ぎたザイルを使ったのであったら不注意ということになる〉

この記事を見た石岡らは腹を立てると同時に、このまま放っておいたら同様の事故が繰り返されると考え、「ナイロンザイルは岩角で切断しやすいのではないか」という仮説を盛り込んだ事故報告書を早急に作成し、新聞社や山岳雑誌の出版社に配布した。この仮説は中部日本新聞（現在の中日新聞）や朝日新聞、『岳人』『山と溪谷』などに取り上げられたものの、「ザイルの結び方や扱い方に問題があったのではないか」といった否定的な反響も少なくはなかった。

そこで石岡は自宅の庭先に木製架台の実験装置をつくり、鉄製のエッジにナイロンザイルをかけて一五・五キロの石を落下させる実験を繰り返した。その結果、九十度のエッジにかけた八ミリのナイロンザイルは、わずか六〇センチほどの高さから石を落下させただけで簡単に切れてしまうことが判明した。しかしこの実験は、「肉親が行なったものだから公平さに欠ける」と見られてしまった。

とはいえ、登山者の命を守るはずのナイロンザイルに疑惑が持ち上がった以上、山岳界としてもこれを無視するわけにはいかず、二月九日、日本山岳会関西支部が主催するナイロンザイル切断事故検討会が朝日新聞大阪本社の会議室で開かれた。その席で議長を務めたのが、同支部長であり大阪大学工学部教授でもある篠田軍治だ。篠田は「事故原因の究明は、死因を明らかにするためと、今後の登山者の生命を守るために急がなければならない」「その研究には自分が当たる」と発言し、後日、篠田指導のもと、四月二十九日に愛知県蒲郡《がまごおり》市の東京製綱蒲郡工場で公開実験が行なわれることが発表された。

しかし、石岡ら岩稜会のメンバーは、このゴールデンウィークに若山の捜索を行なうことを決めていたため、公開実験に立ち会うことができなかった。そのため石岡と岩稜会副会長の伊藤経男は実験前の四月二十四日、大阪大学の篠田のもとを訪れ、検討会以降の研究結果について尋ねた。そのときに篠田は次のように述べたという。

〈ザイル切断の事は登山界にとって非常に大きな出来事で、ぜひともその原因を究明しなくてはならない。自分も努力を続けているが、その努力は科学者というよりもむしろアルピニストとしてやらなくてはならないと思っている。そうなると、当然自分の金で研究しなくてはならないが、資金の関係で困難であり、たまたま、東京製綱からの研究依頼があったので、その資金によって研究している。

〔遺族とメーカーとの〕見解が対立しているときに、一方の側の援助で研究するということは本意ではないが、それだからといって結果を誤るということは絶対ない。

仲裁の労については、いましばらく待ってもらいたい。結論はこの四月終りの東京製綱蒲郡工場で行なう実験によって判明するはずであり、結果は五月中旬に出せると思うから（発表の形式は英文で発表することになるかも知れない）、それまで待ってもらいたい。その内容はあなた方に有利であっても、メーカーに有利になることは絶対にない〉（『石岡繁雄が語る　氷壁・ナイロンザイル事件の真実』より）

これを聞き、石岡らは安心して若山の捜索に出かけていった。だが、公開実験に立ち会わなかったことを、のちに石岡は深く悔やむことになる。

ゴールデンウィークの捜索は四月二十三日から五月六日にかけて行なわれたが、若山を発見するには至らなかった。その捜索期間中の四月二十九日に実施された公開実験には伊藤が見にいっていた。実験結果を携えた伊藤が捜索隊に合流したのは五月三日のことである。奥又白池の畔に張ったテントの前で、伊藤が震える手で石岡に差し出したのは五月一日付の中部日本新聞だった。その見出しにはこう書かれていた。

「初のナイロンザイル衝撃試験　強度は麻の数倍」

それを見た瞬間、石岡は「この実験はインチキだ！」「手品だ」と叫び、「これは実験用の岩角が丸くしてあるに決まっている」と断言した。鋭いエッジの角であっても、ごくわずかな幅の面取りをしただけでナイロンザイルが切れなくなることは、自分たちで実験を繰り返してわかっていたことだった。もし石岡がその場にいたら、実験用の岩角のエッジがどうなっていたか、間違いなく自分の目で確かめていたはずだった。公開実験には新聞記者や山岳界の関係者ら約二十人が集まっていたが、エッジを確認した者は誰もいなかった。

公開実験後、世間は前穂高岳東壁での事故について、遭難パーティが自分たちのミスを隠すために偽りの報告をしてザイルメーカーに責任を転嫁したものと見るようになった。東京製綱は七月二十九日にも五十人のほどの学者を招いて同様の実験を行ない、ナイロンザイルの強度を再度アピールした。

〈私たち岩稜会は卑怯な人間の集団という烙印を、いわれもなく押されたに等しい状況になったわけですよ。まさに無実の罪を着せられたのです〉(『石岡繁雄が語る　氷壁・ナイロンザイル事件の真実』より)

そんななかで、ようやく若山の遺体がB沢の上部で発見された。七月三十一日のことである。途中で切断されていたザイルは遺体の胸にしっかりと結ばれており、事故の原因が結束のミスではないことが証明された。

その直後、岩角実験において、実は八ミリのナイロンザイルは一二ミリの麻ザイルの二十分の一の強度しかないという実験データの存在が明らかになり（篠田の実験を手伝った東洋レーヨンの社員の報告によるもの）、蒲郡実験がまやかしのものであったことが裏付けられた。さらに岩稜会のメンバーが事故現場を訪れてザイルをかけた岩を特定し、そこからザイルの繊維束を回収してきた。この調査をもとに、現場と同じ状況を再現して墜落実験を行なったところ、八ミリのナイロンザイルは呆気なく切れてしまった。

これらの確証を以って岩稜会は篠田に蒲郡実験の訂正を申し入れたが、聞き入れられることはなかった。それどころか、この年の年末には新たな問題が勃発した。いわゆる『山日記』問題である。

『山日記』は、国内最古かつ最大の山岳会、日本山岳会が毎年暮れに刊行していたポケットサイズの日記帳のようなもので、登山上の注意点、山のデータ、読み物、日記欄などから構成されていた。その一九五六年版に、篠田が執筆したナイロンザイル強度に関する文章が掲載されたのだが、内容は蒲郡実験のデータをもとにしたもので、「ナイロンザイルは麻ザイルよりも強く、安全性は高い」といったことが書かれていた。

それまでにも岩稜会は、ナイロンザイルが岩角に対して非常に弱いことを示す資料を日本山岳会に送り、登山者の安全を守るために然るべき措置をとってほしいと訴えてきたが、ことごとく無視されていた。もちろん『山日記』の記述についても訂正を申し入れたが、期待するような反応は返ってこなかった。

岩稜会の取り組みは、一にも二にも、真実を曲げた蒲郡実験の結果を訂正し、ナイロンザイルの弱点を明らかにして、これ以上山での犠牲者を出さないようにすることを目的としていた。しかし、話し合いによる解決はもはや不可能な状況となり、やむを得ず法廷闘争を決断、一九五六(昭和三十一)年六月二十三日、石原國利が原告となって篠田を名誉毀損罪で名古屋地検に告訴した。大要は、「篠田は、若山の死因について、ナイロンザイルが切れたという石原の報告は誤りであり、死因は別にあることを推測させる公開実験を行なった。これは名誉毀損罪に該当する」というものであった。

さらに岩稜会は七月一日、告訴の理由とそこに至った経緯について説明した三〇〇ページの冊子『ナイロン・ザイル事件』を一五〇部作成し、マスコミ各社や山岳関係者、知人らに郵送した。そのうちの一冊が、登山家で登山史研究家でもある安川茂雄を介して小説家の井上靖に渡り、ナイロンザイル事件をモデルとして小説『氷壁』が生まれることになった。もっとも、石岡らはその内容にやや不満があり、その点を井上に何度も指摘したが、「単なる善玉と悪玉の小説になって井上文学ではなくなってしまう」との理由で聞き入れられなかった。このことについて、岩稜会がまとめた『ナイロンザイル事件報告書』には〈考えてみると小説とモデルとは本来、異なるものである。私たちは、事件の追求に懸命のあまり、井上氏に無理をいうことになってしまった〉と記されている。

『ナイロン・ザイル事件』刊行の影響は大きく、岩稜会には登山界のみならず各方面からの激励が寄せられた。だが、先の國利の告訴は一九五七（昭和三十二）年七月二十二日に不起訴となり、蒲郡実験は不当だとする石岡らの訴えは退けられた。

そこで岩稜会がとった次の一手が、篠田への公開質問状による追及であった。國利の告訴を不起訴とした検察当局の非を訴え、世論の支援を求める公開質問状は、第一回が一九五八（昭和三十三）年二月二十日に、第二回が同年十月十六日に発送されたが、これらはマスコミ各社や山岳界の関係者らにも送られたことで、起訴をしたとき以上の大きな反響を呼ぶことになった。そして第二回の公開質問状を発送した直後の十月二十二日、篠田の次の声明が新聞とラジオで発表された。

「蒲郡での公開実験は飛行機や船舶に使用するロープの実験のひとつとして行なったものであり、岩稜会の事故の原因を調査するために行なったものではない」

この声明は、それまでの発言とまったく矛盾するものであり、篠田の苦し紛れの言い逃れであることは誰の目にも明らかだった。岩稜会としても、これをもって事実上、篠田に勝利したと判断し、これ以上論争を続けても意味がないことから、一九五九（昭和三十四）年八月三十日、「ナイロンザイル事件に終止符をうつにさいしての声明」を発表した。こうしておよそ四年半に及んだ岩稜会の闘いは、ひとまず終結を見たのだった。

だが、ナイロンザイルそのものの欠点については改善されたわけではなかった。登山用具店で販売されるナイロンザイルには、「鋭角の岩角にかけて使用すると簡単に切れる」といった注意書きもなく、ザイルの強度のみが強調されていた。八ミリ径のザイルを登攀に使用するのは危険だという認識は徐々に広まり、一一ミリのザイルが主流になってきてはいたが、切断による遭難事故はその後も続いた。

公開実験の成果

岩稜会の終結宣言からおよそ十年後の一九七〇（昭和四十五）年、『山と溪谷』四月号にナイロンザイルの衝撃実験に関する特別レポートが掲載された。それを見て石岡は愕然とした。記事は「ナイロンザイルはその後、改良されて、九十度の岩角では切れない」というようなことを示唆しており、その根拠となっているのが篠田による十五年前の蒲郡実験のデータだったからだ。それは一九五六年版の『山日記』に掲載された篠田のレポートの焼き直しであり、これが訂正されないかぎり、ナイロンザイルに対する誤った認識も正せないと石岡は考えた。

『山と溪谷』に特別レポートが掲載された約二カ月後の六月十四日、巻機山と奥多摩でナイロンザイルの切断による事故がそれぞれ発生し、二人の登山者が命を落とした。これによりナイロンザイル事件が再燃することになり、八月一日にザイルメーカーの東京トップによる公開実験が行なわれた。このときは岩角が面取りされていなかったため、九十度の岩角にかけた一一ミリのナイロンザイルは、六〇キロの重りを一・五メートルの高さから落下させただけで切断した。また、同年十二月に山と溪谷社から刊行された『岩と雪』には、「ザイル切断死亡事故に関する座談会」と題した記事が掲載され、「絶対に切れないザイルはないはずである。しかしそれがクライマーの安全限界と考えられている範囲内で切れてしまったらどうなる」という問題提起がなされた。

こうした流れを受け、岩稜会は「ザイル業者にザイルの欠点を表示させる」「日本山岳会に一九五六年版の『山日記』の訂正をさせる」ことを主眼とし、ナイロンザイル事件の追及を再開することを決定したのである。

石岡は勤務先の国立鈴鹿高専に高さ五メートルのザイルの実験装置をつくり、実験を繰り返してナイロンザイルが岩角に弱いことを改めて実証して見せた。その実験を見学した三重県山岳連盟の理事会は「ナイロンザイル問題小委員会」を発足させ、「昭和四五年六月一四日に発生したナイロンザイル切断による死亡事故の責任と、今後同種の事故を防止するために必要な措置についての見解」を発表した。一九五六年版の『山日記』の訂正を求め、また「ザイルメーカーは販売するザイルに弱点を記したパンフレットを添付する」などの内容が盛り込まれたこの見解は朝日新聞に報じられ、七二（昭和四十七）年十一月には日本山岳協会が見解の支持を表明した。

そして一九七三（昭和四十八）年三月十一日、石岡指導のもと、三重県山岳連盟が公開実験を実施することになり、日本山岳協会や社会人山岳会のメンバー、自衛隊や消防の関係者、テレビや新聞などの報道関係者ら三十人が会場の鈴鹿高専に集まった。この公開実験の模様はテレビニュースでも報道され、ナイロンザイルが岩角で呆気なく切れてしまう事実が多くの人に知れ渡ったのだった。

この実験を受ける形で、同年六月六日に制定されたのが消費生活用製品安全法である。この法律に基づいた登山用ロープの安全基準が二年後に設けられ、基準をクリアしないザイルは輸入品も含めて国内では販売できなくなった。また、これに先立ち、日本山岳協会はザイル業者に対して「ザイルの弱点を表示すること」を要望していた。東京製綱と東京トップはこれを受け入れ、販売されるザイルには「岩角で切れやすい」ことなどを明記した説明書が添付されるようになった。

ナイロンザイル事件に関わる活動を再開させた岩稜会の目的のひとつは、このようにして達成された。残る課題は、日本山岳会に一九五六年版の『山日記』の記事を訂正させることであった。

一九七五(昭和五十)年六月五日に登山用ロープの安全基準が交付されたのちも、石岡の訂正申し入れに対して、日本山岳会はなしのつぶての姿勢を崩さなかった。業を煮やした石岡は、同年十二月十一日、「訂正がなされないのなら法的手続きを取る」という旨の内容証明書簡を篠田と日本山岳会会長の今西錦司宛に送り、さらには十二月二十七日、京都の今西邸を訪れて直談判を行なった。これにより、『山日記』に掲載されたデータに関して今西および日本山岳会が事実誤認をしていたことが判明、ようやく自分たちのミスを認めるに至ったのだった。

日本山岳会による訂正の文章は、一九七七年版の『山日記』に掲載された。以下がその全文である。

〈登山用具にかかわる事故の防止は、製造・販売にたずさわる業者、登山の指導者および使用者がそれぞれ細心の注意をすることが必要である。昭和五〇年、関係者の尽力により、消費生活用品安全法のなかに登山用ロープがとりあげられ、その安全基準が確立され、事故防止に役立つことになった。昭和三一年度版『山日記』では、登山用ロープについて編集上不行届があった。そのため迷惑をうけた方々に対し、深く遺憾の意を表する。『山日記』編集委員会〉

この『山日記』の刊行前の七六（昭和五十一）年十月十六日、日本山岳会の関係者と石岡が集い、東京・赤坂のホテルで覚書を交わして署名をした。そのときのことを、石岡はこう述べている。

〈署名が終わった時は、もう本当に、大げさじゃないですよ、高い山の頂上にたどり着いたという思いでした。肩の荷を下ろしてドタッと、ひっくり返って「わーっ、やったぞー」と大声をあげたいような気分でした。（中略）

みんなで祝杯をあげました。じつにうまい、うれしい酒でした。夜明けまで、愉快に杯を交わしましたねえ。もう、ナイロンザイル事件のようなことは、世の中に二度とあってはならんことです〉（『石岡繁雄が語る　氷壁・ナイロンザイル事件の真実』より）

事故の発生から解決までに要した時間は、実に二十一年間にもおよぶ。その年月は、三重県にある小さな社会人山岳会が、真実を隠蔽しようとした巨大な権威（メーカー、学者、山岳団体）を相手に正義を貫き通した闘いの歴史である。そして最後には、いわれなき汚名を返上し、日本において世界で初めて登山用ロープに安全基準が設けられるという結末を勝ち取った。それが今の登山者やクライマーの安全につながっていることは間違いなく、そういう意味でこのナイロンザイル事件は、遭難事故という範疇を超えた、登山史に残る大きな出来事だった。

だが、その一方で、前穂高岳東壁での事故発生後、岩稜会はナイロンザイル事件の究明に全力を注ぎ、しかもその闘いが長期化したため、一社会人山岳会としての本来の活動が停滞するという事態を招くことになった。岩稜会のメンバーのなかには、そのことに不満を持つ者もいたという。

前穂高岳東壁での遭難事故自体、ナイロンザイルばかりに焦点が集まったことで、会としての事故の検証がなされないままになってしまった。石岡の次女が管理するウェブサイト「登山家 石岡繁雄の一生」では、岩稜会としての反省事項として、次の三つの点を挙げている。
①パーティの人選について、経験の浅い五朗叔父を起用したことは正しかったか。
②ビバークは予定に入っていなかったので、もっと早く引き返すべきではなかったか。
③國利氏は五朗叔父とトップを交代したが、交代するならば登攀経験の深い澤田氏にすべきではなかったか。
遭難事故が起きた際には、その原因を究明するため、これらは当然検証されるべき事項である。それを石岡が行なわなかったのは、個人攻撃になるのを恐れたことと、ナイロンザイルが

切れなかったら若山は命を落としていなかったと考えたからだという。

〈前穂高遭難事故後に遭難の総括がなされなかったのは、それよりも大きな「ナイロンザイル事件」問題が起きたためである。当時、未熟な登山が遭難の原因だとする批判が出ており、中傷によってナイロンザイルそのものの問題がうやむやにされる恐れがあった。実際、ナイロンザイル切断による事故が相次いだ時期であり、登山者の命を守るためのザイルの強度について真相を明らかにすることの方こそ優先された〉（ウェブサイト「登山家石岡繁雄の一生」より）

たしかに当時の状況を考えれば、岩稜会として事故の検証がなされなかったのは、どうしようもない流れだったのだろう。また、山岳会としての活動を犠牲にしてナイロンザイル事件に取り組んだことが、今日の登山の安全に寄与していることも疑う余地はない。

ただ、ナイロンザイル事件に関与することは、石岡や岩稜会の本意ではなかったのだろうと思う。事故が起こる以前のように、穂高岳を中心としたバリエーション・ルートの開拓に力を注ぎ、先鋭的な登山を実践することに集中できていたのなら、石岡にとっても岩稜会にとってもいちばん幸せだったはずであり、まったく違った未来が開けていたことだろう。

それができずに否応なく事件の渦中に巻き込まれてしまったことに、運命の無情さを感じずにはいられない。

第五章

谷川岳の宙吊り事故

近くてよい山

より困難な登攀を志向する「アルピニズム」は、一九二一（大正十）年九月十日にヨーロッパ・アルプスのアイガー東山稜を初登攀した槇有恒によって日本にもたらされた。以降、若きクライマーたちによってバリエーション・ルートの開拓が繰り広げられていくことになるのだが、その時代に穂高岳、剱岳と並んで〝日本三大岩場〟と称されたのが谷川岳だ。

谷川岳における大衆登山の幕開けとなったのは、一九二〇（大正九）年のこと。第一高等学校（旧制一高）の藤島敏男と森喬の二人は、土樽の山案内人・剣持政吉を伴い、土樽から茂倉岳、一ノ倉岳を経て初めて谷川岳に登り、天神尾根をたどって谷川温泉に下山した。その後、日本山岳会の木暮理太郎や武田久吉らがこの山域を訪れ、一九二六（大正十五）年七月には松本善二、吉田直吉、野口末延の三人が土樽の山案内人とともに蓬峠〜谷川岳〜平標山〜三国峠の全山縦走を達成した。

そして同じ年の十月、成瀬岩雄とともに上州武尊山に登って谷川岳を遠望したのが大島亮吉である。そのときのことを成瀬は、『山・よき仲間』（茗溪堂）収録の「大島亮吉さんのこと」のなかでこう記している。

〈その晩は武尊山の頂上の古守堂で寝て、すばらしい夕の景観と朝の景観を味わったときのことであった。西の方は朝日に輝く大きな岩壁に、初雪の白い、ジョイントの入った山を見つけたのだ。だいたい見当はついていたものの、すぐ二十万分ノ一の地図を出して見たら谷川岳だということがわかり、ぜひ試みねばならないということになった〉

翌一九二七（昭和二）年五月、大島らは早速、谷川岳の偵察に赴き、同年七月にはマチガ沢を完登したほか、一ノ倉沢と幽ノ沢を試登した。これにより、谷川岳はバリエーション・ルート開拓期へと突入していくことになる。

しかし、その大島は一九二八（昭和三）年三月、前穂高岳北尾根を登攀中に墜落、急逝してしまう。大島の谷川岳における記録は、死の翌二九（昭和四）年七月に発刊された慶応山岳部部報『登高行』に掲載されており、そこで〈主として谷川岳の岩壁の下調べに行きたるなり。總ては尚研究を要すべし、近くてよい山なり〉と評したことによって、谷川岳は一躍多くの岳人に知られるところとなった。

折しも一九三一（昭和六）年には上越線の清水トンネルが開通したこともあって、大島によって世に知らしめられた「近くてよい山」はますます現実的なものとなった。首都圏から夜行日帰り可能な岩登りのメッカとして多くのクライマーを迎え入れ、バリエーション・ルートの開拓にますます拍車がかかっていった。

また、谷川岳が脚光を浴びたことは、日本の山岳界の構造に一石を投じることにもつながった。当時、登山の大衆化が進んでいたとはいえ、山岳界を牽引していたのは大学・高校山岳部の裕福な学生たちだった。日本におけるアルピニズムは主に北アルプスを舞台に実践されてきたが、そこで先鋭的なバリエーション・ルートの開拓や冬季登山を行なうとなると、やはりそれなりの金と時間が必要であり、そのどちらにも不自由しないエリート学生が中心に居座るのは致し方ないことであった。

しかし、首都圏に近い谷川岳は、金も時間もない社会人登山者でも、短い仕事の休みを利用して充分に通うことができる稀有のエリアだった。

〈むろん、当初は学生登山者がその先鞭をつけたにはちがいないが、昭和十年前後からしだいに登山者は日数的に余裕のない——土曜日の夜行ででかけて日曜日の夜までには帰宅せねばならない実業人の登山者が主流を占めるに至った。つまり学校山岳部に対する実業登山団体といってもよい人びとのグループで、今日の〝登山ブーム〟の淵源をたどってゆくと、このあたりから発しているのではないだろうか——〉（安川茂雄著『谷川岳に逝ける人びと』より）

昭和初期より始まった谷川岳でのバリエーション開拓は、太平洋戦争を挟んで一九六〇（昭和三十五）年前後まで続いた。とりわけその主要舞台となったのが、穂高岳や剱岳に勝るとも劣らない峻険な岩壁群が連なる東面の一ノ倉沢だった。黎明期以降、そこで繰り広げられてきた、時代時代の最先端をいく先鋭的なクライミングの数々は、昭和期の近代登山の歴史そのものだと言っても過言ではない。

一九五〇年代後半になると、一ノ倉沢のバリエーションもあらかた開拓し尽くされた感があった。最後の課題として残っていたのは、わずかな未踏部分と冬季登攀であり、その勲章を手中にすべく、先鋭的な社会人クライマーらは血眼《ちまなこ》になってチャレンジを繰り返していた。また、一九五六（昭和三十一）年の日本山岳会隊によるマナスル初登頂は巷に登山ブームを巻き起こす大きなきっかけとなり、ヨーロッパ・クライマーの著書の翻訳ラッシュなどの影響もあって登攀人口も急増した。

当時の谷川岳をよく象徴しているのが、夜行列車が土合駅に到着するやいなや、クライマーや登山者が線路に飛び下りてクモの子を散らすように走り出すシーンだ。彼らはキセル乗車で捕まるのを逃れるため、そして目当てのルートに真っ先に取り付くため我先にと岩場へと急行し、その競争に敗れたパーティは基部で順番待ちの憂き目に遭ったという。

そんな時代に起きたのが、この遭難事故である。

ザイルの末端の二人

はじまりは、ガスのなかから聞こえてきた助けを求める声だった。

一九六〇（昭和三十五）年九月十九日の午前八時半ごろ、東京地下鉄山岳会の男性メンバーが、谷川岳一ノ倉沢五ルンゼに入ろうとして中央稜衝立岩の基部付近を登っていたときに、烏帽子沢奥壁の南稜のほうから、ものすごい落石の音とともに人の叫び声が聞こえてきた。「どうした？」と怒鳴ってみると、コールが返ってきた。

「横浜のカタツムリだ。二人のうち一人が落ちて死んだ。救助を頼む」

その日の朝はガスが深く、上部の見通しがきかなかったので「場所はどこだ」と大声で尋ねたが、応答はなかった。

仕方ないので事故発生の報告を入れるため下山をはじめたのだが、途中のヒョングリの滝付近で転倒した拍子に、救助を求めていた山岳会の名前が「カタツムリ」だったか「ドングリ」だったかわからなくなってしまった。マチガ沢の出合にある小屋（当時は群馬県営の救護舎があった）まで下りて一報を入れたとき、この男性は、「ドングリだったような気がする」と報告している。

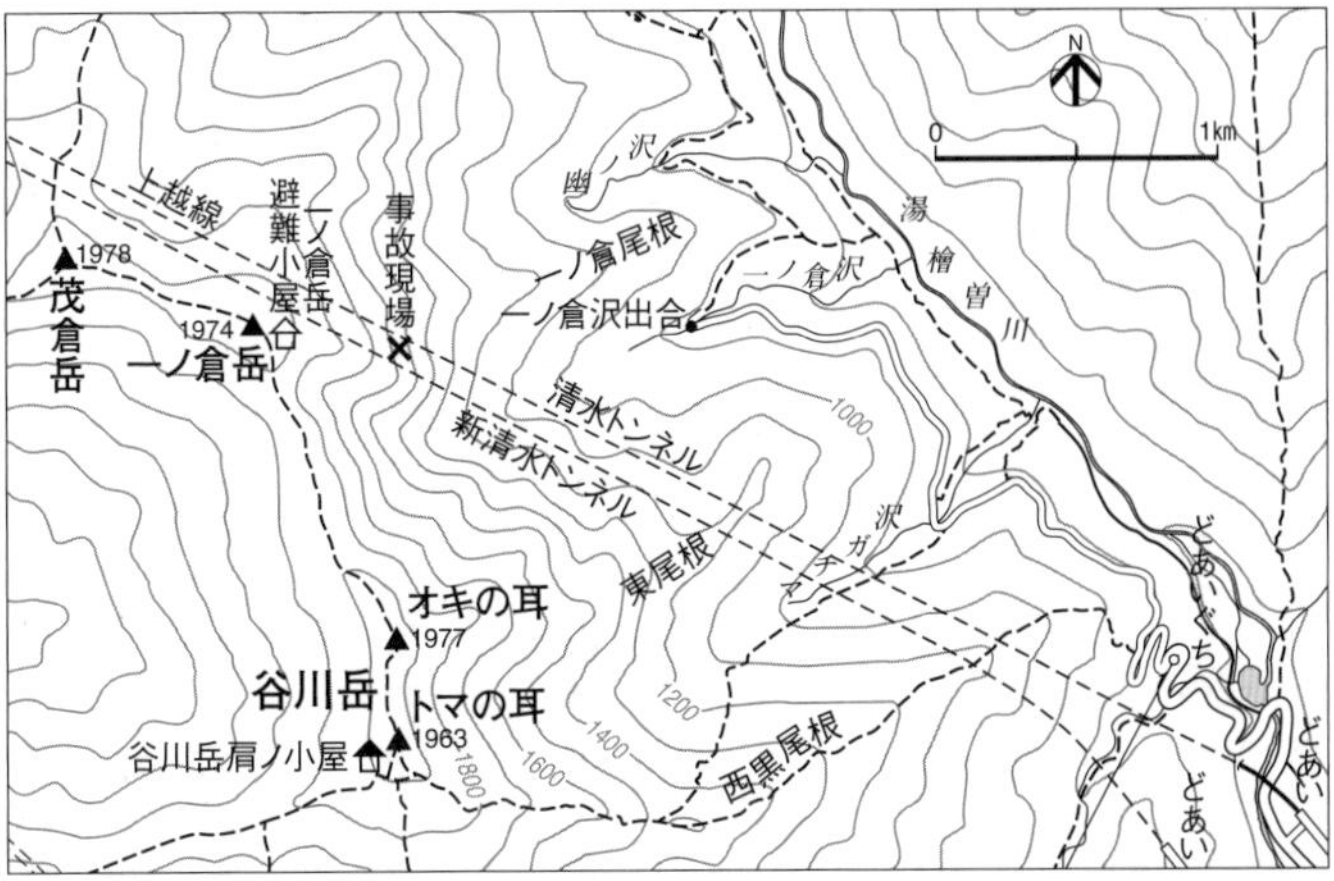

茂倉岳
1978
一ノ倉岳
1974
上越線
避難小屋
一ノ倉岳
事故現場
幽ノ沢
一ノ倉尾根
一ノ倉沢
一ノ倉沢出合
湯檜曽川
清水トンネル
新清水トンネル
東尾根
マチガ沢
オキの耳
1977
谷川岳
トマの耳
1963
谷川岳肩ノ小屋
西黒尾根
どあいぐち
どあい
1000
1200
1400
1600
1800
N
0
1km

小屋からの電話を受け、二人の谷川岳警備隊員が出動し、マチガ沢出合で男性と合流したのち、三人で現場へと向かった。しかし、声を聞いたというあたりまで行って、「おーい、おーい」と大声を上げながら捜索してみたものの返答はなく、該当するような遭難パーティは見つからなかった。

警備隊員の青山成孝がふと衝立岩を見上げたのは、ちょうど十二時ごろのことだった。衝立岩は、一ノ倉沢の右岸に垂直にそそり立つ高さ二五〇メートルのピラミッド型の岩壁で、幾重にも連なるオーバーハングとボロボロで逆層の岩質から、初登攀競争が繰り広げられた一ノ倉沢のなかでも、最後まで難攻不落を誇ってきた。その最後の課題であった衝立岩の正面壁が、前年の八月、南博人をリーダーとする東京雲稜会の二人パーティ（パートナーは藤芳泰）によって落とされていた。

二人は八月十五日にアタックを開始し、連続するオーバーハングや喉の渇きに苦しめられながらも、ハーケンや埋め込みボルトを駆使して次々と難所を攻略し、数度の墜落にも怯むことなく、三ビバークの末に完登を果たした。当時、誰もが〝国内最難〟と認め、現在は「衝立岩正面壁雲稜第一ルート」と呼ばれているのがこのルートだ。

〈衝立岩正面壁雲稜第一ルートは、岩壁登攀に新時代をもたらした画期的なものであったと同

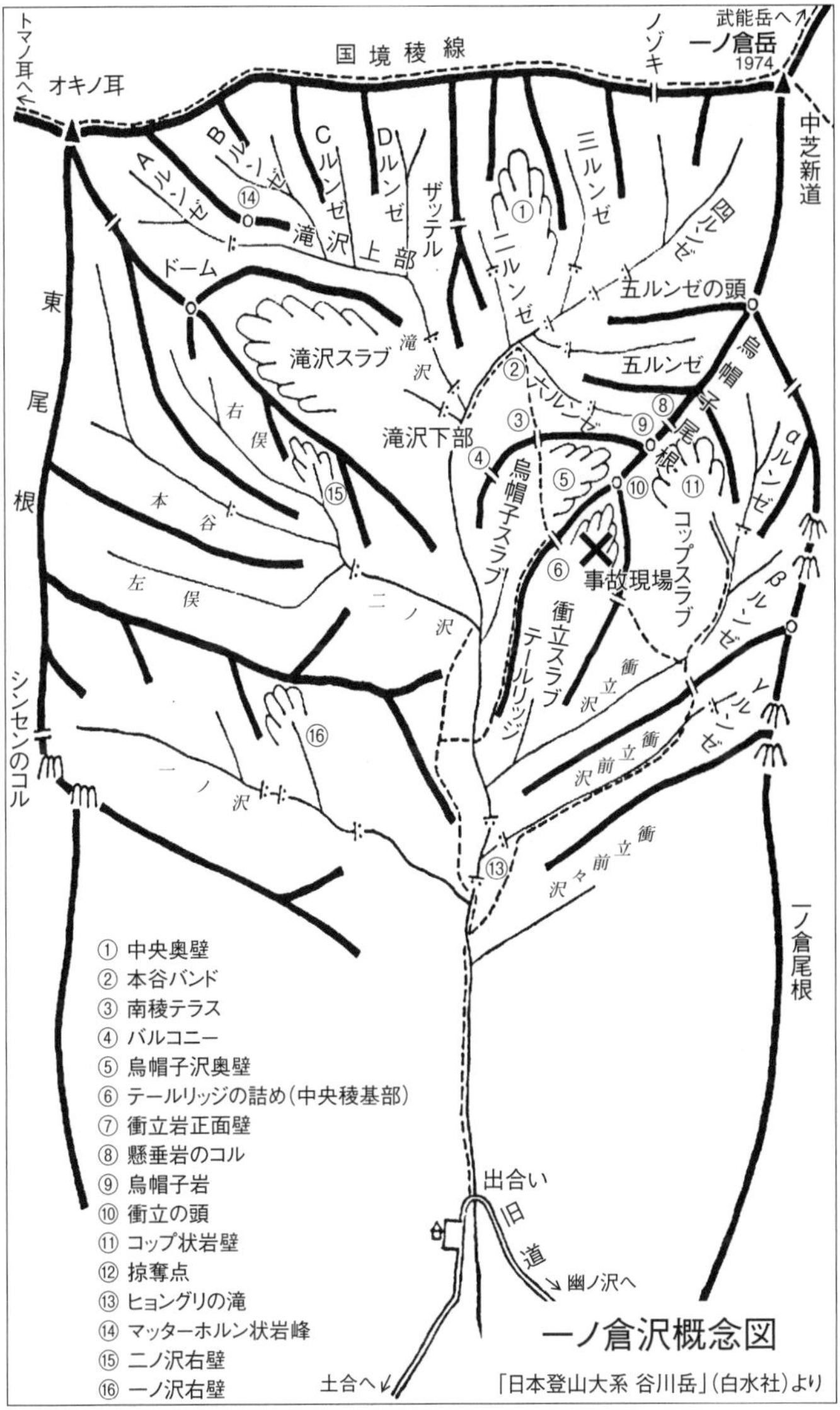

一ノ倉沢概念図
「日本登山大系 谷川岳」（白水社）より

時に、我々に、装備も金も時間もない時代に、四〇年前のクライマーが、いかに腕を磨いて素晴らしい登攀をしていたかを、現存するルートというかたちで具体的に教えてくれる歴史的財産ではないだろうか〉(『岳人』二〇〇一年一月号より)

青山が衝立岩を見上げたのは、南らが拓いたルートにはザイルが何本か残されているだろうと思ったからだ。しかし、彼の目に映ったのは残置のザイルではなく、衝立岩の第二のオーバーハングから第一のオーバーハングにかけて垂直に垂れていた一本の赤いザイルだった。そのザイルを上から目で追っていった青山は、思わず自分の目を疑った。ザイルの末端には、人らしきものがぶら下がっていたからだ。

とっさに目の錯覚かと思い、同行の二人に「おーい、あれはなんだ。人間じゃないか」と声を掛けると、指差す方向を見た二人は「あっ、人間だ」と声を上げて足を止めた。三人は「おーい、おーい」と声を張り上げて呼び続けたが、宙吊りになった者からはなんの反応も返ってこない。遠すぎて声が届かないのかと思い、もっと近づいてありったけの大声で何度も叫んだが、やはりなんの反応も示さなかった。

そのクライマーは白い毛糸の帽子を被り、茶色のアノラックと黒いズボンを着て、茶色のサブザックを背負っていた。片足がザイルに絡み、両手を力なくだらりと下げた体は、風に煽《あお》ら

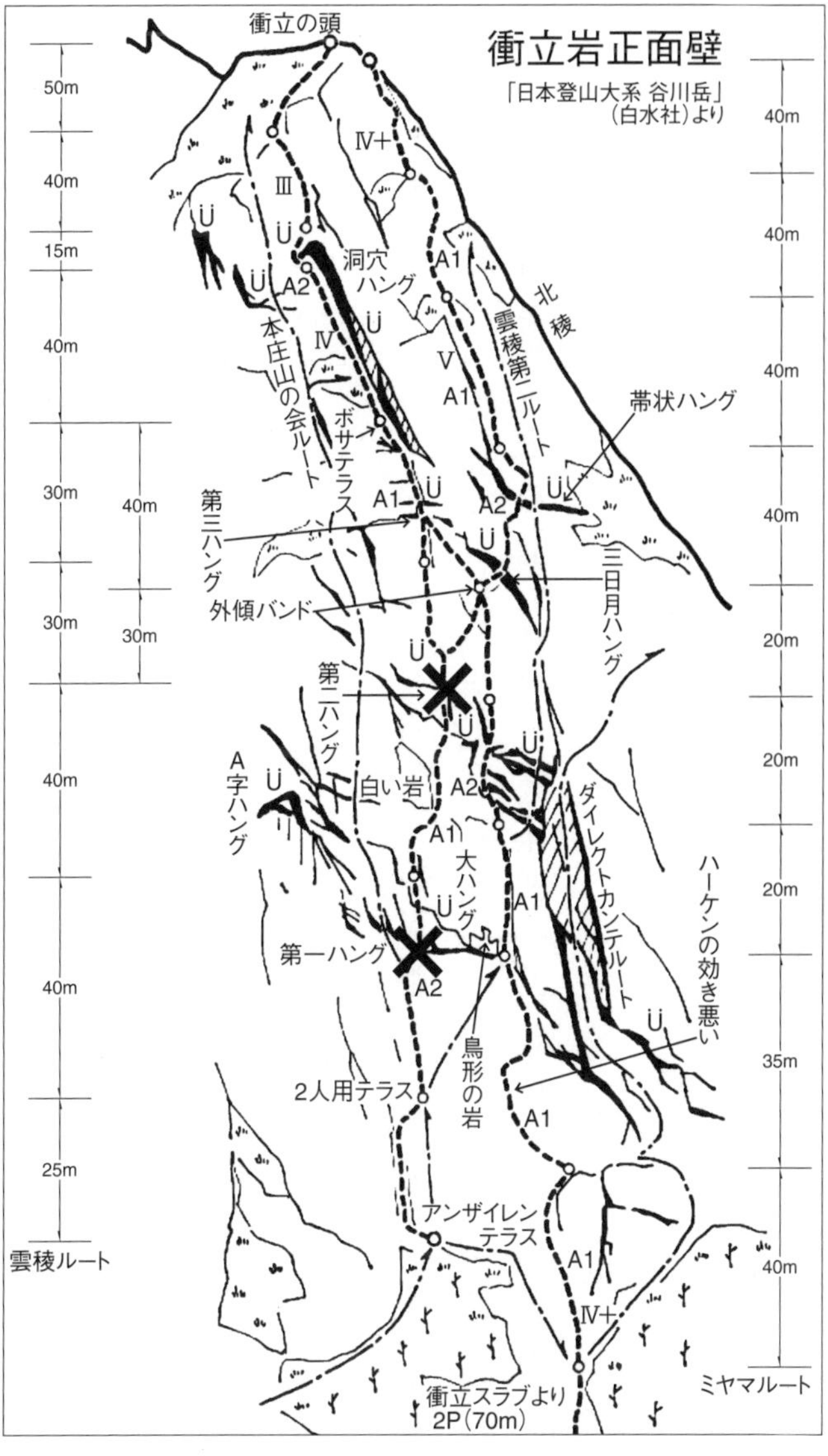
衝立岩正面壁
「日本登山大系 谷川岳」
(白水社)より
衝立の頭
Ⅳ+
Ⅲ
洞穴
ハング
A1
A2
北
稜
本庄山の会ルート
Ⅳ
Ⅴ
雲稜第二ルート
ボサテラス
帯状ハング
第三ハング
三日月ハング
外傾バンド
第二ハング
A字ハング
白い岩
ダイレクトカンテルート
大ハング
ハーケンの効き悪い
第一ハング
鳥形の岩
2人用テラス
アンザイレンテラス
衝立スラブより
2P(70m)
雲稜ルート
ミヤマルート
50m
40m
15m
30m
25m
20m
35m

れて振り子のように揺れていた。

だが、宙吊りになっているのは一人だけではなかった。

「おい、上のほうにもう一人いるぞ」

仲間の声で青山が壁を見上げると、やはり茶色のザックを背負って黒の上下のウェアに身を包んだ別のクライマーが、ハングした岩の間にまるで張り付いているかのようにぶら下がっていた。このクライマーも、三人がいくら大声で怒鳴っても反応を示さなかった。それどころか、二人ともピクリとも動かない。

そのとき青山は、「あの二人のうちの一人が八時半に救助要請をしたのであれば、まだ生存しているはずだから、いくら声をかけても応答しないのはおかしい」と思った。つまり、ほぼ同じころに衝立岩と南稜付近でそれぞれ遭難事故が発生しており、救助を要請したのは衝立岩に宙吊りになっている二人ではなく、南稜に取り付いているであろう別のパーティなのではないだろうか、と考えたのだ。

同行の二人もその推測に同意したので、その場で次の通信文をしたためた。

「別の遭難者二人発見、午後零時三十分、一ノ倉衝立岩上部より三〇〇メートルの地点に一人、さらにザイル四〇メートルの地点に宙づり一人、二人とも遭難死している模様」

その書面を携行してきた伝書鳩の足に固定して放鳩した（当時は遠隔地との通信手段に伝書鳩が使われていた）。

〈私たちはそこで昼食をとりはじめたが、宙づりの遭難者が風のいたずらで、回転し、こちらのほうへ正面を向けるたびに、どうもまだ生きているような気がしてならなかった。それをためしたい気持ちからニギリメシを一口たべては、「オーイ、オーイ」と声をかけてみたが、声だけがいたずらに、谷間にこだまするだけで、遺体（？）はあいかわらず、静かにまわっていた〉（二見書房『この山にねがいをこめて――谷川岳警備隊員の手記』収録の「赤いザイル」より）

昼食後、三人は助けを求める声が聞こえてきた南稜テラス周辺を捜してみたが、遭難者は発見できなかった。「遭難者は衝立岩の二人だけなのか」という疑念を抱きながら、青山は「とどけ出の遭難者発見できず、ただいまより帰隊する」という文面をもう一羽の伝書鳩で送り、三人は山を下りた。

青山が最初に放った伝書鳩はしっかりとその役割を果たし、午後一時ごろには事故の一報が警備隊本部より沼田警察署に届けられた。

土合の警備隊本部が登山者カードをチェックしたところ、横浜蝸牛《かたつむり》山岳会の二人パーティー――野中泰蔵と服部富士夫――が衝立岩を登るために入山していることが判明した。続いて横浜の山岳協会に連絡をして確認をとってみると、横浜には〝ドングリ〟という名がつく山岳会はないことが判明した。念のため東京の山岳会についても調べてみたが、「どんぐり山岳会」は存在したものの、会員のなかで谷川岳方面に入山している者はいないとのことだった。東京地下鉄山岳会のメンバーが〝カタツムリ〟を〝ドングリ〟と思い違えたことで混乱を招くことになってしまったが、結局、遭難したのは横浜蝸牛山岳会の一パーティのみであることが明らかになった。

ちなみに翌日付の朝日新聞朝刊には、「谷川で二人宙づり　救出困難、すでに絶命?」という見出しで事故の概要が記事になっているが、その最後には〈同日朝、南リョウテラス付近で墜落した一人の生死も身元も同日夕方までにわかっていない〉とある。もちろんこれは記者の早とちりである。

横浜蝸牛山岳会の野中と服部は、最難ルートの再登を目指し、九月十七日に地元、横浜を発った。

一九五五(昭和三十)年入会の野中と五七(昭和三十二)年入会の服部は、どちらも口数は少ないほうだったが、岩登りの実力については一目置かれており、会の仲間からも今後が期待されていた。実績を見ると、谷川岳でいえば一ノ倉沢の三ルンゼ~烏帽子南稜、滝沢下部、烏帽子沢奥壁、コップ状岩壁正面中央稜、穂高岳では滝谷や屏風岩、残雪期の明神岳東稜や白馬岳主稜などを登っており、そのほとんどが野中と服部のコンビによるものだった。

『山と溪谷』一九六〇年十一月号では、「谷川岳宙吊り遭難の教えるもの」と題し、この事故をめぐる座談会記事が掲載されているが、出席者の一人である横浜蝸牛山岳会の代表者・渋清は、二人の衝立岩正面壁登攀の計画について次のように述べている。

〈今度の衝立岩の正面をやるについても、一応彼らなら大丈夫だろうというので、そのプランはリーダー会をパスしたわけです。ですからもし彼らに登れる技術がなかったということになりますと、当然それを許可したわれわれにもその責任はあると思っております〉

事件前日の十八日の朝七時ごろ、二人が衝立岩に取り付いているところは他のパーティによって目撃されている。しかしその後、十時半ごろになって天候が急に悪化した。そのときにはすでに最初の核心部である第一のオーバーハングを突破していたはずだ。状況的にもう引き返せなくなっていた二人は、そのまま登り続けるしか選択肢はなかったのだろう。

クライマーの矜持

群馬県警からの知らせを受け、蝸牛山岳会のメンバー十一人（注・十二人という記録もある）は十九日の夜に横浜を発って土合に向かった。二十日の午前八時ごろ、小雨の降るなか一ノ倉沢出合に到着した一行は、ベースとなるテントをここに設営した。

このとき、出合にある小屋にいたのが、ＪＣＣ（日本クライマーズクラブ）の小森康行と服部清次だった。彼らもまた衝立岩正面壁を登るために前日、一ノ倉に入ったのだが、悪天候のため登攀を取りやめ、小屋で停滞していた。翌日、天候が回復すれば壁に取り付くつもりで、情報収集がてら土合山の家まで行ってもどってくるときに、ちょうど事故現場から下りてきた警備隊員らに行き合い、事故の概要を知らされた。その話のなかで、遭難したのは横浜の蝸牛山岳会のパーティで、遭難者の名前は野中と服部らしいということを聞いて（登山カードに書かれていた情報は現場の隊員にすでに伝わっていたようだ）、小森は愕然とした。というのも、遭難した二人とは面識があったからだ。

この年の八月初旬、小森と服部は北穂高岳滝谷のグレポンをほぼ登り終え、最後の凹角に取り付いていた。そこへ後続の二人パーティが追いついてきて、服部を確保している小森に「Ｊ

CCの方ですか」と声を掛けてきた。それが横浜蝸牛山岳会の野中と服部だった。JCCの会員だとわかったのは、ザックに貼ってあった会のマークを見てのことだと思われた。その場でお互いに自己紹介をし、二言三言、話をして別れたのが、一カ月半ほど前のことである。そのときのことを思い出し、小森は複雑な気持ちに囚われていた。

小森は服部と話し合い、もし蝸牛山岳会のメンバーが承諾してくれるのであれば、二十日と二十一日は二人の収容作業に協力させてもらうことを決めた。二十日の朝、一ノ倉沢出合に到着した一行にその旨を申し出ると、彼らは快く受け入れてくれた。

その後、蝸牛山岳会のメンバーは現場を確認するために衝立岩の基部へと向かい、小森と服部もそのあとに続いた。中央稜のテールリッジを半分ほど登ったあたりから、衝立岩正面壁の第一ハングのところに人の姿らしいものがぼんやり見えてきた。会の仲間がテールリッジの上端へと登り、「おーい、野中ーっ」「服部ー」と大声で呼び掛けたが、返答はない。二人がどんな状態になっているのか確認するため、双眼鏡を使って見たが、ガスと雨のため詳細はわからない。把握できたのは、上の第二オーバーハングを抜け出たところに服部がいて、彼から赤いナイロンザイルが、途中で一カ所スリングを通って一直線に垂れ下がり、その末端の第一オーバーハングのところに野中が宙吊りになっているということだった。野中の片足はザイルに絡み、ちょうど腰掛けているような姿勢になっていた。

状況の確認を終えていったん引き返してきた蝸牛山岳会とＪＣＣのメンバーは、どのようにして二人を収容するか検討をはじめ、可能性がありそうな方法として次の三つの案が俎上に上がった。

一・第二のオーバーハングまで、登るか上から下降するかして、ザイルを切って二人を落とす。

二・上にいる服部と下で宙吊りになっている野中は、途中の支点によってツルベのようになっているのかもしれないので、下の野中のところでザイルを切れば、服部は必然的に落ちる。

三・第一オーバーハングの下の二人用テラスから第二オーバーハングの服部の位置までの距離は約八〇メートルなので、その倍の長さのロープを第二オーバーハングまで上げ、滑車を使ってスムーズに遺体を下ろす。ただし、上部でのシステムの工作が容易ではなく、また経験豊かなクライマーが最低五、六人は必要。

このうち最も時間的に早く取り掛かれそうなのは、ふたつ目の方法だと思われた。しかし、野中の体が岩壁からかなり離れている（約四メートルほど）のが問題であり、細引きの先に重りをつけて投げ縄のようにして引っ掛けて手繰り寄せるか、棒の先にナイフを付けて切るか、針金の先に巻き付けたボロにアルコールを染み込ませてザイルを焼き切るかということになった。
〈ただし、これは蝸牛山岳会の中に、それを実践する有志がいる場合のことで、私自身としてはたとえ遺体であろうと、自己の手によって切り落とすことはできないと考えていた〉（小森康行著『垂直の上と下』に収録の「谷川岳衝立岩の遭難」より）

だが、この日の夕方、警備隊本部で行なわれた蝸牛山岳会の代表者と警備隊長、および土合山の家の主人であり〝谷川岳の主〟と呼ばれていた中島喜代志の三者による話し合いでは、まったく違う話が取り沙汰された。

当初検討されたのは、東京の山岳連盟、もしくはこれまでに衝立岩正面壁を登ったクライマーに協力を依頼してみてはどうかという案だった。しかし、第三者に依頼したとして、その作業を安全に行なえるという保証はなく、もし二重遭難が起きた場合に誰が責任を負うのかという問題になってくるので、それはとうていできないということになった。警備隊からも「くれぐれも二重遭難を起こさないように、より安全な方法で収容してほしい」という要請があり、ではどんな方法があるのかといろいろ検討されたなかで浮上してきたのが、「銃を使おう」という話だった。

〈中島さんは初めは猟銃くらいですむと思っていたらしいのですが、距離が一五〇《メートル》くらいある。そうすると猟銃ですと有効射程距離はせいぜい五十メートルですからとてもだめだ。それじゃ自衛隊はどうかということで、ここで初めて自衛隊ということが出てきたのです。そこで警備隊長を通じて、群馬県の県警本部長に申し入れた。そして二十日の夕方五時十分ごろ県警の本部長からそれじゃ自衛隊に申し入れてやるという返事をとりつけたわけです〉（『山と渓谷』一九六〇年十一月号）

一方、前出の谷川岳警備隊員の手記によると、ちょっとニュアンスが違っている。遺体回収の方法について検討されたなかで「銃撃によってザイルを切る」という案が出され、「ならば自衛隊に出動要請を」という話が出たのは間違いないようだが、このときの話し合いのなかでは「自衛隊の出動要請はもちろん、具体的な作業の方法は決定されていなかった」という。

いずれにしても、初めて「ザイルを銃撃して切断＝自衛隊への出動要請」という話が持ち上がったのは二十日の夕方の話し合いの場であった。そのときに関係者のコンセンサスがとれたかどうかはさておき、想定外だったのは、土合山の家に詰めていた毎日新聞社の記者がその話を聞きつけ、翌二十一日の朝刊に「銃撃でザイルを切って収容」という見出しで記事が出てしまったことだった。早速、この日のうちに自衛隊の相馬原駐屯部隊から係官が現地にやってきて、状況を視察した。

〈このことが遺族をはじめ各関係者に、知らずしらずの間に、自衛隊出動の可能性を、つよく印象づけたことも否定できない〉(『この山にねがいをこめて——谷川岳警備隊員の手記』より)

余談だが、その自衛隊関係者は、一ノ倉沢出合から事故現場周辺を見て、「うちの専門は戦車なんだ。戦車がここまで入ってくれれば一発で落とせるが、来られないだろうから、やはり小銃だろう」という話をして帰っていったという。

しかし、蝸牛山岳会のメンバーにとっては、とうてい納得のできる話ではなかった。前夜の話し合いののち、会の代表者は「自衛隊への救助要請」の方向でメンバーをまとめようとしたが、会の若い者たちは強く反発し、逆に「自分たちの手でなんとか二人を収容しよう」という流れに傾いていった。

天候が回復して快晴となった二十一日、蝸牛山岳会のメンバーおよび小森と服部は朝七時に一ノ倉沢出合を出発して、二人の遺体の回収へと向かった。八時過ぎに中央稜の基部に到着し、そこから昨日はよく見えなかった上部の服部の状況を再確認してみると、どうやらセルフビレイを取っているらしかった。だとすると、野中のところでザイルを切っても野中は落ちないことになる。

結局、そのときはそのときでまた考えるとして、とりあえず野中を先に収容することになった。メンバーは蝸牛山岳会の三人に小森と服部の計五人で、ルートに詳しい小森がトップに立った。午後二時までかかって、小森は野中まであと三メートルのところまで接近したが、岩に打ち込むボルトがなくなり、行き詰まってしまった。

〈宙に浮いた身体はわずかな風をうけてゆっくりと回り、やがて私と向き合う位置になった。その変り果てた姿は、滝谷のグレポンで会ったとき「蝸牛の野中です」と言った、あの元気な姿とはどうしても重ならなかった。私は心の中で彼らの冥福を祈った〉（『垂直の上と下』より）

ザイルを切断するにはあと三本ボルトが必要だったが、うまくすれば野中の遺体を落下させずに済む工作ができそうに見えた。小森は、延ばしたザイルをすべてフィックスし、翌日以降、そこまでは誰でも登ってこられるようにして、その日の作業を終了した。下山後、蝸牛山岳会のメンバーに現場の詳細を報告し、順調にいけば明日の午前中にはザイルを切断して野中の遺体を収容できること、ザイルを切っても上の服部が落ちなければ、第二オーバーハングまで登っていって収容しなければならないことなどを話し合った。

報告を受けたのち、会のメンバーの数人が「あとは自分たちでやってみる」と申し出た。小森はその言葉を聞いて心強く思い、ちょうどタイムリミットにもなったので、今後のことは彼らに一任して一線を退いた。

だが、小森ら収容隊によるこの日の作業は、野中のところまであと三メートルと迫りながら、ザイルの切断にまで至らなかったことから失敗と見なされ、会の仲間の手による収容は非常に難しいという捉え方をされてしまったようだ。

その晩、一ノ倉沢出合で開かれた関係者らによる対策会議では、もっぱら「自衛隊の出動を要請するか否か」が論議の的になってしまった。万が一の二重遭難を回避するために銃撃による収容を希望した警察や蝸牛山岳会の上層部、遭難者の遺族らに対し、山岳会の若いメンバーらはあくまで自分たちの手によるザイルの切断を主張した。なかには「切るしかないのなら、せめて自分たちの手で」と、涙を流しながら訴える者もいた。

対策会議は、最終的に自衛隊の出動を要請することで決定をみた。翌二十二日の午前九時、蝸牛山岳会の代表者三人が警備隊本部を訪れ「自衛隊出動要請書」を提出、二十三日に正式に出動が認められ、二十四日に射撃が実施されることになった。

自衛隊の出動

自衛隊の出動が決定した二十三日、土合山の家には新聞社やテレビ局、週刊誌などの報道関係者が続々と詰め掛けてきた。夕方の五時ごろには約四十人の自衛隊員も到着し、土合駅前の広場にテントを張って基地を設営した。

いよいよ射撃当日の二十四日、自衛隊員らは蝸牛山岳会の会員や警備隊員の支援を受けながら朝四時半から行動を開始し、午前八時半ごろには中央稜第二草付付近の射撃地点に到着した。標的とするザイルとの距離は直線にして約一四〇メートル。使用火器はライフル五丁、カービン銃五丁、軽機関銃二丁で、二〇〇〇発の弾薬が用意された。射撃中は跳弾の危険が想定されたため、マチガ沢、一ノ倉沢、幽ノ沢、谷川岳山頂、茂倉岳山頂の五点を結ぶエリア内を危険区域に指定し、警察官を配備して一般登山者の立ち入りを禁止した。衝立岩正面壁とは谷をひとつ隔てた通称〝一本松〟と呼ばれる場所には報道関係者が陣取り、テレビカメラの砲列がその瞬間を待ち構えていた。

九時十五分、「射撃開始」の合図とともに、最初の小銃が火を吹き、衝立岩の岩壁に吸い込まれていった。狙撃兵は宙吊りになっている野中の一〇メートル上のザイルに狙いを定め、一発、また一発と引き金を引く。銃弾が岩壁に当たるたびにぱっと白煙が上がるが、狙うザイルにはなかなか当たらず、野中の体は宙に漂うかのように緩やかに回転を続けている。ライフル銃とカービン銃を撃つこと一時間余り、それでもザイルは切れず、今度は機関銃に切り替えられた。

谷川岳一ノ倉沢の衛立岩へ向かう自衛隊員ら。毎日新聞社提供

銃撃による衝撃で、谷を埋める雪渓が轟音を立てて崩れ落ちた。警備隊員の唐沢栄一は、現場の状況を次のように記している。

〈射撃がはじまってからずっと『その一瞬』をキャッチしようとカメラをまわしていたカメラマンたちの間から、とうとう不満の声があがった。私自身も、はじめは何発で切れるかとかぞえていたが、いまは『はたして切れるのか』という疑問に変わっていた〉（『この山にねがいをこめて――谷川岳警備隊員の手記』より）

開始から二時間の間に約一〇〇〇発の弾丸が打ち込まれたが、ザイルは切れず、十一時十五分、いったん射撃は打ち切られた。昼休みを挟んでの再開は十二時五十一分。今度はザイルそのものでなく、ザイルが岩と接しているビレイ箇所に照準を合わせ、小銃弾が発射された。唐沢の手記はこう続く。

〈一発、二発、三発と私はほとんど無意識のうちに数えていた。そして『三十八』と心のなかでつぶやいた一瞬であった。「ああッ……」という間に、野中君の遺体が――時計を見ると、一時二分であった。つづいて、一時二十七分、九十八発目に、こんどは服部君の遺体が、まるですいこまれるように、衝立スラブへ落下していった。私はつめていた息をほっとはきだしながら、しばらくは呆然としていた〉（『この山にねがいをこめて――谷川岳警備隊員の手記』より）

1960年9月24日、ザイルを切断するため小銃を撃つ自衛隊員ら。毎日新聞社提供

新聞記事の描写はもっと生々しい。

〈六日前、一メートル登るのに一本のハーケン（岩クギ）を使うといわれるこの岩壁にいどんだ二人の青年は、すさまじい音を立てて岩にぶつかり、バウンドして、あっという間にはるか下の岩にころげ落ちた〉（九月二十五日付『朝日新聞』朝刊より）

のちに切れたザイルを調べてみると、数十発の命中弾痕があったという。ただ、命中した際の微妙な当たりどころによって衝撃が逃がされてしまい、切断にまでは至らなかったようだ。

二人の遺体はとりあえず衝立スラブにフィックスされ、翌二十五日の朝、蝸牛山岳会の仲間の手によって収容されたのち、家族に引き渡された。四十七人の自衛隊員、四十人の警察官、延べ二〇〇人を超える遺族や山岳会関係者、約三十人の地元山岳会員、一〇〇人以上の報道陣を動員した前代未聞の収容劇は、かくして幕を閉じた。

後日、事故原因については現場の状況等からさまざまな仮説が打ち立てられたが、いずれにしても推測の域を出ず、実際になにが起きたのかはわかっていない。ただ、十八日の朝に東京地下鉄山岳会のメンバーが落石の音とともに助けを求める声を聞いていること、第二のオーバーハングの上部に麻ザイルが固定されていたこと、服部の腕から肩にかけてザイルによる火傷の跡があったことは確認されていた。これらのことから唐沢は、二人は十八日のうちに第二のオーバーハングを越え、その上にあるちょっとしたテラスでビバークして一夜を過ごし、十九日の朝、登攀もしくは下降している野中を服部が確保しているときに野中が滑落し、それに服部が引き込まれたのではないかと推測する。この説が最も有力なように思えるが、真相は藪のなかだ。

しかし、事故の原因以上に、事態が収束してもなお論議が続いたのが、遭難者の収容方法についての是非であった。先に引用した九月二十五日付の朝日新聞の記事では、「むごさに残った疑問〝果たして最後の手段か〟」との見出しで、「なぜほかの山岳会に協力を要請しなかったのか」「蝸牛山岳会が所属する上部組織の神奈川県岳連はなぜなんの対処もしなかったのか」と指摘し、「山の友愛どこへ?」と疑問を投げかけている（神奈川県岳連が積極的に動かなかったことに関して、蝸牛山岳会の涼はこれを否定。「多少の行き違いはあったものの、結果的には大変なご支援をいただいた」と述べている）。

事故発生の一報が流れたとき、このルートを初登した南は、協力要請があればすぐに動けるように準備を整えていたという。だが、誰からも声は掛からなかった。朝日新聞の取材に対して、南はこう述べている。

〈銃で撃ち落とす前に、なぜわれわれにひとこと声をかけてくれなかっただろうか〉

南だけではない。実力ある何人かのクライマーは声が掛かるのを待っていたが、売名行為だと言われるのを避けたいがために、自分からは言い出せなかったという。

蝸牛山岳会が、遭難者の収容に当たって、ほかの山岳会などに協力を求めなかった理由について誰もが思い浮かべたのは、「会の面子が立たなくなるからだろう」ということだった。

当時の社会人山岳会や大学山岳部は、会の面子というものをこのうえなく重要視しており、会のメンバーが起こした遭難事故は、会の面子にかけて会で対処・処理するのが当然であった。山に登るからには、なにがあっても自力で下山してくるのが大前提であり、他者に救助されることは恥とさえ考えられていた。こうした風潮については、先の朝日新聞でも〈蝸牛山岳会がどうであったかは別として、多くの場合、遭難者を出した会は会の名誉を維持するため、他の山岳会に頭を下げて頼むことはほとんどしない。一種のオキテみたいなものである〉と書いている。

この点について蝸牛山岳会は、前述したとおり「あくまでも安全性を最優先させた結果だ」と異を唱え、涼も次のようなコメントを残している。

〈僕らとしても、人に頼むということは、会の面子とかなんとかということではなくて、そういうものは最初から捨てていました。とにかく無事におろしさえすれば、何ごとも甘んじて受

けようという気持ちでした〉（『山と溪谷』一九六〇年十一月号）
〈より安全な方法で（決して安易なということではない）収容すべく、そのためにはこの際〝会〟とか〝個人〟とかの面子や、それに類する一切のものを捨てて、両名の遺体を遺族のもとにお渡ししようと結論を下し（以下略）〉（『岳人』一九六〇年十一月号）

たしかに厳しい事故現場の状況から、遺体の収容には非常な困難と危険が伴うことは当初から予想されていた。ただ、二十日の現場偵察と二十一日の回収作業のときには、ＪＣＣの小森と服部が同行して協力し、回収作業におけるルート工作のほとんどは小森がトップで行ない、ザイルもフィックスしてきた。あとは翌日以降、蝸牛山岳会のメンバーなり、ほかの山岳会の有志なりが登っていってザイルを切断してくればよかった。それはさほど難しい作業ではなく、蝸牛山岳会の数人のメンバーは作業の引き継ぎを申し出ている。淚は「うちの会には、あそこまで登れるのは、遭難した二人以外にいない」と述べているが、かりに蝸牛山岳会にいなかったとしても、東京や神奈川のほかの山岳会にはそれだけの技術を有するクライマーが十人以上はいると明言する関係者もいた。

ところが、結果的に同会は〝二重遭難〟を理由に他者に協力要請をしなかったばかりか、一夜明けると方針が変わっており、自衛隊が出動することが決定されていた。その決定を、小森は憤然として聞いたという。

前出の『山と溪谷』に掲載された座談会の記事のなかでも、出席者からは「銃撃の判断が非常に早過ぎたところにも問題がある」「上ではあと三メートルというところまで接近しているのに、下では最初から銃撃という線で動いていた」といった意見が相次いでいる。突然の方向転換の裏では、いろいろな思惑や配慮、パワーバランスが交錯していたであろうことは想像に難くない。

たとえば同じ蝸牛山岳会のなかでも、上層部は警察や中島らと方策を詰めていくなかで、どうしても安全策をとらざるを得なかったのに対し、若い会員たちは「なんとか自分たちの手で仲間を収容したい」という気持ちが強く、会としての意思統一ができていなかったように見受けられる。回収方法の検討がなされていたときに「自衛隊が出動」という報道が先走ってしまい、自衛隊の関係者までが早々に偵察にやってきたのも想定外だっただろう。また、事故の一報が流れた直後から現場には報道陣が詰め掛けてきてカメラが放列をなし、水上温泉に来ている観光客までが興味本位で一ノ倉沢までやってこようとしたこともあった。遺族にとっては家族が、山岳会の会員にとっては仲間が、そうした好奇の目に晒《さら》されるのは堪え難いことであり、彼らは「どんな手段を使ってでも、一刻も早く収容してほしい」と強く願っていたはずだ。

座談会の記事のなかで、「南をはじめとする、ほかの山岳会の優れたクライマーの協力を、なぜ有効に活かせなかったのか」という問いに対し、淙はこう答えている。
〈しかし僕らとしては、南さんあたりの技術は卓越したものとして尊敬はしていますが、やはり来られても御好意だけいただいて、お断りするよりほかに方法がなかったというのが、そのときのいつわらない気持です〉（『山と溪谷』一九六〇年十一月号）
この言葉には、苦渋の選択をせざるを得なかった葛藤が滲み出ているように思えてならない。いずれにしても、山岳遭難史上、前代未聞かつ唯一無二ともいえる衝撃的な結末は、登山者ばかりではなく一般の人たちにも言いようのない後味の悪さを残した事例であった。

この事故が起きた一九六〇（昭和三十五）年、谷川岳では五十六件の遭難事故が発生し、三十三人が命を落としている。そもそも谷川岳は、昭和初期の開拓期以来、時代をリードする困難な登攀を実践する場であったことに加え、上越国境に位置するため天候の変化が激しいことから、遭難者の数が桁外れに多いのがひとつの特徴であった。
谷川岳における遭難事故統計は一九三一（昭和六）年からとられているが、一九四〇（昭和十五）年には十四人、翌四一年には十七人の死者を数えるまでに遭難事故が増えた。『谷川岳に逝ける人びと』によると、この山の第一期ブームが一九四〇年前後であり、夏山シーズン中の日曜日などは一日に三〇〇人もの登山者が土合駅で降りて大変な賑わいを見せていたという。それに伴い遭難事故も増えてきたため、地元の関係者による登山者に向けての注意喚起アナウンスが始まり、水上駅や土合駅には登山者名簿が置かれるようになった。また、『東京朝日新聞』は事故防止のために「谷川岳遭難防止キャンペーン」を張り、一九四〇（昭和十五）年六月二十七日より十回にわたって木暮理太郎、田部重治、冠松次郎、角田吉夫、中島喜代志らによる座談会を掲載した。谷川岳が「魔の山」「墓標の山」など負の異名で呼ばれるようになったのは、まさにこのころからだという。

その後、太平洋戦争の勃発と敗戦、そして戦後の混乱期を迎え、谷川岳での遭難事故もしばらくは小康状態が続く。しかし、一九五四（昭和二十九）年に十五件の遭難事故と十六人の死者を記録して以降、七六（昭和五十一）年の二十二年間にわたって発生件数と死者数は二桁を割ったことがなかった。とくに一九五七（昭和三十二）年からの約十年間は、発生件数・死者数ともに急増しているが、これは前述したとおり、前年の日本山岳会隊のマナスル初登頂によって巻き起こった登山ブームの影響であろう。

統計開始以来、現在までの谷川岳における死者の数は八〇〇人以上にのぼる。ひとつの山でこれほど多くの死者を出しているのは世界的にもほかに例を見ず、世界でいちばん遭難死者が多い山としてギネスブックにも認定されている。

あまりに多発する遭難事故に対処するため、群馬県は一九六六(昭和四十一)年に「群馬県谷川岳遭難防止条例」を制定し、死亡事故の多い谷川岳東面から南面の危険地区への入山者に対して登山届の提出等を義務づけるようになった。こうした規制がかけられているエリアは、ちょっと前までは谷川岳を除けば北アルプスの剱岳しかなかったが、近年は遭難事故の増加により条例化の動きが加速し、長野県や岐阜県でも登山条例が設けられている。

登山人口の中心層が若者から中高年に変わり、岩壁登攀や冬季登攀が下火になる一九八〇年代以降は、遭難事故もぐっと減って毎年十~二十件前後で推移するようになり、死者の数もめっきり減った。近年は岩場での転滑落や雪崩による事故はほとんどなく、体力不足や発病による中高年登山者の事故が大半を占める。

現在の谷川岳ロープウェイの山麓駅近くには土合霊園地と呼ばれる一画があり、そこの慰霊碑には、一九三一(昭和六)年以降、谷川岳で命を落とした遭難者の名前が刻まれている。谷川岳が「魔の山」「墓標の山」といわれたのもいまや昔の話だが、その記憶が途切れることはない。

第六章

愛知大学山岳部の大量遭難事故

冬山合宿

創立から十年目を迎えた一九六二（昭和三十七）年、愛知大学山岳部のこの年の冬山合宿は、北アルプスの薬師岳で行なわれることになった。それまでの冬山合宿は主に鹿島槍ヶ岳で実施されており、薬師岳が合宿地に選ばれたのは初めてだった。

同部は毎年夏の合宿を穂高岳や剱岳の岩場で行なってきたが、その合宿中に剱岳から穂高岳への縦走を何度か組み込んでいた。というのも、部としての当面の目標が、積雪期における剱岳から穂高岳の縦走だったからだ。その計画を現実のものとするため、剱岳～穂高岳間を「剱岳周辺」「薬師岳周辺」「三俣蓮華岳周辺」「槍ヶ岳西鎌尾根周辺」「槍・穂高周辺」の五つのエリアに分け、各エリアで順次冬山合宿を行なうことになった。そうして経験を積み、最終的に積雪期の剱岳～穂高岳を通しで縦走しようとしたわけである。

その第一段階として選ばれたエリアが薬師岳周辺であった。十月に入るとリーダー会が何度か開かれ、計画書が作成された。実施期間は同年十二月二十五日より翌六三（昭和三十八）年一月十三日までの二十日間とし、そのなかには五日間の予備日を含むこととした。十一月には冬山合宿に備えた偵察と荷上げのための合宿も二回行なわれた。参加者は当初二十人を予定していたが、就職活動や個人の事情などにより七人が不参加となり、結局十三人編成（四年生二人、二年生五人、一年生六人）のパーティとなった。

この計画を立てるにあたっては、現役山岳部員とOB会役員が集まって何度か連絡会が開かれた。その際に問題となったのが、リーダーを誰にするかということだった。三十七年度の山岳部には三年生が一人もおらず、翌年度は新三年生が部のリーダーシップをとっていかなければならなかったため、この冬山合宿で次のリーダーを育成することが緊急の課題となっていたのである。

十二月十五日、名古屋市内のコーヒーショップで開かれた最後の連絡会でも、それが議論の中心となった。その結果、三人の二年生――鈴木俊彦、春日井幹二、加藤克宣――がリーダー候補として選ばれ、冬山合宿におけるすべての行動はこの三人の合議によって決められることが確認された。また、このリーダー候補三人の上に立って、パーティの行動全体を見守っていく役割を、四年生の山田脩が果たすこととなった。

合宿の行動予定は、大多和峠から入山し（実際には大多和峠ではなく、富山県側の千垣から入山した）、折立にBCを設営したのち、C1（標高二〇〇〇メートル地点）、C2（太郎小屋、現在の太郎平小屋）、C3（薬師平上部）とキャンプを延ばしていき、十二月三十一日と一月一日に山頂をアタックして下山するというものであった。予備日は一月六日から十三日までの八日間をとってあった。

装備については個人装備のほか、共同装備として幕営用具、登攀用具、炊事用具などを準備した。食料は行動食三五〇食分、野菜類一〇〇食分、餅七斗、即席ラーメン二十個、ドイツパン二十五個などを用意し、すべて事前に太郎小屋へ荷上げしておいた。

十二月二十五日、合宿の参加者十三人の山岳部員は、OBら大勢の人に見送られながら、午後十一時五十分発の準急「しろがね二号」で名古屋駅を発った。翌二十六日の朝五時二十三分に富山駅に到着、富山地方鉄道に乗り換えて千垣へ。千垣駅で荷物を降ろし、七時五分、トラックをチャーターして有峰ダムへ向けて出発した。しかし、和田川沿いの林道小見線を遡ること約二時間半、積雪が多く途中で車両の通行が不能となり、その先は歩いて荷を運ぶこととなった。

場所は不明だが、この日は有峰ダムの関係者が越冬している家の近くのガレージに泊まり、BCを設ける折立には翌日の十時三十五分に到着した。BCまでのラッセルはすでに膝下ぐらいまであった。登山口にある小屋は使用できなかったため、一〇〇メートルほど手前の飯場小屋をBCにすることとし、事前にデポしてあったテントや燃料、行動食などを含め、すべての装備を小屋に運び込んだ。それと並行して、三人の部員が翌日のためのラッセル工作を三時間

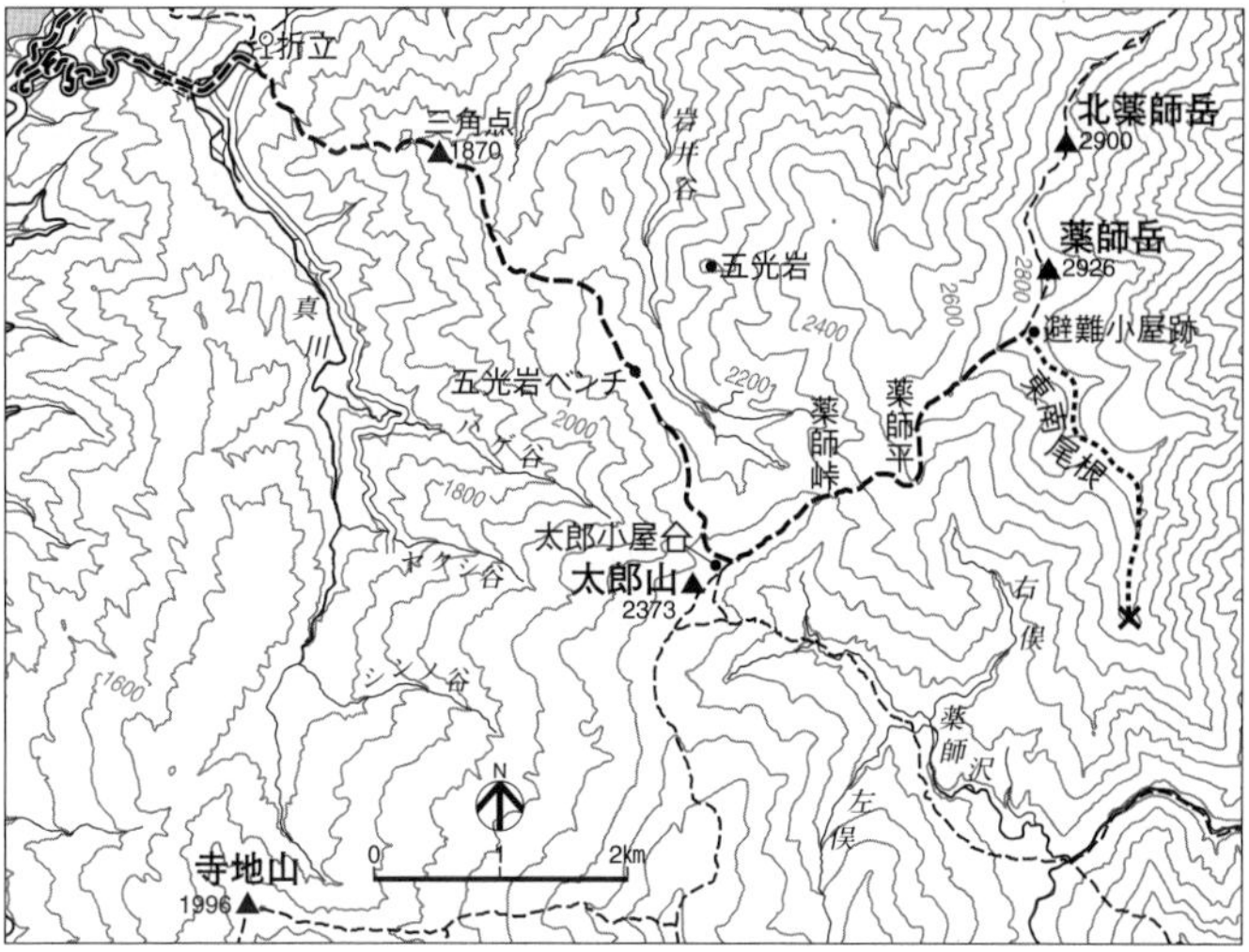
折立
三角点
1870
岩井谷
北薬師岳
2900
薬師岳
2926
五光岩
2800
2600
2400
避難小屋跡
真川
五光岩ベンチ
2200
薬師平
東南尾根
薬師峠
2000
ハゲ谷
1800
太郎小屋
太郎山
2373
ボクシ谷
右俣
1600
シンノ谷
薬師沢
左俣
N
0
1
2km
寺地山
1996

ほど行なった。

二十八日は快晴無風の非常にいい天気に恵まれ、ＢＣからルートを延ばし、三角点のあたりにＣ１を設営した。午後一時四十五分までに全員がＣ１に到着したが、翌日のボッカに備えて四人がＢＣへ引き返し、残る九人がふたつのテントに分かれてＣ１に泊まった。

翌二十九日も天気はよかったが、午後になって風が強まってきた。この日、Ｃ１の九人はＣ２の太郎小屋に入り、ＢＣにいた四人はＣ１へ荷物を運び上げた。

三十日は天気が崩れて風雪となったため（三角点周辺の天候は雨）、Ｃ１、Ｃ２のいずれの隊も行動をとりやめ、それぞれの場所で停滞することになった。記録を担当していた二年生の尾崎武彦は、この日の様子を次のように記している。

〈昨日までのつらい行動も何もしないでいるのは手持ちぶたさ（注・原文ママ）の感もしないではなかった。太郎小屋にいるだけに幸いであったろう。もし、仮にテントの中に天気待ちしていたとすればきっとつらいことだろうと想像する。だが、林田、春日井など（注・Ｃ１にいる部員たち）は今頃どうしていることだろう。またはＣ２へ歩いているとしたら無事着くことを祈って止まない。そのようなことを考えながら、のんびりと焼モチを食べていた〉（愛知大学山岳部薬師岳遭難誌編集委員会編『薬師』より。以下、特に記載のないものは同書からの引用）

その餅は秋に荷上げしておいたもので、カビていたのでカビを取り除いて食べたという。

十二時ごろになって風雪がやんだため、C2から上部に向かってラッセルをし、行けるところまで行ってC3用の燃料や食料をデポすることにした。しかし、六人が十二時五十三分に小屋を出たものの、間もなくして再び風雪が強まり、二時二十分にラッセルを中止して引き返してきた。この日の尾崎の記録には、天気の回復を願いながら、薬師岳へのアタックにはやる強い気持ちが綴られている。

〈下界では、後二日で正月をむかえるにあたって、色々とその準備に忙しい日々を送っていることだろう。山で正月をむかえる我々には、また違った楽しさに胸をはずませ、一日も早くアタックする希望に全ての情熱と勇気とに《ママ》若い力を発揮させんことに力を注いでいる。若人にこの情熱の報われんことを下界の多数の人々が祈っていることだろう。それが我々の新しい年への門出となって未来へと続いているような気がする〉

だが、翌朝はアタックに備えて二時に起床したものの、雪はやんでいなかった。悪天候に閉ざされた山小屋の中ではなにもすることはなく、九人は乾燥室で火にあたりながら天候待ちの長い時間を過ごした。

午前十一時四十五分、突然小屋のドアが開いて、何人ものドヤドヤとした足音が聞こえてきた。一瞬、C１で停滞していた四人かと思ったが、それは愛知大学山岳部と同様に薬師岳の登頂を目指す日本歯科大学の六人パーティだった。しかし、続いてC１にいた四人が小屋に到着し、パーティのメンバー全員が三日ぶりに顔をそろえた。

一九六三（昭和三十八）年の元日、新しい年を迎えても依然として雪は降り続いていた。

〈全員オーバーシューズもはき、ザックへは持っていくべきものを入れ、すぐにでも出掛ける姿となっていたのに、かえすがえすも昨日と同様、雪がより一層我々の目的を拒否するかのごとく降っている。ラジオでの天気予報は大雪注意報が出ているため、またも断念す。元旦といっても、目新しく変化したものは何もない。だが、お互いの心の中にはきっと、今年の出発をこの冬山の恐怖をのり越え、最高の征服へと心をはせていることだろう〉

朝八時過ぎ、時間を持て余したのか三人の部員が小屋のすぐ裏手にある太郎山まで行ってこようとしたが、目も開けていられないような強い降雪のため二、三分で引き返してきた。

〈やはりこんな日は沈殿だということで、シラフにもぐって眠る〉

尾崎による公式の記録は、ここで終わっている。

「太郎小屋に人影なし」

下山予定日の一月六日を過ぎても、薬師岳に入った十三人からは連絡がなかった。予備日のリミットとなった十三日、偵察隊の愛知大学関係者三人が岐阜県の高山線猪谷《いのたに》駅から徒歩で跡津に入って情報を収集し、十三人が折立に下山していないことを確認した。大学から富山県警に捜索願が出されたのが十四日の午後。十五日には愛知大学隊十四人と富山県警隊十人による第一次捜索救援隊が組織され、現地へと向かった。また、大学は愛知・富山の両県知事を通じて自衛隊の出動を要請するとともに、報道関係機関にも協力を依頼した。

さらに同日午前九時、大学がチャーターした中部日本航空の双発機が小牧飛行場を飛び立ち、太郎小屋や薬師平の一帯を約一時間にわたって捜索した。このときに太郎小屋付近に撒かれた約一万三〇〇〇枚のビラには、次のように書かれていた。

〈◉愛知大学山がく部員に告ぐ‼

「トランシーバーを入れよ」

現在きみ達の上空にあるのはきみ達の関係者とOBです。

吾々はきみたちの安ぴを非常に気づかつている。

きみたちが若し此の書面を見る事が出きたら直ぐ幕営地ヨリ外へ出てつぎノ合図をすること。全員無事の場合は一人にて頭上にてくるくる廻わせ、事故のある場合は三人にてくるくる廻わせ。

いずれもヤッケ　ツエルト、ハタ等にて大きなものにてふれ。

決してあわてゝ行動するな。がん張れ〉

だが、なんら応答はなく、この日は一切の手掛かりも得られなかった。

第一次隊による本格的な捜索は十六日から始まった。しかし、その行く手を阻んだのが悪天候だった。ヘリコプターで搬送される予定だった救援隊は、天候不良でヘリが飛ばせなかったため、富山から鉄道で高山線の猪谷まで行き、三井鉱山神岡鉱業所の軌道車、トラックと乗り継いで、この日は跡津に民泊した。

翌十七日は八時二十分に跡津を出発し、地元の人たちや消防団員の応援を得ながら積雪の急坂をラッセルし、佐古から大多和部落へと前進した。十八日、佐古部落で五人のボッカ隊が、大多和部落で六人のラッセル隊が編成され、総勢三十四人が悪天候をついて八時に大多和部落を出発した。三メートルの積雪をラッセルして大多和峠に着いたのが十一時半。降雪は著しく全員に疲労の色が見えるなか、さらに行動を続け、午後三時半、神岡木材事務所に到着した。

1963年3月、吹雪のなかを捜索に向かう二次救援隊。毎日新聞社提供

また、この日は第二次救援隊が組織され、第一次隊のあとを追って三十人が名古屋から現地へと向かった。さらに航空自衛隊小牧基地では、太平洋岸で訓練飛行をしているジェット機七十機に対し、燃料に余裕があれば帰投時に薬師岳周辺を捜索してくるよう、異例の指令を出した。山岳遭難事故における、こうした大掛かりな捜索は過去に例がなく、〝空陸一体、山の遭難史上かつて見られない大救援態勢となった〞と報じるマスコミもあった。

十九日、第一次隊は八時十分から行動を開始。神岡木材事務所から深さ二・五メートルの積雪をラッセルして三キロほど進んだが、吹雪が激しくなり苦闘を強いられた。隊を二班に分けて交代しながら空身でラッセルを行ない、午後一時五十分、ようやく有峰ダムに到着した。しかし、吹雪はますます激しさを増し、視界もゼロという最悪のコンディションのなかで、隊員の疲労もピークに達していた。そこでこれ以上前進を続けるのは危険と判断し、有峰ダムの建設所の寮に入って行動を打ち切った。

一夜明けた二十日も雪は降り続いており、登山口の折立に至る途中の折立峠付近では表層雪崩の発生が危惧された。このためこの日の行動は控えることとし、峠付近の安全箇所までのラッセルを行なったのち、今後の捜索を考慮してスキー隊の編成準備に取り掛かった。

翌二十一日は朝から吹雪で、前日にラッセルしたトレースはほどんど消滅していた。それでも八時半には第一次隊の二十人が有峰ダムを出発し、三時間後には折立のベースとなる神岡飯場にたどり着いた。この時点での折立の積雪は三・七メートル、気温マイナス七度、風速は六～一二メートル。以下は、第一次隊に記者が同行していた朝日新聞の記事からの引用である。

〈二十一日朝の有峰ダムは猛ふぶき、見通しはほとんどきかない。富山県警・愛知大合同の救助隊二十一人はふぶきをついて出発した。外へ出るとたちまち全身真っ白。一人一人が三十数キロの装備にやや姿勢を低めて構える。そこへ猛ふぶきがたたきつける。きのう一日をついやして苦心の末つくったラッセルのあともうっすらと埋まり、このラッセルのルートから一歩でもそれたら首までつかるきびしさだ。一行を支えているものは気力と友情。それに支えられて進む——そういう出発だった〉（朝日新聞一月二十一日付夕刊より）

午後の時間は装備や食料の点検、太郎小屋への今後の行動方針の検討などに費やされた。この日、物資の輸送・ルートの確保・連絡等を目的とした第三次救援隊が、さらに第一次隊に合流し捜索救助に当たるための第四次救援隊が組織され、それぞれ現地へ向けて名古屋を出発した。

十三人の生存に一縷の望みを託していた救助関係者にとって、一時的に天候が回復した二十二日は忘れ得ぬ日となった。午前八時、第一次隊は、三角点付近にC1を設営するために折立を出発した。それからしばらくして、富山空港を飛び立った一機のヘリコプターが、一次隊の上空を通過していった。朝日新聞社がチャーターした取材用のヘリである（このとき、愛知大学山岳部ＯＢがいったんは同乗を認められていたが、同社のカメラマンに替えられて降ろされたという）。

九時三十六分、ヘリは太郎小屋から約三〇メートル離れた雪上に着陸し、四人の記者が小屋の中を捜索した。しかし、そこには誰もいなかった。

朝日新聞社は、このニュースを号外で伝えた。また、二十二日付の同紙夕刊では「太郎小屋に人影なし」「愛知大の十三人絶望　対策本部断定」との見出しで、小屋の中の様子を次のように報じている。

〈ヘリからすぐ飛出す。積雪三―四メートル。小屋のまわりは雪が少ない。板ベイが小さく開いている。中にはいる。まっくらなので懐中電灯でさぐりながら二階に昇る。「だれかいるか」とどなる。なんの答えもない。愛大生の使った二階の部屋には、リュックサックをはじめ食器、食糧などが乱雑にちらかっていた。（中略）

窓際には、モチのはいった石油カンやプロパンガス・タンクなどがおきっぱなし。これらの上に、窓から吹き込んだ雪がうっすら積っている。

十三人は出発したままで、帰ってきた形跡はまったく見られない。これで十三人の遭難はほ

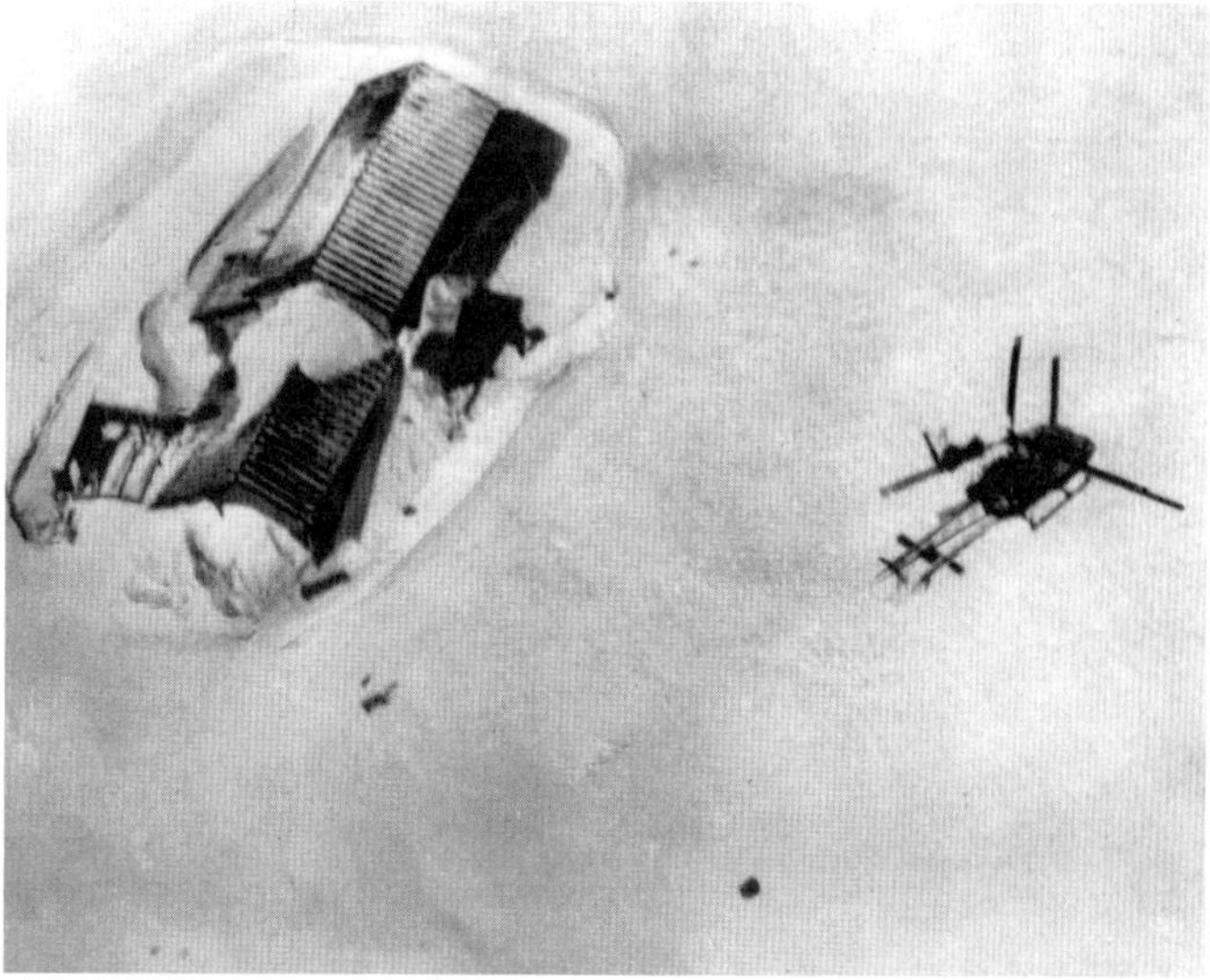

薬師岳遭難事故で太郎小屋を捜索するヘリコプター。毎日新聞社提供

とんど確実となった〉
小屋に残された装備は、食料、行動食、キスリング六個、寝袋六つ、燃料などで、キスリングの中にはウェアや手袋などの個人装備がかなり残っていた。また、食器やスプーンなどが雑然と散らかっており、地図やコンパスも持っていっていなかった。
〈十三人の遺品が残されている二階はついいましがた人が出て行ったばかりのようだ。寝袋はまだ暖かそうだし、食器には食べ残しがある。「やあ今晩は」と、にぎやかにもどってくる声さえきこえるような錯覚に陥る。しかし寝袋からはすでに体温が消え、食べ残しはカチカチに凍っている〉（朝日新聞一月二十三日付夕刊より）
その小屋内の状況が物議をかもすことになった。残飯の入った食器類などが雑然と散らかる写真が紙面に掲載されたことで、「食事のあと片付けもきちんとできないのか」「そうしただらしなさが遭難を招いたのでは」と新聞や週刊誌に叩かれたのだ。のちに愛知大学の学長は事故の責任をとって辞任することになるが、それを決断させる大きな要因となったのがこの件だったと見る関係者もいる。
遺留品のなかには記録係の尾崎が記したメモもあり、先に述べたとおり一月一日までの行動記録が明らかになった。しかし、その後の足取りはぷっつりと途絶えたままだった。

この日、朝日新聞社はもう一機ヘリを飛ばしており、太郎小屋から薬師平上部のC3、さらに薬師岳の北側にあるスゴ小屋（現在のスゴ乗越小屋）までの稜線一帯を上空から偵察した。だが、テントや人影など、手掛かりになりそうなものはなにひとつ見つからなかった。

午前十一時二十分、三角点を目指していた第一次隊にも〝太郎小屋に人影はなく、十三人全員絶望〟の一報が無線でもたらされた。この知らせに全隊員が落胆したものの、計画どおり前進を続け、十二時三十分、三角点にC1を設営した。第一次隊に加わっていた富山県警察山岳警備隊の谷口凱夫は、著書『翼を持ったお巡りさん』（山と溪谷社）のなかで、太郎小屋からの知らせを聞いたときの心情をこう記している。

〈岐阜県神岡町土集落から入山した救助隊は、連日の猛吹雪に悩まされながら、頭上を越す雪をかき分け、一日も休まず大多和集落を通り、有峰の水平道から折立へ、さらに三角点に至り、小屋を目指していた。頬の感覚をなくし、まつげを凍らせ、雪崩や凍傷など二重遭難の危険を顧みずに頑張り、八日目にしてようやく、

「今日こそ小屋に入るぞ」

意気込んで小屋に向かっていた。この時、富山空港からフライトした朝日新聞チャーターヘリが我々の頭上を通過し、ひと足先に小屋の横に強行着陸。小屋の中を確認して、

「太郎小屋に人影なし」

の無線を打ってきた。この無線を聞いて愕然となった。一三人が絶望ということもあったが、八日間とわずか三〇分足らず。この格差が信じられなかった〉

翌二十三日になって、第一次隊は三角点の上方約二〇〇メートル地点で遭難パーティのC1を発見、食料や燃料などの残留品を確認した。その後、第二次隊も合流したが、再び天候が悪化したため行程は思うようにはかどらず、地上部隊がようやく太郎小屋にたどり着いたのは、捜索が始まって実に十一日後の二十五日のことであった。第一次隊のメンバーであった山岳部OBの富田健治は、『薬師』に次の一文を寄せる。

〈一月二二日、太郎小屋を目ざす我々に、朝日新聞より〝太郎小屋に人影なし〟の報がもたらされた。

「太郎小屋に何とか」と望みをつないでいた道をふさがれてしまった感じだったが、それでも残された唯一の希望地点である第三キャンプ、頂上ホコラに無理やりに心をあずけ、重い足を太郎小屋へいそがせた。

二五日午前一〇時一五分、太郎小屋着。いないと知りつつも何となく希望のようなものと、この目ではっきり不在が確認される不安とで胸の中につまるものを覚えながら、かれらの使用していた二階へ登った。
見なれたザック、寝袋、食物類、食器類全て我々の手でこの合宿のために整えたものばかりだ。信じられなかった気持が一度にたたき落とされてしまった感じだった。
かれらの残した荷物を見ると、どんな気持で、どういう状態で出発したかが手に取る様に浮んでくる。〈中略〉
「乱雑な状態で残された太郎小屋、そこにも遭難原因の一端が」と批判された小屋も、自分達から見ると一番動きやすい、一番気楽に過ごす事のできる安息の場としか思えなかった。錯綜した心情のまま、我々はかれらの残した荷物をただ黙してながめるばかりであった。
〝太郎小屋に人影なし〟は我々によっても確認されたのだった〉
悪天候と深雪に痛めつけられながらもなんとか太郎小屋に入った捜索隊は、その日のうちにC3予定地の薬師平まで行って周辺を捜索したが、なんの手掛かりも得ることはできなかった。この時点で、現地の捜索隊に残された時間はほとんどなかった。というのも、風速三〇メートル以上の猛吹雪が続いているなかで捜索を続けることは困難であり、十三人の生存が絶望的となった今となっては、捜索隊を安全に撤退させることがいちばんの目的となっていたからだ。
そして二十四日には、二十七日を捜索のリミットとして、目的を達成できなくても捜索を打ち切ることが決定されたのである。

捜索隊は、C3を設営したと思われるあたりを中心にぎりぎりまで捜索を続けたが、結局、なにも発見できず、二十七日の午前十一時二十分より撤収を開始した。最前線で活動した隊員はこの日のうちに全員、折立まで下山し、翌日に自衛隊のヘリコプターで富山へ空輸されることになった。しかし、二十八日はヘリが二往復して六人を搬送したのちに天候が悪化、空輸が中止となったため、残った隊員は歩いて下山することになった。救援隊が名古屋に帰り着いたのは三十日夜のことであり、十六日間に及んだ第一次の捜索はひとまず幕切れとなった。

愛知大学山岳部のパーティが入山していたのと同じ時期、ほぼ同じ行程で行動していたパーティがあった。先にもちょっと触れた、日本歯科大学山岳部の六人パーティである。一行は十二月二十四日の朝に東京を発ち、富山からバスで岐阜県神岡町の土に行き、さらにトラックをチャーターして大多和峠の手前まで入った。そこからは歩いて大多和峠を越え、愛知大学パーティよりも一日遅れとなる二十八日に折立に着いた。日本歯科大学パーティのメンバーは、折立で北電折立合宿所の管理者から話を聞き、愛知大学パーティが薬師岳を目指してひと足先に入山していることを知ったのだった。

翌日、日本歯科大学パーティは三角点の先のコルまで上がり、BCを設営した。三角点には愛知大学パーティのC1のテントがあり、四人の部員がそこにとどまっていた。話を聞くと、彼らは小見から入山し、薬師岳をアタックしたのちは周辺のほかの山にも登りたいとのことだった。パーティの総勢は十三人で、すでに九人は太郎小屋に入っていることも聞かされた。

翌三十日は朝から雨で、日本歯科大学と愛知大学の両パーティともそれぞれのテントで停滞となった。三十一日は愛知大学の四人が先に行動を開始し、朝六時ごろ、日本歯科大学パーティのテントの前を四人が通過していった。日本歯科大学パーティは八時十分にBCを出発、太郎小屋まであと一時間ほどのところで愛知大学パーティに追いつき、交代でラッセルをしながら十一時四十五分、小屋に到着した。

日本歯科大学パーティは、小屋主から「二階のほうを使うように」と言われていたが、着いたときには愛知大学パーティが二階も使っていたので、双方の話し合いにより、日本歯科大学パーティが一階を、愛知大学パーティが二階を使うことになった。『岳人』一九六三年三月号には、事故後に日本歯科大学パーティのメンバーを取材した記事が掲載されているが、メンバーの一人は小屋到着時の愛知大学パーティのリーダーの印象についてこう述べている。

〈そのときリーダーの山田さんは、消えかけていた火を一生懸命吹いておこしてくれて、僕た

ちにもあたれといってくれたり、スルメを焼いてくれたりしました。無口だけれど、親切ないい人でした〉

年が明けた一月一日は終日、地吹雪が吹き荒れたため、両パーティとも登頂を諦め、小屋で停滞した。居住スペースが一階と二階に分かれていたので、お互いの交流はほとんどなかったが、二階からは山の唄の元気な合唱が聞こえてきたという。

二日の朝になると天気は小康状態となり、曇り空からは薄日も漏れていた。風速は約五メートル、視界は五〇〇メートルほどだった。愛知大学パーティのメンバーは暗いうちから起き出して、五時には全員が小屋を出発していった。それと前後して日本歯科大学パーティが起床し、七時二十分に薬師岳へ向けてアタックを開始した。

一時間ほどで薬師平に到着すると、先行していた愛知大学パーティがC3用の大きなウィンパー型テントを設営していた。このC3の設営について、日本歯科大学パーティのメンバーらは疑問を投げかけている。

〈――このC3というのは腑におちないですね。どう考えたって、これは不必要でしょう。

――極地法の練習をする計画だったというんですが……。

――極地法の練習というより、要するに雪の中で寝る訓練だったのでしょうね。

――パーティ編成が当初のそれと変わったようなんですね。

――最初は二十人参加の予定だといっていました。三年部員が大分減ったようなんです。

――当然計画は変更されるべきだったんですね。出発前に。

――そう、出発前に変更しなければならない。それに極地法に新人を参加させるというのはまずい。よく新人をボッカに使おうというような計画をたてたりしますが、極地法というのはベテランだけでやらなければね。うまくいかないんですよ〉(『岳人』一九六三年三月号より)

日本歯科大学パーティは、薬師平から上は夏道を避け、標識を立てながら森林帯をラッセルしていった。森林帯を抜けて主稜線に出ると、風が強まって積雪もアイスバーンと化していた。風速はおよそ二〇~三〇メートル、地吹雪のため視界は五~一〇メートルほどしかきかなかった。このあたりで愛知大学パーティの十三人が追いついたが、ザックを背負っていたのは一人だけだったと、日本歯科大学パーティの一人は証言している。ほかの者はみんな空身だったので、荷物をC3に置いてきたのだろうと思ったそうだ。

その後、しばらくは二パーティが並行したが、いつしか日本歯科大学パーティが先行するようになっていた。しかし、風はますます強くなり、視界も完全にゼロとなってしまった。仕方なく登頂を諦めかけていたときに、薬師岳の山頂にある祠がちらっと見えた。これにより、日本歯科大学パーティはどうにか頂上を踏むことができた。時間は九時五十五分のことである。
それから十分ほど愛知大学パーティの到着を待ったが、やってこなかったので下山に取り掛かった。

〈別れたところから三百《メートル》くらい、二十分もあれば登頂できる距離にいたんですが……

——下りにもあわなかったんですか?

——あっていません。地吹雪でシュプールは消えていて、僕らも二度ほど方角をあやまって迷ったんです。（注・『薬師』には「三度進路を失う」とある）

——すれちがってもわからないぐらいでしたか?

——おそらくわからなかったでしょう。人影をたしかめることも、声をたしかめることもできなかったと思います。とにかくひどい吹雪でした〉（『岳人』一九六三年三月号より）

ルートを修正しながら、愛知大学パーティがC3を設けた薬師平までもどったのが午後一時ごろ。周辺にトレースはなく、テントの出入口の吹き流しも外から閉められていたので、十三人はまだ帰ってきていないようだった。

日本歯科大学パーティはさらに下山を続け、二時二十五分、太郎小屋に帰り着いた。小屋の二階には五人分のザックとキスリングが残っていた。C3設営後、八人はC3に留まり、五人は小屋にもどってくる予定だったのだろう。結局、愛知大学パーティのメンバーはこの日のうちに誰ももどってこなかったが、C3に張られたテントは無理すれば十三人が泊まれるぐらいの大きさだったので、さほど心配はしなかったという。

翌三日も朝から強風で、地吹雪のため視界は五メートルほどだったことから、日本歯科大学パーティは下山を中止して小屋にもう一泊した。四日も前日と同様の天気だったが、食料が切れそうだったので下山を決行。しかし、腰までのラッセルに時間をとられ、樹林帯のなかで日没となり、途中でビバークした。五日、三角点近くのBCまで下ってくると、テントは完全に雪に埋まっていた。BCを撤収後、愛知大学パーティのC1の前を通りかかったが、やはりテントは完全埋没していた。この日はなんとか折立まで下りたが、その後は膝から腰までのラッセルに苦しめられ、八日にようやく大多和峠に到着した。一行が東京に帰り着いたのは、太郎小屋から下山をはじめて八日後の一月十一日のことだった。

なお、日本歯科大学パーティは、太郎小屋を去る前に、愛知大学パーティへのメモを残していった。ダンボールの端に書かれた文面は次のとおりだ。

〈愛大山岳部様、われわれは四日下山いたします。お元気で。日本歯科大山岳部〉

そのメモを愛知大学パーティのメンバーが見ることはなく、十八日後の一月二十二日、ヘリで小屋に入った朝日新聞の記者によって確認されたのだった。

日本歯科大学パーティが愛知大学パーティと薬師岳で行き合っていたことは一月十五日に判明した。その後の関係者への聞き取りにより、遭難パーティが一月二日に薬師岳をアタックしたのちに消息を絶ったらしいことが明らかになったのである。

発見された遺体

一月十五日から三十日までの十六日間に及ぶ捜索には、延べ二〇〇〇余人の人員が動員され、報道機関機を含む八十二機の航空機が出動した。しかし、大掛かりな捜索の甲斐なく、発見されたのはC1と太郎小屋に残された遺留品にとどまり、十三人の足取りのみならずC3さえ確認することはできなかった。このため愛知大学は二月十四日、第二期以降の捜索のため「薬師岳遭難学生捜索対策本部」を設置し、今後の捜索活動については「大学独自の力で自主性をもって行なう」ことなどを決定した。ただし、マスコミ数社から捜索への協力申し出があり、さまざまな点を考慮した結果、これらを受け入れることとした。

今後の捜索については、まず二月下旬〜三月上旬に行なうこととし、日本歯科大学山岳部の年末年始の薬師岳山行のサブリーダーだった藤田欣也がこれに同行することとなった。結果的にはそれが吉と出た。

三月二日、遅れて入山してきた藤田が、薬師平周辺を捜していた捜索隊と合流、記憶を頼りにC3があったと思われる地点を三カ所ほど指し示し、そこを掘り下げていったところ、雪に潰されて埋もれていたテントを発見したのである。テントの中には七つのキスリングとザックひとつが並べられていた。しかし、ほかに遺留品はなく、十三人の居場所の手掛かりになるようなものも見つからなかった。

大学は、現地の積雪状況などから見て、「これ以上、捜索を続けても十三人の発見は極めて困難」と判断し、第二回目の捜索を三月四日で打ち切ることを決定した。また、次回の本格的な捜索を四月下旬ないし五月上旬に、雪解けを待って行なうことも明らかにした。

だが、雪解けを待つことなく新たな進展があった。一月の第一次捜索活動のときにも協力をした名古屋大学山岳部が三月に薬師岳周辺での合宿を計画し、その際に遭難パーティの〝友情捜索〟を行なうことになったのである。

同山岳部パーティの六人は三月十六日に名古屋を発ち、双六岳～三俣蓮華岳～鷲羽岳と縦走し、二十三日の朝、雲ノ平から薬師岳東南稜に取り付いた。一行はそのまま東南稜を詰めて薬師岳に登り、太郎小屋に入る予定になっていた。遭難パーティのメンバーの遺体を発見したのは、その途中でのことである。場所は二六五一メートルピークの直下五メートルの地点で、そこに半身が雪に埋まり、抱き合うように重なり合った三人の遺体があった。

三人のうちの一人はツエルトを抱いてうつ伏せになっており、そばにはホエーブスやオーバー手袋、行動食が見つかった。その下の雪の中からはナップザックやサブザック、ピッケル二本、アイゼンなどが発見され、現場の状況からそこでビバークしたものと推測された。さらに二六五一メートルピークから約一五メートルほど薬師沢のほうへ行った斜面では、一人がピッケルを握ったまま腰掛けたような体勢で凍死しており、その下の斜面にも一人が横たわっていた。これで発見された遺体は計五人となった。

遺体の収容は、天候の回復を待った二十五、二十六日に行なわれたが、その作業中に東南稜のP4の岩場で折り重なった二人の遺体が新たに発見された。そのそばにはホエーブス、アイゼン、ランタンの入ったザックとピッケルがあった。

なお、先に発見された三人のうちの一人は記録担当の尾崎であり、ウェアのポケットからは行動メモが見つかった。それによると、愛知大学パーティの十三人は一月二日の午前五時四十分に太郎小屋を出発、七時四十分に薬師平に到着してC3を設営し、八時三十五分、全員で薬師岳へのアタックに向かった。しかし、九時四十分にアタックを諦めて引き返し、十一時から午後一時半までツエルトを被って休憩を取った。その後、ビバーク地を捜しながら歩き続け、四時に適地を見つけてふたつのツエルトに分かれてビバークをした。

以下は、最後のメモとなる一月三日の記述である。

〈きのうと同様ビバーク地点より全然動けず、だんだん冷え込んでくるようだ。食糧も残り少ない。ただ天気のよくなるのを待つより方法はなさそうだ。まだみんな元気はあるが、果していつまでもつかどうか。ラジオでは北海道で遭難があったそうだが、われわれは絶対帰る。その気力じゅうぶん。どうしてこんなところでこのままの状態としておろう。だが本当に晴れるのはいつのことやら、下界では晴れているのに、ここだけずっとこんな調子ではなかろう。必ず天気晴朗となろう。それを信じている〉

また、もう一人の遺体からもメモが発見され、二日にビバークした時点で一年生がそうとう疲れていたこと、パーティがルートミスを認識したのが三日になってからだったことなどが判明した。ただ、当初の予定（登頂隊をサポートしC3を設営する隊は途中で引き返すことになっていた）を変更して十三人全員で薬師岳をアタックした理由については明らかになっていない。

三月に発見された七人の遺体は、三十一日、現地の薬師沢右俣で荼毘に付され、家族の元に帰っていった。この第三次捜索活動は四月五日に終了となったが、四月二十六日からは第四次の捜索が始まり、二十九日と五月二日にそれぞれ二人の遺体が発見された。場所はいずれも東南稜で、一人はP5で、あとの三人は二六五一メートルピークの直下で見つかった。三人の発見現場近くからはピッケルやナイロンザイル、サブザック、行動食なども確認され、ビバークした跡であることは一目瞭然であり、これでふたつのビバーク地点が確認されたことになった。

四人はやはり現地で荼毘に付され、五月八日に第四次捜索活動は終了。その後、愛知大学山岳部のOBや現役部員、社会人山岳会などの有志らがパトロール隊を組織して交代で入山し、五月九日から八月十五日までの毎日、東南稜を中心に地道な捜索を展開した。しかし、成果を得られなかったため、対策本部は最後の大捜索を行なうべく、愛知県下の各大学山岳部宛に次のような嘆願書を送った。

〈去る一月の遭難発生以来、皆様方の一方ならぬ御協力をもって五月四日までに一三人中一一遺体を発見収容することができました。一重に皆様方の御協力のたまものと感謝して居ります。以後、本日に至るまで各所をパトロール致しましたが、残る二名の確認ができません。そこで誠に御多忙中とは存じますが、この度、皆様方に再々の御協力を願い大パトロールを行ないたいと思いますので、何卒よろしくお願い申し上げます〉

この呼び掛けに九大学計七十一人が参集し、八月十七日から二十日にかけての四日間、東南稜に重点を置いた徹底的な捜索が行なわれた。しかし手掛かりは得られず、いよいよ八方塞がりとなってしまった。

発見されていない二人は黒部川のほうに落ちてしまった可能性も考えられたが、険しい地形のため捜索の手は及ぼせずにいた。また、授業や仕事を休んで捜索に当たってきた現役山岳部員やOBの疲労も限界に達していた。こうしたことから、「今後、二人が発見される可能性は極めて低い」と判断され、愛知大学の薬師岳遭難対策本部ならびに同協議会は八月二十六日をもって解散され、組織的な捜索は打ち切られることになったのである。ちなみにこれまでに投じられた人員は延べ三〇〇〇人、費用は約六〇〇〇万円にのぼった。

だが、それでも諦められない者がいた。まだ発見されていない鳶田郁夫と鈴木俊彦の遺族である。鳶田の父親は捜索打ち切り後も独自に活動、九月十六日から三回にわたってガイドとともに薬師岳に入山し、捜索を続けていた。その捜索には、もう一人の遭難者である鈴木の兄も、愛知大学の現役山岳部員とともに途中から加わった。

鈴木の兄が仕事の都合で下山した翌日の十月十四日、鳶田の父親はガイドや太郎小屋の主人らとともに薬師沢小屋から黒部川沿いに下っていき、東南稜の東側に位置する枝沢に入った。

これまでの徹底的な捜索でも発見されなかった以上、やはり峻険な黒部川のほうへ転落したと考えるのが自然だったからだ。

そしてその読みは見事に的中した。午前十時三十分、標高一九〇〇メートルの急斜面のハイマツ帯で二人の遺体を発見したのである。

ほかの十一人が東南稜のほぼ同じ場所で見つかったのに、なぜ二人だけまったく別方向の黒部川のほうまで行ってしまったのか。『薬師』では、「誤ったルートを引き返す途中で雪庇を踏み抜いて転落した」「東南稜のカールから転落して雪崩に流された」「体力のある二人は最後のビバーク地点から引き返そうとしたが、豪雪のなかで再び迷い、雪の沢のなかで力尽きた」「東南稜上で凍死したのち、雪とともに黒部側に流されてきた」などと推測しているが、真相は藪のなかだ。

二人の遺体は十六日、遺族や愛知大学山岳部員らの手によって黒部川の岸で荼毘に付された。十三人全員が発見されたことにより、十カ月近くに及んだ捜索活動にもひとまずピリオドが打たれた。十一月十日には愛知大学豊橋校舎体育館において「薬師岳遭難者合同慰霊祭」が行なわれ、約一〇〇〇人が参列して死者を追悼した。

この事故を受けて、愛知大学山岳部は一九六五（昭和四十）年から休部状態となったが、一年ほどで解除され、活動を再開した。しかし、その直後に鹿島槍ヶ岳で新入部員が病死する事故が起き、廃部に追い込まれてしまう。以降、同大学には山岳部が存在しないまま、現在に至っている。

記録的な大雪

一九六二（昭和三十七）年の年末から六三（三十八）年二月初めにかけて、冬型の気圧配置が続くなかで前線や小さな低気圧が日本海で発生して通過したため、北陸地方を中心に東北地方から九州にかけての広い範囲で雪が降り続いた。これにより各地では記録的な大雪となり、雪害が相次いだ。のちに「三八豪雪」と名づけられたそのなかで起きたのが、薬師岳での愛知大学山岳部パーティの遭難事故だった。

事故の引き金となったのは、一月二日の行動である。同パーティ十三人は午前五時四十分に太郎小屋を出発、七時四十分に薬師平に着き、一時間ほどかけてC3を設営した。やはりこの日に太郎小屋から薬師岳をアタックした日本歯科大学パーティの報告によると、朝方は風が強かったが、七時ごろからいくぶん弱まり、晴れ間ものぞいたという。しかし、主稜線に出た九時すぎごろからは風雪が強くなり、やがて視界もほとんどなくなってしまう。十時の時点での薬師岳山頂は吹雪で、風速も二〇～三〇メートルだった。この天候の崩れは気圧の谷の通過によるもので、同日午後三時ごろには薬師岳付近を寒冷前線が通っている。朝方の晴れ間は前線の通過前に一時的に天気が回復しただけにすぎず、またすぐに風雪が強まってきてしまった。

〈十分な装備さえあればこの前線の影響だけで、最悪の事態になるとは考えられない。問題は二日が、暖冬気味だった年末からきびしい寒波期への転換期にあたり、次々と低気圧や前線を誘う先がけとなったことである〉

とくに一月五日の夜には二つ玉低気圧が発生して北東に進んだため、薬師岳一帯でも猛烈な吹雪になったと推測できる。

〈このような状態は、完全装備を備えたパーティーでも、耐えるのは難しく、愛知大パーティーにとっては致命的な追いうちとなった〉

愛知大学パーティにとって致命的だったのは、本格的な三八豪雪が始まろうとしていた一月二日に、下りでルートを誤ってしまい、安全地帯であるC3あるいは薬師小屋まで帰り着けなかったことだ。

この日、愛知大学パーティと日本歯科大学パーティは、主稜線あたりでほぼ並行しながら頂上を目指したが、理由は不明ながら九時四十分に愛知大学パーティは登頂を諦めて引き返しはじめている。その地点は、東南稜の分岐点を過ぎた、薬師岳山頂まであと三〇〇メートルほどのところだったという。そして下っていく途中で主稜線を外れ、東南稜へと入り込んでいってしまう。事故が起きる前年十一月、この合宿に備え、同部は荷上げを兼ねた薬師岳偵察山行を二回行なっている。その際には、東南稜分岐でのルートミスのリスクをチェックしていたはずだが、彼らはみすみす東南稜に引き込まれていってしまう。

下っていく途中でツエルトを被り長めの休憩を取るが、この時点ではまだルートを誤ったことには気づいていないようだ。そのまま下り続けるものの、当然C3にもどることはできず、午後四時に行動をやめ、ふたつのツエルトに分かれてビバークする。遺体がまとまって発見されたあたりにビバークの跡が二カ所確認できたことから、それが二六五一メートルピーク付近だろうと思われる。

残されたメモから、十三人は翌三日もその場所でビバークしていることは間違いない。このときにはもうルートを誤ったことを認識しており、四日以降、行動を再開してC3にもどろうとする。しかし、すでに体力を消耗して動けなくなっている者もおり、動ける者も歩きはじめて間もないうちに次々と倒れていったのだろう。

一方、日本歯科大学パーティは薬師岳の山頂に立ったのち、吹雪のなかで何度かルートを誤りながらも、コンパスと偵察を頼りに修正をかけ、なんとか太郎小屋にたどり着いた。だが、愛知大学パーティは地図とコンパスを携行しておらず、ルートの修正が行なえなかった。

〈磁石、地図が一部太郎小屋の中で発見され、遺体発見地点付近一帯には何も発見されなかったことは、登頂隊が携帯していなかったものと判断されよう。もし、実際この判断の如く磁石も地図もまったく持っていなかったとすれば、リーダー、装備係の重大な失敗で、弁護の余地はない〉

なお、日本歯科大学パーティのメンバーは、「愛知大学パーティ十三人のうちザックを背負っていたのは一人だけで、ほかの者は空身だった」と証言しているが、遺体発見現場付近から複数のサブザックが発見されているので、見間違えた可能性が高い。ただ、厳冬期の悪天候下の薬師岳をアタックするのに充分な装備を携行していたのかどうかについては、コンパスと地図の件も含めて疑問が残るところだ。ちなみに、ビバーク地点には、まだガソリンの残ったホエーブスや、手をつけていない非常食などが残されていたことから、『薬師』ではビバーク中のメンバーの状態について「肉体的なもの以上に、精神的な疲労と困憊が激しかったのだろう」と推測している。

そもそも当初の計画では、この合宿には二十一人いる山岳部員のほとんどが参加する予定だったが、四年生部員六人のうち四人が不参加となった。また、部には三年生部員が一人もいないという大きな構造的欠陥もあり、結果的に四年生二人が十一人の下級生を率いる形になった。メンバー構成の変更に伴い、OBからは合宿を中止したほうがいいという意見も上がったが、計画は一部変更されただけで実行に移されてしまった。

記録的な大雪と連日の悪天候のなか、経験の少ない十一人の部員を統率しなければならない四年生二人の精神的・体力的負担は、さぞや大きかったものと想像する。

先に日本歯科大学パーティのメンバーが指摘していたC3の設営については、計画段階から賛否両論があり、検討が重ねられたという。

〈過去の記録からすると最終キャンプは太郎小屋におき、そこから一気に登頂に向う例が多く、また新人の多い今回の冬山合宿では、第三キャンプの設置はかえって装備、行動の面で制約を受ける可能性が大きいなどの論も少なくなかった。

しかし、当時山岳会《ママ》内部では、薬師岳付近の積雪状況が正確に把握されていたとはいい難いものがあった。そして、リーダーからこの山域が豪雪地帯のことでもあり、その上、新人部員が多いのだから、安全を考慮し、第三キャンプを設置してはどうかとの要望もあり、ここに薬

師平第三キャンプ設営を計画に組み入れることを決定したのである〉

それはそれで一理ある。だが、前述したとおり、計画ではC3設営後、サポート隊は太郎小屋に引き返し、登頂隊が頂上をアタックすることになっていた。それが一転し、十三人全員が頂上に向かったのである。その判断の根拠として、『薬師』には「予備日が少なくなったことから一種の焦りが生じたか」「隊を二つに分けるよりも一隊として引率すべきだと判断したか」「二年生部員のなかにこの日の登頂を主張する者が多く、それにリーダーが流されたか」「全員が登頂しようとしている日本歯科大学パーティに刺激されたか」などの推論が挙げられている。

〈これらの諸要因は単一的にではなく、一つ一つの要因が相互に作用し、結局登頂に踏み切ったと考えられるのである。しかも、この重大な決定が、太郎小屋に残された五人分のシュラーフやその他の個人装備からみて、第三キャンプ設営中か、もしくはその直後の極めて短い時間になされたと推測し得るのである〉

C3設営中は、天気はまだそれほど崩れてはいなかった。そのときにリーダーが、一、二年生に経験を積ませる目的で全員登頂に踏み切ったとしても不思議ではない。だが、判断の根拠がどんなものであったにしろ、それが「十三人全員遭難」という最悪の結果を招く一因になってしまったことは否定のしようがない。

余談になるが、この遭難事故をめぐっては、未曾有の報道合戦が繰り広げられた。「大学山岳部員十三人全員が消息を絶つ」というニュース自体が、国内における遭難史上前例のないセンセーショナルなものだったことに加え、三八豪雪の影響もあり、現場が容易に近づくことのできない雪に閉ざされた場所だったこともそれに輪をかけた。

マスコミ各社はそれぞれヘリをチャーターして待機させていたため、愛知大学が捜索のためのヘリをチャーターしようとしても空いている機体がなかったという。三月に遺体が発見されたときには、太郎小屋の上空に何機ものヘリが飛び交い、小屋の周囲には巨大な無線用のアンテナが林立した（これには、朝日新聞社に「太郎小屋に人影なし」のスクープを報じられて面目を失った他社が、躍起になって名誉挽回しようとしたという背景もある）。『山と溪谷』一九六三年七月号では、薬師岳の遭難を受ける形で「山の遭難とジャーナリズムの限界」という記事を組んでいるが、そのなかで羽賀正太郎はこんなエピソードを暴露している。

〈一説によると今冬の薬師遭難では雪中にキャンプを見つけた某有力紙の記者が、自社だけの特ダネとするために、見つけたテントを雪中に再び埋め、太郎小屋に帰っても口をぬぐって知らん顔をしていたが、その挙動からついにバレて大問題となったそうだ〉

また、一九六三（昭和三十八）年三月二十八日付の朝日新聞朝刊では、ほぼ一面を割いてこの遭難事故を検証、遭難パーティのみならず、愛知大学山岳部ＯＢや捜索・報道のために雇われた立山ガイドらを痛烈に批判している。その矛先は自社を含めたマスコミにも向けられ、〈死亡が確認されたあと、大金を投じてヘリコプターの奪い合いを演じ、空中戦さながらに太郎小屋へ殺到する意味がどれだけあるのか〉と言い放った。この記事は事故の関係者や報道関係者に大きな衝撃を与え、賛否を含め喧々諤々の論議を引き起こしたのである。

だが、過熱的な報道合戦が奏でたのは狂騒曲ばかりではない。十三人の遭難が明らかになったのち、愛知大学には全国各地から続々と義援金が寄せられた。その額は八〇〇万円以上にのぼったという。捜索に当たっては、愛知県内の大学山岳部らが率先して協力し、遭難者の発見に貢献した。こうした善意の行動は、マスコミの報道なしには起こり得なかったであろうことを付け加えておく。

第七章

西穂独標の学校登山落雷事故

学校集団登山の意義

学校集団登山における戦前最大の遭難事故が木曽駒ヶ岳での中箕輪尋常高等小学校の一行の遭難（一九一三年）なら、戦後のそれは間違いなく西穂高岳での落雷事故だろう。

長野県立松本深志高校が学校の年間行事として集団登山を行なうようになったのは、一九五九（昭和三十四）年以降のことである。実施された登山は次のとおりだ。

昭和三十四年　二年生四班　西穂独標・徳本峠越え（二泊三日）
　　　　　　　二年生一班　野辺山高原・赤岳（二泊三日）
昭和三十五年　一年生二班　黒菱小屋・唐松岳（一泊二日）
　　　　　　　二年生三班　西穂独標・徳本峠越え（二泊三日）
昭和三十七年　二年生二班　唐松岳（一泊二日）
昭和三十八年　二年生二班　大滝山・蝶ヶ岳・独標（二泊三日）
昭和三十九年　一年生二班　唐松岳（一泊二日）
　　　　　　　二年生三班　大滝山・蝶ヶ岳・独標（二泊三日）

昭和四十年　一年生二班　唐松岳（一泊二日）
　　　　　　二年生二班　大滝山・蝶ヶ岳（二泊三日）
昭和四十一年　一年生二班　針ノ木岳・蓮華岳（一泊二日）
　　　　　　二年生一班　白馬岳（一泊二日）

学校行事としての集団登山の意義を、同校はこう捉えている。

〈本校における学年登山は、各学年とも教育の一環としてこれと取り組み、生徒の心身の鍛錬、集団行動の基礎的訓練を行なう機会を持って、信州の山々の自然に触れ安全な登山をする中で、教師と生徒、又生徒間相互の人間関係を更に深いものにし、それを通して全人教育の資にしようと打ちこんできた〉（『西穂高岳落雷遭難事故調査報告書』より。以下、特に出典の記載のないものはすべて同書からの引用）

登山の実施にあたっては、事前に必ず下見登山を行なって予定コースを入念に調査した。ときには生物や地学担当の職員も同行し、動植物や地質、岩石などに関する勉強会を開くこともあった。本番の山行時には生徒八〜十人に必ず引率職員を一人付け、対応できるだけの登山経験を有する職員が学年で確保できない場合は、ほかの学年から応援を求めた。

こうして実績を積むことでノウハウも構築され、九年が経過するころには学校集団登山の態勢もほぼ定まりつつあった。そして一九六七（昭和四十二）年の登山では、一年生二班が一泊二日で針ノ木岳〜蓮華岳のコースを、二年生二班が二泊三日で「西穂高岳・徳本峠越えコース」を歩く計画が立てられた。二年生のコースについては、「大滝山・蝶ヶ岳・独標コース」も候補に挙がったが、次の理由から前者が採用されることになった。

〈イ・今年は慌しい日程を避け、じっくりと腰を落ち着けて一つの峰へ登り、2泊のキャンプ生活、炊さん活動を通して、団体訓練を培い、徳本の道を歩いて登山の基本を学ぶことに主眼を置く。

ロ・宿泊費、交通費等経費の節約を考えて、なるべく個人の負担を軽減する。

ハ・独標以遠の尾根すじは痩せていて、滑落、転落の危険もあり、大滝の稜線とは大きく異なるが、生徒の体力、気力からしても、引率指導に留意し、慎重に行動する中で、穂高の持つ崇高さ、厳しさを体得して行く〉

学年単位の登山としては、西穂独標まではそれまで二回ほど登ったことがあったが、西穂高岳の山頂までのコースを計画したのはこれが初めてだった。しかし、ホームルーム活動の一環として、クラス単位では何度か西穂高岳登山が行なわれており、西穂高岳の稜線を経験している職員も少なくなかった。また、徳本峠越えは一九五九（昭和三十四）年と六〇（三十五）年に実施されたが、その後は入下山とも上高地までバスを利用するようになっており、七年ぶりに計画に組み入れられることになった。徳本峠を越えて入山または下山するのは、かつては同校の集団登山の伝統であり、学校側には「忘れられつつあるこの古道を、地元の高校生に一度は歩いてもらいたい」という思いがあった。

二年生の学校登山の実施日は、前班が七月三十一日～八月二日、後班が八月二日～四日となった。いずれも一日目はバスで上高地へ入り、午後は明神池または田代池方面を散策。二日目は西穂高岳に登り（頂上まで行くのは健脚者のみ。天候によっては独標まで）、三日目に徳本峠を越えて島々へ下る（体力に自信のない者は上高地からバスで下山）という予定だった。宿泊は、上高地の小梨平に大型テントを二張設営してベースキャンプとし、三日間の幕営生活を送ることになっていた。

七月二十日、参加希望の生徒と職員が集まり、登山の概要の説明や諸注意に関する打ち合わせ会が開かれた。その際に配られた「夏山登山の注意」というプリントの「計画と準備」の項にはこうある。

〈登山では立案が登山そのものと同じ比重をもつ。地図と財布と時刻表とにらみあわせながら立案する楽しみがわからなければ、その人は山に登っても半分の楽しみしか味わえないといってよい。登山そのものが慎重でなければならないように、計画も慎重でなければならない。山では普通の生活環境とはガラリと変った条件の中で生活しなければならない。それも最悪のものを予想し準備しなければならないのだ。登山によって得られるものが大きいだけに、厳しい試練にさらされることを覚悟しなければならない。かりそめにも虚栄・流行・はったり・競争心などが登山の動機になったり、またそれらによって登山中の行動が左右されるようなことがあってはならない〉

今の登山者にも聞いてもらいたい言葉である。

そして迎えた七月三十一日、参加予定生徒五十二人のうち、当日朝までに三人から参加取り消しの連絡があり、一行の人数は生徒四十九人（男子三十五人、女子十四人）、職員五人の計五十四人となった。集合時間の八時を過ぎても松本駅にはまだ五人の生徒が来ていなかったが、発車直前に駆け込んできたり親に車で送ってもらうなどして、新島々駅に着いたときには、参加予定の全員が顔をそろえた。

引率職員五人のうち、リーダーを務める鈴木重春（四十一歳）とサブリーダーの横内冏（三十二歳）は登山歴が長く、西穂高岳に鈴木は十二回以上、横内は九回登っている。近藤光也

（三十三歳）は西穂高岳に一度も登っていないが、柳原俊幸（三十歳）は五回登っており、小口正行（三十三歳）も西穂高以外の北アルプスの山に三度の山行経験があった。

新島々ではバスの増発便の準備に予想外の時間がかかり、だいぶ待たされた揚げ句、十時五分になってようやく出発した。二台のバスに分乗した生徒たちの表情は明るく楽しげで、車窓からの景色に歓声を上げていた。

十二時二十五分に上高地に到着したのち、歩いて小梨平まで行き、昼食後、ベースキャンプを設営して荷物を整理した。二時十五分から四時三十分まではほぼ全員で明神池を散策してきたが、引率の小口と横内はテントに残り、ラジオで天気予報をチェックした。

このときの翌日の予報は、「松本地方は南一時北寄りの風。はじめ風弱くのち南寄りの風。晴れですが午後には一時曇りましょう」というものだった。だが、長野と飯田の予報では、「北または西の風、晴れですが、午後ときどき曇って夕方雷雨となるところがありましょう」と、雷雨の可能性を伝えていた。この点を、事故報告書では次のように指摘している。

〈もし、本校パーティに落雷に対する正しい認識と恐怖心があれば長野や飯田の予報を参考にして雷に対する対策が立てられたはずであった。特に本校パーティは山岳地帯を歩くのであるからそれは当然のことであろう。だが「安定した夏型の気圧配置」ということで、この予報は、

本校パーティでは論議されないですんでしまった〉

ベースキャンプに帰着した生徒らは炊事の支度に取り掛かり、焚き火やロウソクを囲んで食事を摂ったあとは、テントの中でトランプや歓談に興じた。九時の消灯時には、男子生徒のテントから「十一時ごろまで起きていてもいいか」という声が上がったが、引率職員に「十時までには眠ってしまえ」と命じられ、生徒たちはしぶしぶそれに従った。

八月一日の朝、四時半過ぎには全員が起き出し、六時半ごろまでには朝食の後片づけもすんでいた。しかし、出発準備に手間取り、集合の合図がかかっても生徒の集まりが悪く、リーダーから団体行動の規律と責任に関して強く注意が与えられた。続けて行動上の注意や歩き方の指導を受け、所持品の確認を行なったのち、七時七分にベースキャンプを出発した。この日は山岳部に所属する生徒一人が引率補助として付いたため、総勢は五十五人となった。

隊列の先頭を行くのはリーダーの鈴木で、すぐうしろに女子生徒、近藤を挟み足の弱い者を先にして男子生徒が続き、最後尾には横内、小口、柳原が付いた。出発時には焼岳や天狗のコルのほうに薄い雲も見られたが、やがてそれも上がって快晴となった。朝の樹林帯のなかは暑さもそれほどではなく、途中の水場で十分ほど休憩を取りながら、一行はいいペースで高度を

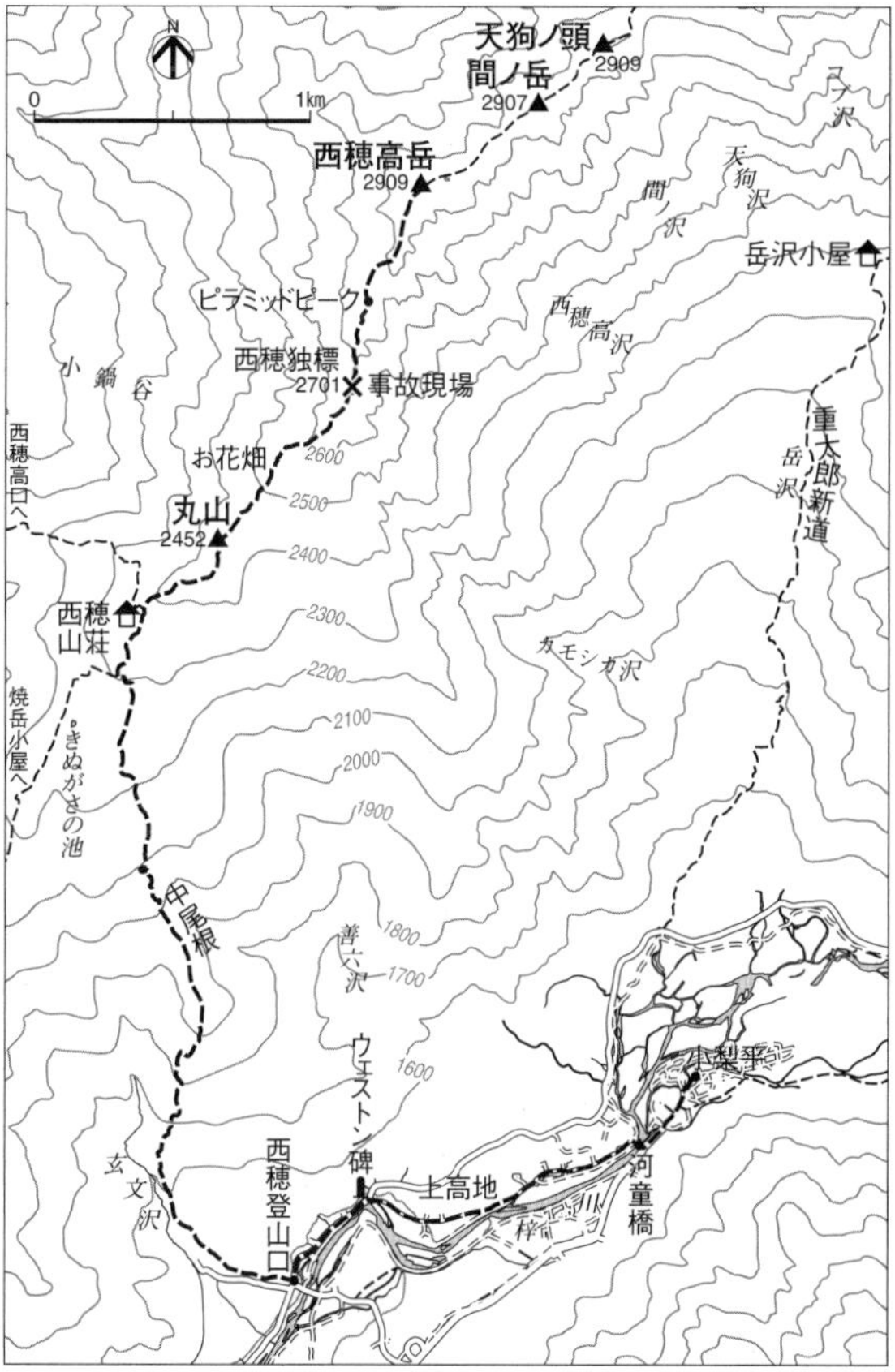
天狗ノ頭
2909
間ノ岳
2907
0
1km
西穂高岳
2909
ピラミッドピーク
西穂独標
2701
事故現場
お花畑
丸山
2452
西穂山荘
西穂高口へ
焼岳小屋へ
きぬがさの池
中尾根
小鍋谷
間ノ沢
天狗沢
西穂高沢
岳沢小屋
重太郎新道
岳沢
カモシカ沢
善六沢
ウェストン碑
西穂登山口
上高地
梓川
河童橋
小梨平
玄文沢
2600
2500
2400
2300
2200
2100
2000
1900
1800
1700
1600

稼いでいった。しかし、西穂山荘が近くなると、直射日光を浴びながらの苦しい急登となった。山荘到着後は、生徒に確認を取り、登頂する自信のない者は小屋にとどまらせる手はずだったが、生徒たちの登りでの苦しげな表情を見て、鈴木は内心「山荘に残留する者も増えるだろう」と思っていた。

西穂山荘には、予定よりも五分早い九時二十五分に到着した。山荘の周囲には木陰がなかったので、その上にある東邦大学医学部の診療所のところまで登り、木立や建物の陰で休憩を取った。鈴木が「疲れた者や自信がない者はここに残るように」と生徒に伝えると、予想に反して申し出は少なく、残ることになったのは女子生徒四人のみだった。そこで引率の職員が話し合い、独標まで行く間に生徒の様子や登り方などを観察し、独標に着いたときにできるだけリタイアを募ることになった。

二十五分間の休憩後、一行は九時五十分に行動を再開した。空はほぼ快晴と言ってよかったが、乗鞍岳方面や霞沢岳方面には積雲が連なっており、焼岳の飛騨側にも上昇気流によって積雲が発生しはじめていた。

尾根筋まで上がると視界が開け、周囲に山々の展望が広がった。生徒たちは写真を撮り合うなどして思い思いに景観を楽しんだため、隊列が乱れて長くなった。後尾についた職員が再三注意したが、前後の間隔はかなり開いた。丸山の登りに差し掛かったところでは二人の女子生徒がバテてしまい、鈴木が「山荘まで下りて待機しているように」と言って引き返させた。

お花畑の入口で十分間の小休止を取って隊列を整え、独標直下の鞍部では鎖場の登り方や滑落、落石ついてアドバイスをしたが、生徒は皆危なげなく岩場を登り、予定より十五分遅れの十時四十五分、独標に着いた。

ここでちょっと早めの昼食を摂り、再度「疲れた者、自信のない者は申し出るように」と生徒に尋ねた。しかし、ほとんどの者が登頂を希望し、申し出があったのは男子生徒二人、女子生徒三人の計五人だけだった。その五人には、「みんなが山頂から戻ってくるまで、動き回らずにここにいること」「雨が降ってきても、スリップの危険があるので、大した雨でなかったら雨具を着けてやはりここにいること」「雷がきそうなときは下るように」と指示を出した。

結局、山頂へは男子生徒三十四人、女子生徒五人が向かうことになった。登頂希望者が多かったため、職員五人は全員同行することとした。この隊の再編成に思わぬ時間がかかってしまい、独標を出発したのは予定より二十五分遅い十一時二十五分のことであった。

一行が独標に到着する前、飛騨側からは薄いガスが現われては消えていた。独標出発後、ガスは次第に濃くなって、独標に残った生徒は「本隊はガスのなかに消えていった」と証言している。独標での休憩中に、引率職員らは雲の様子を見て天候判断を行なった。〈周囲の山々には積雲が浮かびそれが次第に発達している。また西穂稜線にはガスが吹き抜けて行くが眺望は広くまた雲量も少ない。引率職員は午後遅くなってから夕立になるかも知れないと考えはしたが、西穂山頂往復2時間の間における急激な天候の変化は予想しなかった。従って5人の引率職員は、この登山を独標で切りあげて、引き返さねばならないと判断しなかった〉

先頭の鈴木が生徒を率いて独標を下っていき、隊列の後尾が独標を発とうとしていたとき、丸山の登りでバテて山荘に下っていったはずの女子生徒二人が独標に登ってきた。後尾の職員が「ほかの五人といっしょに独標で待っているように」と命じたが、「お花畑で昼食を摂って休憩していたら元気が出てきたので、ぜひ頂上まで行きたい」と切望され、柳原と小口が二人に付き添って登ることになった。これにより、本隊の最後尾には横内が付き、ちょっと遅れて四人がそれを追う形となった。

生徒たちは、初めて経験するであろう険しい岩場の通過に緊張していたせいか、疲れた様子はほとんど見せなかった。最初は危なっかしい足取りの者もいたが、進むうちに慣れてきたようだった。

濃くなった飛騨側からのガスのせいで、周囲の展望はきかなくなったが、稜線上の見通しはよく、上高地側は晴れていて展望もきいた。山頂直下の最後の急登のあたりでは、ガスっていたものの、本隊の前後を充分に見通せるだけの視界はあった。

西穂高岳の山頂到着は十二時二十五分。それぞれ休みながら写真を撮ったり水を飲んだりしていたときに、突如拍手が沸き起こった。鈴木が何事かと思ってそちらを見ると、柳原と小口に付き添われた女子生徒二人が十分遅れて山頂に着いたところだった。鈴木はこのとき初めて二人が下りずに登り返してきたことを知り、「よくぞ登ってきたものだ」と安堵するとともに、リーダーとしての指示の不徹底と、サブリーダーとの連絡の不十分さを反省したという。

突然の雷光

大粒の雨が突然降ってきたのは、鈴木がそろそろ下山を始めようかと考えていた十二時四十〜四十五分ごろのことである。「雨だけではなく雹《ひょう》も混じっていた」という証言もあることから、事故報告書は〈はじめは大粒な雨のみであったが、しばらくして雹がまざったのではないかと思われる〉としている。また、このとき生徒のなかには雷鳴を聞いた者や雷光を見た者もいたが、職員はそれを確認していない。鈴木はただちに生徒たちに雨具を着るよう指示するとともに、「岩が濡れているのでとくにスリップには注意すること」「もし雷がきたら時計などの金属を外して伏せること」を伝えた。

ちょうど同じとき、独標で待機していた五人の生徒は、岳沢上流部のほうで起きた雷鳴を耳にした。雷光と雷鳴の間隔は五秒間。彼らは濃いガスのなかで天候に不安を感じながらもその場にとどまっていたが、雷鳴を聞いて下山を決意し、職員に指示されていたとおりすぐに下山に取り掛かった。

本隊の山頂からの下山は、鈴木を先頭に女子生徒七人が続き、近藤を挟んで男子生徒が入り、そのなかに小口と引率補佐の山岳部員が交じり、最後尾に柳原と横内が付いた。

下りはじめてしばらくすると雨は本降りとなり、靴やズボンを濡らした。後方からは横内らが落石やスリップに対する注意を繰り返す声が聞こえてきた。しかし、雨は五分以上十分以内のうちにやみ、薄陽が射して上高地側の視界が開けはじめた。

雨がやんでいた時間は十五〜二十分ほどだったようだ。ビニールのレインコートを着ていた鈴木は蒸し暑さを感じ（自分のヤッケはしっかりした雨具のない生徒に貸し与えていた）、濡れたズボンも生乾き状態になった。行動をストップして雨具を脱がすことも考えたが、足場が悪いことなどから思い直し、独標に着いたら脱がすことにして、そのまま下り続けた。

柳原と横内は、ガスが切れて姿を現わしはじめた明神岳や前穂高岳、吊尾根などを山座同定しながら下りていた。思わぬ雨に見舞われたが、気持ちのうえではまだまだ余裕があった。

だが、ピラミッドピークを通過した午後一時十分〜二十分ごろ、再び激しい雨が降り出した。それは小豆粒大ほどの雹を含んだ豪雨で、雨粒よりも雹のほうが多いくらいだった。雹が腕や頬に当たると、レインコートを通していても痛く感じ、岩の窪みにはみるみるうちに雹が溜まっていった。

いちばんの心配は滑落だったので、柳原と横内は最後尾から「滑るぞー、足元に気をつけろ。落石に気をつけろ」と前方に声を掛けながら下っていった。雹は波状的に激しく降ったり弱まったりを幾度となく繰り返し、鈴木はうしろに付いていた生徒についい「妙な降り方だな」と話し掛けていた。

〈しかしこの時、私は本当に「しまったな」という思いに胸を衝かれていた。この天候状況はまさしく雷雨である。私は「どうしようか」と慌しく思いめぐらした。雹混りの雨は烈しく、飛騨側から吹き上げる風は冷く強い。立止ると寒い。雨は雨具を通して衣服をぬらし、女生徒は唇を紫にして震えている者もある。この雨は何分ぐらい続くだろうか。この時私は三つの方法を考えていた。この場で止って稜線上に伏せて待避するか？　両側の斜面に稜線を避けて待避するか？　独標を越えて、ハイマツ地帯へ一刻も早くもぐり込むか？〉

稜線の両側の斜面に退避するのは地形的に不可能であり、四十人以上の大部隊が痩せた岩稜上にとどまるのも落雷や低体温症などの点でリスクが大きすぎた。となると、独標を越えてハイマツ帯に避難するしかない。それを最後尾の横内に連絡できない状況がもどかしかったと、鈴木は振り返っている。

決断後はなるべく笑顔を見せるように心掛け、後続の女子生徒を励ましながら先を急いだ。前方を見ると、独標を越えていこうとしている二人の登山者の人影が認められ、「ああ、早くあそこまで行きたいなあ」と心の底から思ったころ（推定時間は一時二十分〜三十分ごろ）、鈴木は初めて雷鳴を耳にした。それは明神岳のほうから聞こえてきて、雷光から雷鳴までの時間は五、六秒あり、「わりあい遠いな」と感じた。その後もう一度同様の雷があり、「まだまだ遠い。この間に独標を通り過ぎよう」と思ったのも束の間、独標への登りに差し掛かったときに、頭上で空全体が明るくなったような雷光があり、その一、二秒後に大きな雷鳴が轟いた。雷は確実に接近しつつあった。

独標への登りの途中、二人パーティが道脇の岩の窪みに腰を下ろし、頭からビニールシートを被ってうずくまっていた。それを見た鈴木は、「我々もこうやって待避したほうがいいのかな」と思ったが、四十人以上という人数を考えるとそれも無理な話で、ここまで来た以上、とにかく一刻も早く独標を越えるしかなかった。

「もうすぐハイマツ帯だ。ここさえ越えれば」という思いだけで独標に登り着き、そばにいる生徒たちに再度、下るときの注意を与えた。雷に加え、雨が岩の上を小川のように流れていたので、スリップが心配だった。

独標を越えて鎖場が現われたところで、鈴木は「雷が危ないから鎖にはつかまるな。こうやって下りろ」と、岩場に正対して三点支持で下りる方法を示した。しかし、岩肌を流れる雨水が腕を伝って肘まで濡らしていたので、内心では「これでは鎖を避けても雷が落ちれば同じだな」と思っていた。

ふと顔を上げると、鎖場が始まる岩の上に立っている生徒たちが見えた。その直後だった。〈独標頂上の稜線のすぐ上に薄紫？の光が、懐中電燈の光のように光ったと思うと私の目の前に飛んできたようた（原文ママ）印象がある。その刹那、私は鼻に実に強烈な衝撃を受けた。頭がガクンとのけぞり、頚が痛く、鼻はツンときな臭かった。（後で分ったが、鼻骨骨折はしていたのに外傷はなかった〉体がふわっと宙に浮かび、仰向けに沈む感じがした。「ああやっぱ

り」という思いと「終ったな」という思いがした。これは非常にはっきり記憶しているが、全てはほんの一瞬である〉

鈴木の二番手につけていた女子生徒は、落雷の瞬間、大地が揺れたように感じ、その場に座り込んだ。振り向くと、鈴木の体が浮き上がって人形のように落ちていくのが見えた。

独標のピークから下りはじめていた近藤は、得体の知れない恐怖を感じて、左肘を岩についで伏せた瞬間、肘から指先にかけてビリッと強く痺れ、ピシャーッという音とともに中指の先から濡れた岩肌を這うように青白い放電光が一メートル先の岩角まで飛んだ。

落雷のあった時刻は、一時三十分〜四十分ごろと思われる。被雷した鈴木は約二〇メートル転落し、岩場の途中に腰掛けるようにもたれて止まっていた。ごく短い間、気を失っていたが、上のほうから「先生、大丈夫ですか」と繰り返す女子生徒の声で意識を取り戻した。雨はまだ降り続いており、空全体が鳴っているかのような雷鳴も聞こえていた。上を向こうとしたが右肩が痛くて見られず、鼻と額からは著しく出血していた。

なにがどうなったかわからなかったが、間もなく女子生徒たちが駆け下りてきた。「すぐに荷物を下ろし、時計も外して離れたところへ置け」と言ったが、誰も従わなかったようだった。続いて近藤が下りてきた。

「どうしたね？」

「鼻と肩をやられたが大丈夫だ」

「担ぐが、いっしょに下りられるかい？」

「俺は無理だで、小屋まで下って救援を頼んでくれや」

その会話を聞いていた女子生徒が「私が行く」と立ち上がったが、彼女を制して近藤を送り出した。

次に下りてきた男子生徒に後続の状況を聞くと、「横内先生たちは引き返して避難したようだ」という答えが返ってきた。

〈「そういう行動もとり得たのか。どんな場所があったろう」と思ったが、思い浮ばなかった。この時はまだ私1人が被雷しただけですんだと思っていた。（従来の雷に関する常識からいって、私のすぐ後にいた女生徒が1人もやられていない上、後尾は避難したと聞いたのだから、私がやられただけですんだことは不幸中の幸だとさえ思っていた）〉

やがて雨脚もやや弱まり、雷鳴も遠のいていったので、女子生徒に男子生徒を付き添わせて西穂山荘へ下らせた。ただ一人だけ言うことを聞かない女子生徒がいて、唇が紫色になって震えているというのに、あとから下りてきた男子生徒とともに、懸命に鈴木の応急手当てを行なった。

彼女たちを半ば強引に下らせたあと、今度は柳原が下りてきた。しかし、後続の状況を尋ねても、「その話はあとで」と口を濁すだけで、多くを語ろうとしなかった。その様子を見て、後続の被害が尋常でないことを鈴木は悟ったという。

柳原もまた救助を要請するために西穂山荘へ走り下りていったが、続いて下りてきた男子生徒は、鈴木にこう報告した。

「先生、あとはバタバタ倒れているんね」

それを聞いて初めて多くの被害が出ていることを知った。最悪の場合、死者が出ているかもしれないと覚悟したが、それがまさか十一人にのぼるとは夢にも思わなかった。


鈴木が落雷を受けた瞬間、独標の南斜面には十人、独標のピークに八人、北斜面に二十三人、北側の鞍部から次の斜面にかけて五人の生徒と職員が連なっていた。その隊列の長さは直線距離にして六〇メートルほどにまで延びていた。

南斜面および独標のピークにいた十八人のうち、落雷によって負傷したのは鈴木と女子生徒一人だけだった。この女子生徒は落雷の瞬間、右腕と左下肢にビリッと感じ、すーっと落ちていくようにしばらく意識を失っていた。幸い軽症ですみ、自力で山荘まで下りてきた。

ほかの十六人は無傷だったが、前述の近藤のように、なにかしら痺れや岩の揺れ、頭部へのショックなどを感じており、数秒間気を失った者も二人いた。とくに南側斜面よりもピークにいた者のほうが強い衝撃を受けたようだ。以下は二人の男子生徒の証言である。

〈右後方（祠のある方向）に光。激しい音。地震のような揺れ方。頭を殴られたように感じ足払いを食ったように坐りこんだ。煙のようなものとオゾン臭らしいものあり〉

〈岩が揺れ、岩につかまったまゝ転がり落ちるような気がしてめまいがした。こん棒で頭を思い切り殴られたように感じ、目から火が出たよう。耳のそばで大声をたてられたような感じ。つかまった岩からしびれが伝わってきた。全身が軽くしびれ、左足にしびれが残ったがすぐなおる。坐りこんだ。景色が全然変って感じた〉

前のほうでは「鈴木先生がやられた」という声が上がっていた。ピークにいた生徒たちは、「その場にいたら危ない」と感じ、それぞれ南斜面を下りていった。

一方、惨憺たる状況に陥っていたのが北斜面だった。北斜面にいた二十三人のうち、落雷後すぐに動けたのは、斜面の上部にいた男子生徒一人だけだった。彼はその瞬間、手足がビリッと痺れ、爆風を受けたかのように二メートルほど鞍部のほうに押し戻されて横転した。下を見ると、同級生が頭を下にしてうつ伏せになって倒れていた。起き上がって上半身を抱きかかえ、「しっかりしろ」と揺すってみたが反応はなかった。その下にはまた別の同級生がうつ伏せに倒れていて、声をかけて揺すってみたが、やはり無反応だった。その同級生のズボンは裂け、靴は破裂していた。

北斜面の中ほどにいた男子生徒は、被雷した瞬間、手足が岩に張り付いたようになり、そのままの体勢で倒れ込んだ。体の自由はまったくきかず、斜面をずり落ちていったので、なんとか両足をつっかえ棒のようにして岩のところで止まっていた。しばらくは全身に痛みを感じていたが、数分後には深呼吸ができるようになった。下を見ると、ほかの者はみな地面に伏せていて身動きひとつしなかった。ただ一人だけ同級生が岩に腰掛けているのが見えたので、「助けてくれ」と叫んだが返事はなかった。どうにか上半身は動かせるようになったものの、指や足は全然動かず、指を岩角に打ち付けてみてもなんの感触もなかった。

斜面の中間よりも下にいた男子生徒は、眼前で走った閃光にあおられたように飛騨側へ一〇〇メートル滑落した。止まった場所は幅二、三メートルほどのガラ場で、両側が一段高くなっていたため、周囲は見えなかった。両下肢と左腕が麻痺していたが、腰を動かし、頭が下になっていた体勢を横向きにした。雨は四十分以上降り続いたように思われ、体全体が洗われるようにびしょ濡れとなった。上からはその場所が見えないので、「どうしても生きて帰らなくては」と思い、夢中で斜面を這い上がっていった。

横内とともに隊列の最後尾についていた柳原は、あと数メートルで独標手前の鞍部に差し掛かろうとしていた。次の瞬間、パーンという音とともに、なんとも言いようがないショックを受けて反射的に上を見上げると、数珠つなぎになって独標に取り付いていた生徒たちが、岩に叩きつけられるようにして崩れ落ちるのが目に入った。そのうち数人は長野県側に跳ね飛ばされて真っ逆さまに落ちていった。

「みんな、動くな」と耳元で叫んだ横内の声で、はっと我に返った。何度も怒鳴りながら夢中で斜面を登りはじめると、生徒の一人が足に手を掛けながら「熱い！ 熱い！ 助けてくれ」と叫んでいたので、靴と靴下を脱がせ、「しっかりするんだぞ」と落ち着かせた。そのすぐ前には別の生徒が倒れていた。抱き起こして「しっかりしろ！」「どうした！」と大声を掛けながら、頬を叩いたり揺すったりしたが反応はなく、脈も感じられなかった。

さらに下からは助けを求める生徒の声が聞こえてきた。長野県側の斜面の下からは「救助隊を呼んでくれ」という声も上がっていた。大混乱に陥っているその場をなんとかすべく、先行している職員や生徒の手を借りるために柳原は独標に向かって登りはじめた。しかし、北斜面の状況はいっそうひどく、そこここに生徒たちが倒れていた。

〈「早く!! 早く!! 連絡をしなければならない!!」という思いと、「一人だけでも出来得る限り、救助をしなければ」という思いが頭の中に交錯して、どうしてよいか迷った。しかし、一刻の猶予も許されることではなかった。私はとっさに前者の道を選んでいた〉

独標のピークの手前で、一人の男子生徒が声を掛けてきた。彼はあと一メートルでピークに着くというところで落雷に遭っていた。そのとき、眼前の岩に径二〇センチほどの赤い球が光った直後に大音響がして、左足から足払いを食ったように後倒したという。下半身に感覚がなくまだ立てずにいたが、声は元気そうだった。しかし彼のそばには二人の生徒が意識なく倒れていた。

独標には誰もおらず、南斜面にも人影はなかった。雨はまだ激しく降っていたが、視界はきいていた。みんな独標の下のほうに避難しているのだと思い、柳原は生徒に「これから連絡に行く。動いちゃダメだぞ」と言い残して南斜面を下っていった。

その途中、鎖場の下で鈴木と行き合い、先に救助要請に下った近藤が、負傷者が鈴木一人だけだと思い込んでいることを知った。だが北斜面では大勢の生徒が助けを求めており、一刻も早い大掛かりな救助が必要だった。

〈「みんな死んじゃいけない!! 死んじゃいけない!! 早く助けなければならない!!」 こう私は一人心の中でめちゃくちゃに叫びながら走った。岩につまづいて転んでも痛さを感じてはいられなかった〉

北斜面の下のほうを登っていた小口は、落雷の瞬間、足に強い衝撃があり、体全体が硬直したようになり、飛騨側の小鍋谷へ約二〇メートル転落した。気がつくと地面にうずくまるような姿勢になっており、頭がくらくらして痛んで再び気を失った。

体を伝い流れる雨水の冷たさで意識を取りもどしたが、手足の自由がきかず、両足の感覚がまったくなかった。右手は霜焼けにかかったかのように丸々と腫れ上がり、額からもそうとうの出血が認められた。

〈なんとかして起き上がろうとするが、手足が全然動かない。左手だけは、どうにか利くようだ。「どうしたのだろう」と、思っているうちにもずり落ちて行く。近くの岩角にやっとつかまるが、手がかじかんでいて自由にならない。指が1本、2本と岩角から離れて、また落ちる〉

そこへひと抱えほどもある大きな岩が落ちてきて、小口の足に絡まってしまった。岩が足に食い込んで痛むが、どうすることもできない。そのまま岩とともにずるずる落ちていったが、途中でなにかに引っ掛かった。斜め下を見ると男子生徒が石に腰掛けるような体勢で呆然としていた。声をかけたが、興奮状態に陥っていて会話が成立しなかった。さらにその下にも生徒の姿を認め、名前を叫んだが、身動きひとつしなかった。

〈気を失っているのかなと思うが、気になる。早く様子を見てやりたいが、どうすることもできない。身動きできない自分が歯がゆい。早く救助にきて欲しい〉

そこへ下りてきたのが横内だった。彼は被雷したときの状況をこう記す。

〈独標が見えた。「ここさえ過ぎれば一安心だ。やれやれ……」と思ったとたんに、丁度フライパンの油に引火したように、独標の頂上付近から音もなく火が吹くのが見えた。いち速く、「雷だ!!」と柳原先生が叫んだような気がする。続けて、「伏せろ!!」と誰かが叫んだ。私も伏せようとしながら独標斜面の方を見た。先を行く生徒たちは、地面に伏せたように見える。そのとき、再び音もなく火が吹いた。独標を登りかけた生徒が心配なのでそちらを向いた瞬間、岐阜県側の谷に生徒が1人バウンドして転がり落ちて行くのが目に入った〉

事故発生後は周囲にいた生徒を介抱したのち、谷に落ちていった生徒の安否が気になり、独標の斜面のほうの対処は柳原に任せて、飛騨側の谷を下りてきた。一〇メートルほど下りたところで男子生徒一人を介抱し、さらにその下方で小口ともう一人の男子生徒を発見したとき、二人は大きな石ともつれ合ってずるずるとずり落ちていくところだった。横内はまず二人の五メートルほど下に倒れている生徒のもとへ行って脈を取ってみたが、脈は取れなかった。興奮状態だった生徒は、小口とともにずり落ちながら、「彼は即死だ」という言葉が耳に飛び込んできたのを記憶している。だが、なんの感情も湧かなかったという。

〈ざらざらした小石が谷の底まで続いている。僕は顔をあげた。ボンヤリした太陽が輝いている。まぶしくはなかった。僕は寒かった。太陽が実に嬉しい。僕は眠かった。眠ったら死ぬ、そんな考えが頭の中をかすめた。何とかねむけざましをしようと思い、声を出していろいろ言った。何を言ったかは覚えていない〉

小口と横内は、興奮して喋り続ける生徒を制しようとしたが、なかなかやめなかった。その場所から下を見ると、ルンゼのはるか下のほうに二人の生徒が倒れているのが認められた。このため、二人を拘束している石を落とすことも取り除くこともできない。

そこで横内は手で力いっぱい岩を押さえ、両足を踏んばって膝で小口と生徒を支えた。手を離せば、岩とともに三人もろとも転げ落ちていって、下に倒れている二人の生徒を直撃することになってしまう。結局、救助隊員が現場に駆けつけてきたのちも、ルンゼの下方にいる二人が救助されるまで、横内はその石を抱きかかえ続けていなければならなかった。

被雷の第一報

現場から下りてきた近藤が西穂山荘に事故発生の一報を入れたのは、二時五分～十分ごろのことである。ただしその概要は、「引率の職員（鈴木）一人が被雷して転落、行動不能に陥っている」というものであった。

ただちに山荘の従業員らや、東邦大学医学部西穂高診療所の医師と学生が救助のために現場へと向かった。それから間もない二時三十分ごろ、柳原が小屋に飛び込んできて第二報をもたらした。

「独標の裏側で十人ばかり雷にやられて動けなくなった。転落者も何人かいるのでザイルがほしい。すぐに救助をお願いします」

一人だけだと思われていた遭難者が十人にものぼっているという報告に、小屋内にはどよめきが広がった。先に小屋まで下りてきていた女子生徒のなかには、「十人も……」と絶句して泣き出す者もいた。

柳原は救助のために再び独標へと向かい、近藤は連絡係として小屋に残ることになった。南斜面やピークにいて無事だった男子生徒も皆、救助の手助けをするために独標へ上がっていっ

西穂山荘前に着陸し、深志高校の重傷者を救出する自衛隊ヘリ。読売新聞社提供

た。近藤がそのときの心境をこう綴る。

〈私は雨に打たれ、疲れて下って来た生徒を実はみんな山荘に引とめて私の目の届くところに置いておきたかった。一人でも多くの大丈夫な顔を自分の回りに見ていたかった。しかし、男生徒達は次々と仲間の救助に上っていった〉

三時過ぎ、西穂山荘を通じて長野県警に事故発生の通報が入れられ、救助が要請された。山荘の厚意で小屋の三階が松本深志高校のために提供され、残った女子生徒らがそこで待機し、近藤の情報収集や連絡をサポートした。

事故発生時、松本深志高校パーティのすぐうしろには湘南登好会の二人パーティ、三鷹山岳会の三人パーティが続いていた。そのなかの一人は、落雷の瞬間、ダイナマイトを爆発させたようなものすごい音がして、数珠つなぎに登っていた生徒たちがばらばらと崩れ落ちるのを見た。それから約三十分間は、雷が連続的に鳴り響くとともに雹が土砂降りとなり、まったく身動きできない状況だった。手前の鞍部から独標までの斜面には十数人の生徒らが倒れており、あちこちから呻き声や人の名前を叫ぶ声が聞こえてきていた。なかには逆さになった状態で岩角に引っ掛かっている者や、折り重なって倒れている者もいた。その生徒たちに向かい、彼らは「動くな！　雷はすぐに移動するから動かないで待っていろ」と、声がかれるまで何度も何度も叫び続けた。

雷が遠ざかって雨も小降りになって行動できるようになると、二パーティの五人は協力し合って早速救助活動に着手した。ストーブで湯を沸かして粉末ジュースを溶かし、寒さでガタガタ震えている生徒たちに飲み与えた。負傷者には応急手当てを施し、滑落しないように安定した体勢を取らせた。

独標南斜面の鎖場の下にいた鈴木のところには、二時三十分以降、救援者が順次登ってきたが、上にいる負傷者の救助を優先させるべく、独標へ向かってもらった。

独標のピークから北側の鞍部までの間には、十数人の生徒たちがさまざまな体勢で倒れていた。独標に到着した診療所の医師は、ただちに稜線を下りながら生死の確認を開始した。生存者のほとんどは自力で歩くことができなかったため、全員に強心剤を注射し、その場にいた一般登山者に保温とマッサージを依頼した。

三時を回ったころには続々と救援者が独標に到着し、足の踏み場もないぐらいにごった返していた。そんななかで、ピークの直下に倒れていた二人が引き上げられ、医師の指導を受けながら男子生徒らによる人工呼吸と心臓マッサージが始められた。しかし、四時間あまりの努力の甲斐なく、二人はついに息を吹き返さなかった。

ザイルを携行した山荘の従業員は、湘南登好会と三鷹山岳会のメンバーの助けを借りながら、稜線から岐阜県側のルンゼに転落した者の救助に取り掛かった。大きな石にのしかかられて身動きできなくなっている小口と男子生徒の救助は、落石を誘発する恐れがあるためあとまわしにされ、その下部で倒れていた生徒二人が救助された。続いて男子生徒と小口が背負子に背負われて担ぎ上げられた。それまでずっと大石を支え続けていた横内はようやく解放され、数時間ぶりに自由になった。その間にも一般登山者らの救援隊が現場に到着し、稜線上で負傷者の応急手当てや搬送など救助活動をサポートした。

西穂山荘に最初の負傷者が運び込まれたのは午後五時半のことであった。その後、七時までに七人の負傷した生徒が搬送されてきた。鈴木は七時三十分ごろ山荘に収容され、最後に小口が九時半ごろ運び込まれてきた。

それまでに八人の死亡が確認され、三人が行方不明になっていた。七人の遺体は独標のピークに安置されたが、飛騨側の小鍋谷へ転落した生徒の遺体が現場に残されたままだった。すでに夕暮れが迫っていたため、収容は明日行なうという話になりかけたが、西穂山荘のオーナーである村上守が「それではかわいそうだ」と言い、救助者を率いて再び谷へ下りていき、しばらくして遺体をみんなで抱きかかえるようにしてもどってきた。三人の行方不明者については、明日また捜索が行なわれることになった。横内がこう述懐する。

〈三人の行方不明者をのぞいて一応救助が終り、犠牲者の名前をもう一度確認し、みんな西穂山荘へ帰ることになった。私はこの場を離れることがつらかった。いつまでもこの独標の頂上にいたかった。犠牲となった生徒たちをここに置き去りにして行くことがつらかった。うしろ髪をひかれる思いだった。胸がはり裂けんばかりであった。事故後初めて涙がこぼれてきた〉

小屋に運び込まれた負傷者は、無事だった生徒が交代で付き添い、看病に当たった。一日が終わっても小屋内は報道陣でごった返しており、近藤が一歩部屋から出ると、待ち構えていた記者の質問責めにあった。小屋に一台しかない電話は新聞社に独占され、屋外では各社のトランシーバーの交信音が耳障りに鳴り響いていた。マスコミのなかには、近藤の制止を無視して負傷者の部屋に入り込んでカメラのフラッシュを焚く者さえあった。

翌日は長野県警の救助隊や自衛隊、松本深志高校ＯＢらも現地に駆けつけてきて救助活動が再開された。行方不明になっていた三人は岳沢側で遺体で発見され、上高地に搬送された。独標に安置されていた遺体は、自衛隊のレンジャー部隊が背負って西穂山荘へ下ろし、そこからヘリコプターで空輸されていった。

最終的にこの事故による死者は十一人、重軽傷者は十二人（一般登山者一人を含む）にのぼった。十一人の死者のうち、九人は雷撃死だったが、二人は雷撃のショックによる転落死であった。

西穂独標

基本的に雷は〝一雷一殺〟といわれており、直撃を受けた一人だけが命を落とすか重傷を負うとされている。しかし、この事故では十一人もの生徒の命が失われた。

瞬時に多くの命を奪った雷がどこに落ちたのかは確認できていない。ただ、独標のピークにあった高さ一メートル二〇～三〇センチのケルンが、事故後にはあとかたもなくなっていた。事故報告書に掲載されている当時の松本測候所所長、井村宇一郎の論文によると、〈頂上には突出したほこらとその南側に空きかんの山（ごみ捨て場）があり、当時独標付近にいた人達の話から落雷はほこらを中心とした付近にあったものと推定される〉としている。

死傷者のほとんどが北斜面に集中していることについては、さまざまな考察があるようだが、井村は「落雷の主電流がおもに北斜面に流れて大きな被害を出した」と推測する。落雷放電による電流は通常、落雷地点から四方八方に広がって地中に流れていく。その際、主電流は最も抵抗の少ない方向に流れるのだが、抵抗の大きい岩場で構成されている独標のピークでは、主電流は雨を媒介として岩の間を伝い、低いほうに流れていったと考えられる。しかも、北斜面の下り口は、数メートルにわたって深さ五〇～八〇センチの溝状になっていて、この溝の方向は稜線上を通って鞍部に達している。その距離約二六メートルの間に、下半身がずぶ濡れになった二十三人もの生徒と職員が並んだため、それぞれが身につけていた金属の影響もあって避雷針の導線のような役割を果たしてしまい、大きな被害が出たのではないかと、井村は推測する。その証拠に、死者のほとんどは独標ピークの下り口の溝の方向線上にいた者で、この線から外れていた者の多くは致命傷を免れている。

一方、南斜面を見てみると、独標のピークに落ちた落雷の電流は南斜面にも流れたと考えられるが、北斜面のように一定方向に集中して流れるような要因が存在しなかった。ただ、祠の南側に空き缶の山（ゴミ捨て場）があり、下り口には落石注意の鉄製の標柱が、さらにその下には鎖場があった。これらを結ぶライン上にはやや強い電流が流れたと思われる。たまたまそのライン上にいた鈴木と女子生徒の二人だけが被害を受けたのではないかというわけだ。鈴木に関しては、落雷による枝放電が鎖場に向かい、その衝撃を受けた可能性もあるがよくわからないと、井村は述べている。ピークにいた者がほとんど無傷ですんだのは、「岩の抵抗に阻まれて放電電流の大部分が両斜面に流れたため」とのことだ。

以上の井村の推測からすると、雷の発生のタイミングと地形的な要因が運悪く重なって多数の死傷者が出てしまったという見方もできる。事故報告書でも、この点を指摘する。

〈今回の事故は雷災によるものであって、西穂高岳独標へ落雷のあった8月1日午後1時40分頃に、独標のピークで行動していたことが、直接事故と結びついてしまったのである。落雷を避けるためには、その瞬間に一行は独標にいてはならなかった。集団登山の安全を確保するためには、あの天候の中で西穂稜線上を行動してはいけなかったのである〉

前述したとおり、計画には「天候によっては独標まで行って引き返す」という点が盛り込まれていた。登りでの独標での休憩時に、五人の職員は観天望気による天候判断を行なったが、ここで引き返す因子は見いだせず、西穂高岳登頂を決行する。結果的に、その判断が事故につながってしまった。

この年の七月下旬、北アルプス地方は夏型の気圧配置により比較的安定した天候が続いていたが、七月末から八月の頭にかけて日本海から寒気の流入があり、大気の状態は不安定になっていた。しかし、引率の職員らは、八月一日の天気について「夕立はあるかもしれない」と予測していたが、雷に対してはほとんど無警戒であった。

一行が独標への登高中、飛騨側からは薄いガスが立ち昇っては消えていた。乗鞍岳や霞沢岳、焼岳の飛騨側などには上昇気流による積雲も発生しはじめ、西穂高岳山頂の北側には強い上昇気流を示す雲も見られた。独標での休憩時には、焼岳の積雲は発達して雄大積雲になりつつあり、前穂高岳の吊尾根の方にも積雲が発生していた。

こうした判断材料から、報告書では「気象の専門家ならば、雷雨になる兆しは早々にうかがえただろうが、そうではないわれわれには、天候の急変を見極めるのは非常に困難であったとせざるをえない」とし、天候判断を誤らせた背景には「引率職員の気象に対する知識の不足」「経験の浅さに基づく雷に対する恐怖心、警戒心の欠如」が潜んでいると指摘している。

とはいえ、独標での休憩時はまだ雲量も少なく、好天のもとで周囲の展望を楽しんでいたという。もし自分がその場にいたら、天気の急変を予測して独標から引き返すという判断が果たしてできたかどうか、正直自信はない。

休憩後、山頂に向かいはじめてすぐ、ガスは急速に濃くなり、あたりはすっぽりガスに包まれたという。もしこのときに「あ、ヤバいかも」という警戒心が生じていたなら、あるいは独標での判断ミスを修正できていたかもしれない。しかし、痩せた岩稜帯に隊列が約五〇メートルにわたって連なっているのだから、その前後に付いた職員が集合して今後の行動について再検討することはまず不可能だっただろう。つまり、独標から山頂に向かって進んでしまった以上、もうあともどりはできなくなっており、遅かれ早かれ稜線上で雷に遭遇するのは避けようがないことであった。

そして一行が雷雨に遭遇したのが、ピラミッドピークを下っているときだった。このとき鈴木は三つの対処法を思い描いたが、選択したのは「独標を越えて南斜面のハイマツ帯に避難する」というものであった。その判断について、事故報告書はこう論じている。

〈もし落雷とのタイミングが少しでもずれて、パーティーが独標を通過した後であったならばまた独標に到達していなかったならば、この被雷は避け得たであろうことは、十分に考えられる。そしてまた、そのほんの僥倖にすぎなかった偶然的な安全も、引率者の判断と、取った処置が最善であったと評価されるのかも知れない。自然を相手として行なう登山において、引率者の適切な判断と、偶然性に支配された安全との接点は微妙であり、その判定は困難なことが多い。しかし結論的には、二学年学年登山の一行は独標で落雷にあい、独標を越えて西穂の稜線を離れることができなかった。偶然性を期待してのこの退避の方法には、本質的に危険が包蔵されていたのである〉

では、独標まで行かずに、稜線上に伏せて、雷雲が通り過ぎるのをじっと待っていたほうがよかったのかというと、それが正解ともいえない。生徒たちはみな先の雨で全身または下半身がずぶ濡れになっていたうえ、激しい雹と飛騨側からの強い風に叩かれ、ガタガタ震えていた。その状態でじっとしていれば低体温症に陥るのは時間の問題であり、実際すでにチアノーゼを現出させている生徒もいた。それで運よく雷を免れられたとしても、いざ行動再開となったときに自力で行動できなくなっている者が続出していた可能性は否定できない。

また、それで雷が避けられるかどうかも疑問だ。雷が独標に落ちたのは、もしかしたらその周辺にいた者たちが誘因になっていたのかもしれないし、一行が独標の手前で伏せて退避していたら、雷が落ちる場所も違っていたかもしれない。ちなみに独標への登りの途中で、二人パーティが岩の窪みに避難しているのを見て、鈴木は「我々もこうしたほうがいいのかな」と思ったというが、この二人も被雷して負傷し、一人は自力で歩くことができず、救助隊員に背負われて搬送されている。

結局のところ、判断の是非は結果論でしか述べることができず、仮定の話でそれを論ずるのはあまり意味のあることではないように思う。

ただ、事故報告書でも触れられているが、約四十人もの大パーティが一団となって行動していたことが被害を大きくしてしまったのは事実だろう。集団登山においては、少人数のパーティに分けたうえで、それぞれに引率職員をつけ、集団としての統率を保ちながらも各パーティが独立して行動するような形で、リスクマネジメントを行なうべきではないだろうか。

天候判断や集団登山のあり方などを巡っては、引率者に責任を問う声も上がったが、事故の処理に当たった長野県警は、現場検証や関係者からの事情聴取などを行ない、引率者に過失があったとは認められないとの結論を下した。松本深志高校は調査委員会を立ち上げて事故の原因究明に尽力し、一九六八（昭和四十三）年八月、追悼文集『独標に祈る』を発行した。さらに科学的・客観的立場からの究明を進めるために京都大学の防災研究所や東京の雷学会、気象庁関係者、日本山岳協会ら専門分野からの教えを請いながら検証をまとめ、一九六九（昭和四十四）年二月、三三六ページにもおよぶ『西穂高岳落雷遭難事故調査報告書』を刊行した。その作業の根底にあったのは、関係者の「登山における落雷事故の悲劇を繰り返してはならない」という願いと、「より安全な形で学校登山を存続させていきたい」という熱意だった。

しかし、長野県下では、この事故を受けて学校集団登山を廃止または一時的に中止した学校も少なくなかった。とはいえ、長野県山岳総合センターが実施した二〇一三（平成二十五）年度の「長野県中学校集団登山動向調査」によると、それまでの十年間では県内の公立および私立中学校の九割近くが集団登山を実施していることがわかった。少なくとも長野県においては、学校集団登山の伝統は今も引き継がれていると言っていいだろう。

この事故から五十年以上が経つ間には雷についての研究も進み、当時の定説とは異なる雷発生時の避難方法なども確立されてきた。しかし、雷の恐ろしさや正しい回避方法が広く登山者に浸透しているとはいえないようで、今も登山中の落雷による死傷事故が散見され、近年だけでも鹿島槍ヶ岳、尾瀬ヶ原、槍ヶ岳、男体山、鍋割山などで落雷事故が起きている。

事故後、松本深志高校は学校の敷地内に慰霊碑を建て、毎年八月一日に追悼式を開催してきた。また、事故現場にも慰霊碑が建てられ、遺族や同窓生、在校生らが参列しての慰霊登山がやはり毎年八月一日に行なわれる。

それでもこの半世紀以上という歳月のなかで、事故の記憶は薄れつつあり、事故のことさえ知らない登山者も多い。それだけに、この落雷事故を風化させてはならない。

第八章

立山の中高年初心者遭難事故

中高年登山ブーム

一九九〇（平成二）年以降に山登りを始めた人が、この事故について知っているのかどうかはわからない。しかし、八九（平成元）年の時点で山に登っていた人にとっては、おそらくいつまでも記憶に残る事故なのではないかと思う。

それは一九八九（平成元）年十月八日、北アルプスの立山三山を縦走していた中高年パーティが悪天候に見舞われて遭難、十人中八人が死亡するという大惨事になった事故である。

当時は、今なお続く中高年登山ブームが最初のピークを迎えていたころだったと思う。

一九七五（昭和五十）年から十七年間にわたって朝日カルチャーセンターの「女性のための山歩き教室」の主任講師を務めた小倉董子は、文部科学省（当時は文部省）登山研修所が年一回発行している研究誌『登山研修』ＶＯＬ・２（一九八七年）に「中高年登山熱中時代」と題した一文を寄せ、その冒頭でこう述べている。

〈ここ10年来、登山熱は若者から中高年者に移ってしまった、といっても過言ではないだろう。3，000ｍ級の山々は、夏山シーズン中においては、60～70％が中高年またはファミリー登山者である。四季を通じて、ウィークディーの都市近郊の山々もまた、中高年登山者に占拠さ

れた感すらある〉

小倉が書いているように、中高年層による登山ブームが始まったのは一九七〇年代後半からのようである。『山と溪谷』一九八〇年八月号に掲載された「ファミリー、中高年登山者は夏山の革命児?」というタイトルの座談会では、匿名の取材記者が〈ここ二、三年のファミリー登山と、中高年登山の急増ぶりは大変なもので、これはもう完全にブームと呼んでいいほどだね〉と発言している。

座談会の席上ではブームの分析や将来的な展望について語られているが、今改めて読み返してみると、大変興味深い箇所が多々ある。その後の中高年の登山ブームは、どうやらこのときの取材記者の予測をはるかに上回るスケール、スピードで進行していったようだ。

この座談会では中高年登山者の事故の危険性をさらっと指摘しているが、当時はまだほとんど事故が起こっていなかったようで、〈体力も弱いし技術も未熟な中高年登山者は、ちょっとしたことでも事故に結びつくわけだから、充分気をつけてほしいね〉と注意するにとどめている。

一九八〇年代になって中高年登山ブームはますます拡大していくことになるのだが、不思議と大きな事故は起こらなかった。五六豪雪による中部山岳を中心にした大量遭難事故

（一九八一年、死者・行方不明者計三十六名）、神戸みなと勤労者山岳会パーティらの八ヶ岳での雪崩遭難事故（一九八二年、死者十二名）、鵬翔山岳会パーティの黒部峡谷下ノ廊下での鉄砲水による遭難事故（一九八二年、死者・行方不明者計七名）、岩木山岳会パーティの岩木山での雪崩事故（一九八六年、死者四名）、穂高岳・屛風岩での落石事故（一九八七年、死者五名）など、大きな事故のほとんどは、大学山岳部や社会人山岳会に所属する若者が犠牲となったものである。

もちろん、中高年登山者による事故がまったくなかったわけではないはずだ。前出の小倉は、『登山研修』ＶＯＬ・３（一九八八年）にこう書いている。

〈実年登山者は、年ごとに着実に増えている。と同時に、遭難事故も増えつつある〉

しかし、数字的にはまだまだ突出してはいなかったし、前述したような大きな遭難事故も起こってはいなかった。いうなれば、気づく者がほとんどいないまま、水面下でじわじわと中高年登山者の遭難事故が増えていった時期、それが一九八〇年代という時代だったと思う。

そんななかで起こったのが、一九八九（平成元）年の立山での大量遭難事故であった。中高年の未組織登山者による大量遭難としては、おそらくいちばん最初のものとなるこの事故は、ブームの陰に潜む危うさを初めて一般に露呈した。ブームに乗ってうかれていた中高年登山者や山の関係者は、突如として冷や水を浴びせられたような気持ちになったことであろう。

警察庁の統計によれば、事故が起こった一九八九年度の遭難者総数は七九四人。そのうち中高年者（四十歳以上）は全体の五三・三パーセントに当たる四二三人。それが二〇〇一（平成十三）年度になると、遭難者総数は一四七〇人と倍増。うち中高年者は一一二七人で、全体の七六・六パーセントを占めるまでになっている。また〇一年度の遭難者総数のうち死者・行方不明者は二四三人であったが、なんとその九〇・九パーセントに当たる二二一人が中高年者なのだ。

事故から十年余りの間に、中高年の登山ブームは〝ブーム〟ではなく〝現象〟として当たり前の山の光景となり、それに伴って中高年登山者の遭難事故はますます増加していった。つまり、中高年層によって支えられている当時から今日までの日本の大衆登山というものを象徴し、なおかつ現在の中高年登山者の〝遭難ブーム〟を暗示したのが、立山での大量遭難事故なのである。そういう意味では、日本の登山史上および山岳遭難史上に残る、極めてシンボリックな事故であったといえるだろう。

そのことが、本書でこの事故を取り上げようと思った要因のひとつにもなっている。

取材に当たっては、まずは生存者の二人にインタビューを申し込んだ。しかし、書面での依頼に対して二人とも断りの手紙を送ってきた。

一人の手紙には、「この事故については、当時、いろいろな人が検証し、自分もまったくそのとおりだと思うので、今さら話すことはなにもない」というようなニュアンスのことが書かれていた。彼は、今でもテレビに遭難の映像が映ると、チャンネルを変えてしまうのだという。

彼とはもう一度だけ手紙でやりとりをし、書面でいくつかの質問に答えてくれた。

もう一人からは、「お断り申し上げます」とひと言だけ書かれた手紙が送られてきた。せめて電話ででも話を聞かせてもらえないものかと、何度も電話をかけたのだが、家人が出て断られるばかりで、本人とは一度も直接話すことができなかった。

というわけで、事故当時の状況をいちばんよく知る生存者にはどうしても話を聞くことができなかった。が、八人の遺体をいちばん最初に見つけた内蔵助山荘の佐伯常行と、救助活動に携わった富山県警山岳警備隊の高瀬洋、天狗平山荘の佐伯賢輔、山岳ガイドの多賀谷治、それに生存者が救助を求めた剣御前小屋（現在の劔御前小舎）の元従業員、菅野博がインタビューに応じてくれた。

以下は、そのインタビューと、事故を報道する新聞記事、および『山と溪谷』一九八九年十二月号掲載の検証記事をもとにして構成したものである。

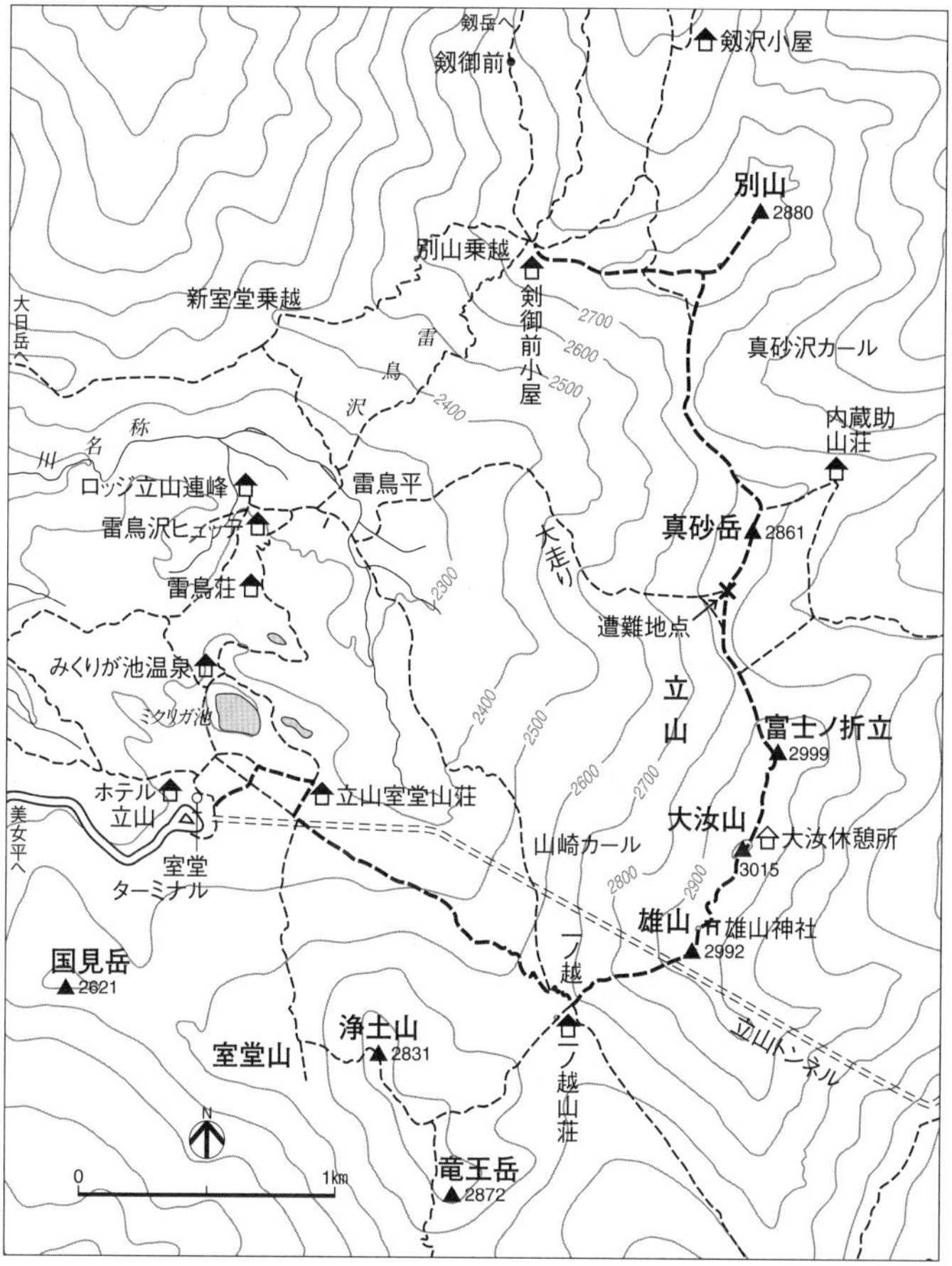
剱岳へ
剱御前
剱沢小屋
別山
2880
別山乗越
剣御前小屋
新室堂乗越
大日岳へ
2700
2600
2500
2400
真砂沢カール
内蔵助山荘
雷鳥沢
称名川
ロッジ立山連峰
雷鳥平
雷鳥沢ヒュッテ
真砂岳
2861
大走り
雷鳥荘
2300
遭難地点
みくりが池温泉
ミクリガ池
立山
富士ノ折立
2999
ホテル立山
立山室堂山荘
大汝山
大汝休憩所
3015
美女平へ
室堂ターミナル
山崎カール
2800
2900
雄山
雄山神社
2992
国見岳
2621
一ノ越
一ノ越山荘
室堂山
浄土山
2831
立山トンネル
竜王岳
2872
N
0
1km

天候急変

その年の十月八日、立山三山の主稜線から東に五分ほど下ったところにある内蔵助山荘のオーナー、佐伯常行（四十五歳）は、朝起きてみて、キツネにつままれたような気分になった。前日の天気予報では「明日、山は大荒れになる」と繰り返し言っていたのに、目覚めてみたら、雲ひとつない完璧な快晴の空が広がっていたからだ。

七日、小笠原諸島付近には台風二十五号があり、それが日本の東海上に移動してくる翌八日は、一時的に冬型の気圧配置になるものと見られていた。おまけに中国東北部には強い寒気団が南下してきていた。日本海側の山々が大荒れになることは間違いなかった。

ところが予想に反しての快晴である。常行が戸惑ったのも無理はない。

この年の秋の連休は、十月七日の土曜日から十月十日火曜日の体育の日まで。例年この時期、立山の室堂周辺はちょうど紅葉の最盛期となり、大勢の観光客や登山者がアルペンルートを利用して標高二四五〇メートルの室堂にやってくる。登山者はそこからさらに立山三山や剱岳を目指して登山道をたどりはじめる。

七日は快晴とまではいかないまでも、まずまずの天気で、内蔵助山荘にも多くの登山者が登ってきていた。だが、翌日は荒れ模様という生憎の予報である。常行は、小屋に泊まっていた登山者に「明日はすごく天気が荒れるようだから、行動は控えたほうがいい」と告げていた。日帰りで剱岳に登るつもりだという登山者には、「気の毒だが、明日は諦めなきゃダメだ」とも言った。

それが翌朝はまさかの快晴となった。天候悪化の兆しなどなにひとつ見えない、非のうちどころのない快晴であった。となれば、登山者を引き止める理由はない。前日に「荒れる」と言った手前、バツの悪さを感じながら、佐伯は「無理せんで行ってこいよ」と言って登山者を送り出した。

天狗平山荘の佐伯賢輔（三十歳）は、この日の天気図を今でもよく覚えている。朝、起きてみて晴れているのが不思議なくらいだった。が、数時間後には吹雪になることは間違いなかった。だからこう言って登山者を見送った。

「必ず吹雪くから、早く行って、早く帰ってきなさいよ」

天候は、午前九時になって突如として急変した。パラパラと雪が落ちてきたなと思う間もなく、にわかにあたりは真っ暗になり、強い風が吹き出した。そして数分と経たぬうちに、季節外れの猛吹雪となった。常行がこう言う。

「きっかりと時間を計ったように、九時になったとたん天気が荒れ出したんです。ふつうだったら徐々に悪くなるんですけど、あのときは快晴の天気からいきなり悪くなりました。私も山に入ってもう二十年近くになりますが、あれほど急激に変わったというのはあのときだけで、ほかには記憶にありません」

常行が気になったのは、剱岳に向かった登山者のことだった。今のようにほとんどの人が携帯電話を持っているという時代ではなかったから、連絡の取りようもない。「こりゃあ弱ったなあ。どこか近くの小屋に避難してくれていればいいんだけど」

やきもきしながら待っていると、その登山者は、十一時ごろになって小屋にもどってきた。天気が悪くなったため、頂上まで行かずに途中で引き返してきたのだった。

それからしばらくして、五、六人の中高年のパーティが小屋に逃げ込んできた。彼らは吹雪を小屋でやりすごし、天気が回復したら行動を再開するつもりでいた。しかし、吹雪はいっこうにおさまる気配がない。しびれを切らし、「この先の予定もあるので出発します」という彼らを、常行は「この吹雪じゃ無理だろう」と言って引き止めた。が、「どうしても行きたい」と言ってきかなかったので、「だったら、稜線に出て判断しなさい。もし無理そうだと思ったら、必ず引き返してきなさいよ」と言って送り出した。

案の定、彼らは三十分も経たないうちにもどってきた。吹雪はその後もずっと続き、そのパーティは予定を変更して内蔵助山荘に一泊することにした。夜、常行と宿泊客らが談笑している場で、小屋の窓を叩く風雪を横目で見やりながら、パーティのメンバーの一人が言った。

「やっぱりオヤジさんの言うことを聞いてよかったよ」


この日の午後四時ごろ、室堂にある富山県警山岳警備隊の派出所に一ノ越山荘から連絡が入った。雄山に登った男性登山者がまだ帰ってこないのだという。

その男性は妻と二人で一ノ越山荘から雄山に向かったが、足の冷たさに耐え切れなくなった妻が途中から一ノ越山荘に引き返したため、一人で登山を続行。ところが夕方になってももどってこないことから、妻が救助を要請したのだった。

「救助要請が出されている登山者がそちらへ来ていないか」という連絡は、内蔵助山荘にも入ってきた。しかし該当する登山者は見当たらなかった。常行は宿泊客にも「こういう人を見かけなかったか」と聞いてみたが、皆、首を横に振るばかりであった。

夕方になって、吹雪はますますひどくなってきた。このころには各山小屋から「宿泊するはずの登山者がまだ到着していない」といった照会・連絡が派出所に相次ぎ、隊員はその対応に振り回されていた。山岳警備隊は翌日から劔岳一帯で秋山救助訓練を行なう予定だったので、ほとんどの隊員は準備のため下山しており、派出所に残っていたのは二人の隊員だけだった。

そこへひょっこり立ち寄ったのが、民間協力隊員である山岳ガイドの多賀谷治だった。派出所は登山者の安否の問い合わせの連絡で混乱していたが、この時点で正式に救助要請が出ていたのは前述の男性一人だけだったことから、警備隊員の一人と多賀谷が急遽、雄山周辺の捜索に向かうことになった。また、翌日からの捜索に備えて、警備隊員の高瀬洋ともう一人がその夜のうちに室堂に入ることが決まり、夜の十時過ぎに車で室堂へと向かった。

一ノ越山荘に到着した多賀谷らは、動揺して取り乱している行方不明者の妻をなだめすかしたのち、真っ暗な闇のなかを、ヘッドランプの灯りを頼りに雄山へと向かった。稜線上は吹雪が荒れ狂い、足を抜いた途端、踏み跡はかき消された。雄山山頂の社務所近くには雪が吹き溜まり、胸まで潜った。二人は八時半ごろまで山頂周辺を捜索したが、猛吹雪のなかでは行動も限られ、行方不明者を発見できないまま一ノ越山荘にもどり、この日は山荘に泊まった。

関係者は、真冬並みの風雪のなかで一夜を過ごすであろう男性の安否を気づかった。だが、標高三〇〇〇メートルの夜の山中で吹雪に打たれていたのは、彼だけではなかった。吹きさらしの稜線には、息も絶え絶えになった十人の中高年登山者がいたのである。

十月七日の午後六時ごろ、滋賀県大津市にある遠藤尚男（四十五歳）の自宅に、今回の山行をともにする仲間が集まった。一行は京都と滋賀の税理士を中心とした四十～六十代の十人（男性八人、女性二人）のグループで、毎年秋に顔見知りの仲間に声を掛け合って定例山行を実施していた。

十人中、比較的よく山に登っていたのが遠藤と金谷秀太郎（六十六歳）。両者の山行頻度は年に五、六回ほどで、槍ヶ岳に登った経験もあるとのこと。若林昭吉（五十九歳）とその妻ら四人も、仲間うちでは山好きとして知られていたが、ほかの四名の山の経験については不明である。

今回の山行計画は、金谷と若林が立てた。題して「八十九年恒例秋山と温泉めぐり」。計画によると、連休に伴うアルペンルートの混雑を避けるため、一行は十月七日の夕方に滋賀を出発。翌朝いちばんのケーブルカーに乗り、美女平で高原バスに乗り換えて室堂へ。この日は一ノ越、雄山、大汝山、富士ノ折立、真砂岳、別山と縦走して剣御前小屋に宿泊。翌九日は、別山尾根から劔岳を往復するグループと、劔沢および雷鳥沢周辺を散策するグループの二班に分かれて行動し、夕方には合流してロッジ立山連峰に宿泊。温泉でゆっくり汗を流し、翌十日に下山して滋賀、京都に帰ることになっていた。計画段階で話ははずみ、雄山の山頂ではみんなで豚汁をつくって食べようということになった。後日、事故を報道する十月九日付の朝日新聞夕刊には、若林の妻の母親のコメントがある。

〈娘は山の上で食事をするんだといって、ネギを切ったり、ブタ汁の用意をしていきました。寒いところだというので、セーターも持っていったはず。出がけに、気をつけてねと声をかけたら、飼っている犬の世話をお願い、と笑って車に乗り込んだけど……〉

七日の夕方、平均年齢五十五・五歳の一行十名は、遠藤のライトバンとレンタカーに分乗し、名神高速道路、北陸自動車道を経由して一路、富山へと向かった。玄関口となる富山地方鉄道の立山駅に到着したのは午後十一時三十分ごろ。車は駅のそばの駐車場に停め、近くに張ったテントと車内とに分かれて仮眠をとった。

八日の朝は午前五時三十分に起床し、六時三十分発のケーブルカーに乗って美女平まで上がり、さらに高原バスを乗り継いで八時に室堂ターミナルに到着した。ここでパン、ハム、チーズ、サラダの朝食を摂り、八時四十五分ごろに一ノ越へ向けて行動を開始。早朝にはみごとに晴れ渡っていた空も、このころにはすでに曇りはじめていた。前日、日本海上に見られた筋状の雪雲（層積雲や積雲、高層雲）が、北アルプス一帯を覆ったのだ。山岳気象研究の第一人者である飯田睦治郎がこう述べる。

「もし遭難したパーティが一ノ越山荘へ登っていく途中で空を見ていたら、雪雲の前面にあたる層積雲の〝土手〟が見られたはずです。気象の知識のある人だったら、それを見て天気が崩れることを予想することができます。だけどこのパーティは予想できなかった。たぶん観天望気というものを知らなかったのでしょう。山に登る人は、せめて観天望気の知識を身につけて、山では注意深く空を観察してもらいたいのですけどね」

一行は、食料として昼食用の豚汁の材料のほか、フランスパン二十切れ、ヒートパッククライス二十袋、ラーメン五袋、餅二パックなどを持っていた。個人装備については、革製の登山靴を履いている者、布製の軽登山靴を履いている者、ニッカーズボンの者、綿のズボンの者、透湿性防水素材の雨具を持っている者、ビニールの雨具で間に合わせた者など、それぞれバラバラであった。その装備の差が、結果的に明暗を分ける一因にもなった。仮眠をするときに使ったテントは車の中に置いてきていた。

一ノ越山荘への登山道を登っていく途中、行程の三分の二を過ぎたところで雪が落ちてきた。午前九時五十分、小屋に到着したときには早くもあたりは吹雪になっていた。

その四十分後の十時三十分、休憩中に吹雪が強まっているにもかかわらず、十人は予定どおり雄山への縦走路をたどりはじめる。

〈一ノ越山荘の中で休憩している間に、雪が激しくなったが、メンバーの間から引き返そうと

いう意見は出ず、頂上を目指した〉（遠藤談、十月十日付朝日新聞より）
一ノ越山荘に着くまでは全員が元気で、疲労を訴える者もなかったということだが、小屋を出てしばらくすると、疲れが見える者も出はじめた。
〈かなりの降雪があり、風も強くなってきて、若林さんや金谷さんはかなり疲れてきていたようだった〉（遠藤談『山と溪谷』一九八九年十二月号より）
雄山に着くまでの間に何人かが遅れがちになり、十人のパーティはいつの間にかふたつのグループに分かれていた。先頭のグループが雄山に到着したのは正午過ぎ。あとのグループは、約十分遅れで着いた。
一ノ越から雄山までは標準コースタイムで約五十分の行程である。それを一行は一時間三十分かけて登ったことになる。室堂から一ノ越まで、コースタイムで一時間三十分のところを約一時間で登っていることを考えると、このころから計画が大きく狂いはじめてきたと言っていい。だが、彼らはそのことに気づかない。
十人は吹雪を避けるために社務所の軒下に入り、予定どおり豚汁とヒートパックライスの昼食をつくり始めた。
〈私が豚汁を作って、みんなで食べました。でもこのとき、女の人二人はあまり食欲がないようでしたし、金谷さんは足にケイレンを起こしていた。また、めまいがするという人もいました。若林さんはあたたかいものを食べろといいました。若林さんの決定で剣御前小屋へ向けて出発しました〉（遠藤談『山と溪谷』一九八九年十二月号より）

このパーティのリーダーは、事前にははっきりと決められていなかったようだ。ただ、若林と金谷が山行計画を立てたことから、おのずと若林がリーダー的立場になっていたという。メンバーの一人が「雪も降っているし、疲れている者もいるので、引き返してはどうか」と進言したが、その若林が登山の続行を決断した。

午後一時三十分ごろ、一行は雄山を出発する。足にケイレンを起こした金谷の荷物は、ほかの者が背負って歩いた。大汝山周辺に来たころから再びパーティはふたつのグループに分かれた。先行が四人、後続が六人。その六人の足取りも次第に乱れ、だんだんとバラバラになっていってしまう。

雄山を発って約二時間、後続の六人グループはまだ富士ノ折立を下っているところだった。標準コースタイムで雄山から三時間歩けば、その日に泊まる予定になっていた剣御前小屋まで行ける行程である。ところが彼らは、午後三時三十分になるというのに、まだ行程の半分強ぐらいまでしか来ていなかった。

このあたりで六人は、後ろから来た二人組の登山者に追い越される。そのときの様子を、二人組は次のように伝えている。

〈富士ノ折立を下った地点から別山の巻き道合流点まで、常時西風が強く当たり、吹雪となっていて、視界は五〜十mぐらいだったと思う。

富士ノ折立の下りで、われわれに気づいた6人パーティの最後尾の人が、パーティに道を開けるように指示した。このとき2人の男性がふたり分の荷物を背負っていた。6人のうち1人は杖をつき、手袋のない人もいた。ほとんどの人が軽登山靴なのが気になった。われわれが追い越すとき、ひとりが少しイライラした様子で〝山では動いていないと遭難する。座り込むな〟〝そんなことをしていると転ぶ。そうだ足を出せ〟などと激励を飛ばしていた。

6人を追い抜いたとき気になったので、だいじょうぶですかと声をかけると、先頭の人が一時間ぐらいで下ろしますから、と言い、さらに剣御前小屋まで行くつもりだということ、このほかに先行パーティが4人いることなどを確認した〉（『山と溪谷』一九八九年十二月号より）

一方、先行していた四人のグループはというと、先頭を歩いていた遠藤が富士ノ折立と真砂岳の間の鞍部のところで道を間違え、大走りコースのほうへ入り込んでいってしまった。間もなくして間違いに気づき、分岐点までもどったが、そこから先へは進まずに後続のグループを待つことにした。待っているうちに、やがて一人現われ、しばらしてまた一人が姿を現わした。後続の六人は完全にバラバラになっていた。

最後に、若林が長岡光二（六十一歳）を抱きかかえるようにしてやってきた。後続の六人全員がそろうまでに、四十分ほどかかったという。とにもかくにも、パーティの全メンバーが分岐点に集まった。時計の針は午後四時三十分を指していた。すでに長岡は自力では歩けないほど疲労困憊していた。

〈若林さんが泣きながら励ましていたが、長岡さんは起きているかどうかもわからない状態だった〉（遠藤談、十月十日付朝日新聞より）

目がうつろになっていた長岡の手や足を叩いたり、ウイスキーのお湯割りを飲ませたりして介抱に務めたが、長岡の意識は混濁したままだった。

この時点でようやく若林は救助を要請することを決め、遠藤と野村和宏（四十八歳）に「内蔵助山荘まで行って救助を求めるように」と指示を出した。

午後五時、二人は八人をその場に残し、真砂岳への登りに取り掛かった。が、ここまでの行程で野村はかなり体力を消耗していたようで、分岐から一〇〇メートルほど行ったところで早々と荷物を放棄し、空身で歩きはじめた。

分岐から内蔵助山荘まではわずか十五分ほどの距離である。晴れてさえいれば、知らせを受けた小屋の者が一時間もしないうちに現場に駆けつけていただろう。だが、結局、遠藤と野村は内蔵助山荘にたどり着けなかった。吹雪で視界が遮られ、道がわからなくなってしまったのだ。

仕方なく二人は目標を剣御前小屋へ変えて進んだ。吹きさらしの箇所は雪が凍りついていて滑るため、なるべく雪が積もっているところを歩いた。

いつの間にか、山には夜の帳《とばり》が下りていた。別山への登りは雪が深く、体力を急激に消耗した。ことに野村の疲労が激しかった。闇と吹雪で方向を定めることができず、あちこち歩き回り、気がついたら別山の山頂に立っていた。時間は午後八時三十分になっていた。〈このままでは体力を消耗するばかりなので、ここでビバークすることにしました。野村さんはもうほとんど動けないくらいに疲れきっていました〉（遠藤談『山と溪谷』一九八九年十二月号より）

二人は別山のケルンの横の雪を掻き分けて座り込んだ。ガソリンコンロに火をつけようとしたが、火はつかなかった。そのままの格好で寄り添い、非常食を分け合って食べ、眠らないように歌をうたったりしながら、じっと朝を待ち続けた。

富士ノ折立からの下りで六人を追い越していった二人組の登山者は、午後五時四十分ごろ、剣御前小屋に到着した。このとき、小屋には菅野博（三十三歳）を筆頭に七人ほどの従業員がいた。

例年、この時期はかなり混み合うので、小屋では通常より多い従業員を配して対応に当たろうとしていた。ところが、予期せぬ吹雪にあては大きく外れた。菅野が言う。

「例年だったら一五〇人ぐらいは泊まるんですけど、このときは六十人ぐらいだったと思います。ほとんどの方は、天気が悪くなったらキャンセルの連絡もなしに来なくなりますんで。まあ、小屋には電話もないから、連絡のしようもないんですけどね」

この日は下におりていた従業員が登ってくることになっていたが、「この天気では無理をしないほうがいい」ということで室堂に泊まらせることにした。

「毎年、十月十日ごろまでは、雪が降っても積もらないんです。でもこのときは、けっこうな積雪になったと思います。この時期に吹雪で積雪になるなんてことは、それまでにはまずなかったはずです。だからかなり異例のことだったんじゃないですか」

実はこの日のうちに、菅野は立山三山を縦走中の十名について富山県警の山岳警備隊に報告を入れている。菅野の記憶にはないのだが、おそらく小屋に到着した二人組の登山者が、「途中で追い越した六人パーティと四人パーティが、この小屋に泊まる予定だと言っていた」と菅野に伝えたのだろう。警備隊は、救助要請が出されていた前述の行方不明者の足取りをさぐるため、周辺の山小屋に問い合わせの連絡を入れていた。その連絡が剣御前小屋に入った際に、菅野が「六人と四人の二パーティがこちらに向かっているとのことだが、まだ着いていない」という話をしたのだ。

だが、この二パーティ（実際にはひとつのパーティが二グループに分かれてしまっていたもの）から救助要請が出されていたわけではない。もしかしたら予定を変更して室堂に下りたかもしれないし、風雪をしのげる場所でビバークしていることも考えられる。警備隊としても、剣御前小屋に着いていないからといって、ただちに遭難と断定するわけにはいかなかった。

それにしても、と思うのは、富士ノ折立からの下りで六人が二人組の登山者に追い越されたときに、なぜ救助を要請しなかったのか、ということだ。もしこのときに「救助要請をお願いします」とひと言言っていれば、もしかしたら最悪の事態は免れられていたかもしれない。一行はそこからわずかに下った分岐のところでようやく救助要請のための行動を開始したが、もうそのときにはすでに機を逸してしまっていた。

捜索隊出動

十月八日に吹き荒れた風雪は夜中のうちにおさまり、翌九日は朝からいい天気に恵まれた。朝六時前、ちょうど朝食の準備をしているときだった。まだ撤去していなかった小屋の公衆電話が鳴り、常行が受話器を取った。

それは救助隊からのもので、「そのあたりでビバークをしているパーティがいるかもしれないから、確認してきてくれないか」という連絡だった。前日、剣御前小屋に到着していないパーティがいることを菅野から聞いた警備隊が、念のためにと常行に偵察を依頼したのだった。

じゃあちょっと見てくるかと、軽い気持ちで外に出た常行は、わずかに進んだところで慌てて引き返してきた。小屋から稜線までが吹き溜まりになっていて、胸までの積雪があったからだ。今度はしっかりと雪山用の完全装備に身を包み、双眼鏡と無線機を携えて再び小屋をあとにした。常行が振り返って言う。

「あの時期に膝ぐらいまでの積雪になったことは何度かあったんですよ。でも、稜線に出るのにあれだけ苦労したのは初めてでした。その後もあんなことは一度もありません」

警備隊からの連絡によれば、「パーティは真砂岳から別山へ向かっていたので、ビバークしているとしたら真砂岳と別山の間のあたり」とのことだった。そこで稜線に出たあと、常行は主に縦走路の北を捜したのだが、それらしき者はまったく見当たらなかった。

六時三十分ごろ、いったん諦めて小屋にもどったところに、再び警備隊から電話が入った。遭難したパーティのうちの二人が剣御前小屋にたどり着いたという連絡だった。


別山の山頂でひと晩をビバークした遠藤と野村は、周囲がやや明るくなってきた午前三時三十分ごろ、剣御前小屋へ向けての行動を再び開始した。疲労の激しい野村を遠藤が後ろから押すような形で、二人は一歩一歩、雪に覆われた登山道をたどっていった。

一方、剣御前小屋では宿泊客が午前五時前から身支度を始め、ご来光の写真を撮るために次々と小屋をあとにして別山方面へ向かっていた。昨日の吹雪が信じられないような、いい天気の朝だった。

ちょうど日の出となったとき、小屋からふたつ目のピークを過ぎたあたりに、二人の人がうつぶせに倒れているのを、登山者の一人が発見した。遠藤と野村であった。

〈一人は消耗して口もきけない状態だったが、もう一人の赤いヤッケを着た人は「ほかに八人が待っている。我々二人は救助を求めに歩いて来た」といった〉(十月十日付朝日新聞より)

このとき、周辺には二十人ほどの登山者がご来光の写真を撮るなどしていたという。しかし、二人を発見した登山者が救助の手助けをお願いしても、シャッターを押すのに夢中で誰も手を貸してくれなかったという。

その登山者は「ほかにも八人が遭難している」ということを聞き、ただちに小屋に引き返し、登山道に遭難者が倒れていること、ほかにも大勢の遭難者がいるらしいことを菅野に告げた。菅野は数名の従業員を引き連れて小屋を飛び出したが、遠藤と野村はほかの登山者の助けを借りて小屋のすぐそばまで運ばれてきていた。

午前六時三十分ごろ、二人は危機一髪のところで剣御前小屋に担ぎ込まれた。菅野は小屋の一階の小さな部屋にストーブを持ち込んで暖め、そこに布団を敷き、二人を着替えさせて休ませた。その間に残りの八人がどのあたりにいるのかを手短に聞き出し、それを無線で警備隊に知らせた。

情報は内蔵助山荘の常行にもすぐに伝えられた。遠藤と野村が救助されるまでは情報が錯綜していて、救助隊でも多少混乱していたようである。が、菅野からの連絡により、残る八人は真砂岳のあたりでビバークしているらしいということが判明した。

「だったら、もう一回全体的に見直してみようということで、今度は逆方向へ向かったんです」

真砂岳の山頂に立って双眼鏡を手にした常行は、富士ノ折立と真砂岳の鞍部、真っ白い雪の上に点在するものを発見した。「こりゃあ間違いないな」と思って斜面を駆け下りてみたら、やはりそれは変わり果てた姿の八人であった。

八人のうち三人は寄り添っていたが、ほかの者はバラバラに倒れていた。最後はパニック状態だったのだろう、周辺にはガスコンロやビスケット、ビニールシート、ヤッケなどが散乱していた。常行は警備隊に一報を入れたあと、「おい、しっかりしろ」と一人ひとりに声をかけながら頬を叩き、肩を揺すっていったが、誰一人として反応する者はなかった。

蝋人形のように真っ白になった者、座った体勢で空を指差して硬直している者、目を見開いていた者、開いた口の中にビスケットが入ったままの者……完全に手遅れであった。が、遭難者の名前や住所を確認するため、常行がかたわらに転がっていたザックのひとつを開けていたときだった。寄り添って倒れていた三人のうちの一人が、いきなりムクッと顔を上げてこう言ったのだった。

「……救助隊の方ですか……」

男性は同じ言葉を三回繰り返した。そのとき、やはり寄り添って倒れていた女性の手がピク

10月９日、大走りへの分岐付近の遭難現場。後方は富士ノ折立。読売新聞社提供

ピクと動いた。全員亡くなっているものと思い込んでいた常行は、まだ息がある者がいたことに驚きながらも励ましの言葉を掛けた。

「そうだ、助けに来たぞ。がんばれ」

だが、男性はその言葉には応えずにまた顔を伏せてしまい、女性の指ももう動かなかった。そのあといくら声をかけても、二人からの反応は返ってこなかった。

常行は再び無線で警備隊を呼び出し、「二人はまだ生きている」と告げ、大至急、毛布を持ってくるようにと小屋への伝言を頼んだ。

開けてみたザックの中には免許証があり、警備隊に問い合わせてみると、やはり行方の知れなかった八人パーティに間違いないことが判明した。

三十分もしないうちに、内蔵助山荘から若い者が毛布を持って駆けつけてきた。常行はまだ息のあった二人を毛布でくるみ、そのまま警備隊の到着を待った。

天気が回復したとはいえ、風はまだかなり強かった。まともに風を受ける稜線上ではみるみるうちに体が冷たくなってくるので、そう長くじっとはしていられない。警備隊を待つ間、常行は風を避けられるところへ移動して待機していた。「ほんとに吹きさらしのところに倒れていたんです。そこから二、三メートル下がれば、陰になっているところがあって、風雪を直接受けないですむんです。だから、倒れていた場所にたどり着くのが精一杯で、あとはなにも考えられなかったんじゃないですかね。せめて風だけでも避けていれば、あるいは二人の方は助かったんじゃないかと思ったりもするんですけど……」

警備隊がやってくるまでに、何人かの登山者が現場を通りかかった。なかには興味本位で写真を撮ろうとする者もいた。それを常行は、「こういう写真は撮るもんじゃないよ」と言っていさめた。

天狗平山荘の賢輔のところに警備隊から電話がかかってきたのは、朝食の準備で走り回っている六時ごろのことだった。警備隊から協力を求められるときは、「ちょっと手を貸してくれ」的なお手伝い感覚の要請が多かったのだが、このときはいきなり「動けるか？　大変なことが起こっている」と言われた。

「遭難だ。一人や二人ではない。十人ぐらい行方不明になっている」

そう言われて、賢輔には「昨日の吹雪でやられたんだな」とピンときた。天狗平山荘からも三パーティが縦走に出ていったが、猛吹雪に遭って引き返してきていた。間もなくして、工事のための物資輸送のヘリコプターが天狗平に飛んできた。このヘリのフライトプランを無理矢理変更してもらい、救助に当たることになった。

賢輔を乗せたヘリは室堂で高瀬を拾い、さらに前日の行方不明者の捜索のため雄山山頂にいた多賀谷をピックアップして現場へと向かった。一ノ越から稜線をなめるように飛び、富士ノ折立を越すか越さないかのところで、賢輔とパイロットがほぼ同時に「あそこだ！」と声を上げた。高瀬はこのときの様子を『岳翔』に寄せた手記にこう記している。

〈ものの2分もしないうちに、ヘリの窓から現場が見えてきた。何という光景であろうか。吹きさらしの尾根にゴロゴロ転がっている遭難者。これが現実とは信じられない。すぐ近くに内蔵助山荘があるのに、本当に六人は死んでいるのであろうか〉

七時五十分、ヘリは現場に到着した。ホバーリング態勢のまま、まだ息のあった二人を機内へ収容し、ヘリは病院へと急行していった。現場に残った高瀬らは遺体の収容作業や遺品の拾い集めを行なった。しばらくして再びヘリがやってきて、遺体となっていた六人を搬送した。最初に搬送した二人は、九時四十分、入院先の病院で息を引きとった。死因は、八人とも全員凍死ということであった。

その救助活動中に、常行が一人の登山者を発見した。

「あっ、あそこに人が歩いている」

その指差す方向を見ると、大汝山の三〇〇メートルほど下方の山崎カールの雪面の上を、登

真砂岳の山頂付近で遭難者を救助する捜索隊員ら。読売新聞社提供

山者が一人ふらふらと歩いていた。

「俺が行って確認してくる」

そう言って走り下りていった多賀谷が登山者と合流してみると、それは前日から行方不明になっていた男性であった。男性は多賀谷の問いかけにも応えず、ただボーッと突っ立っているだけだった。休ませて靴を脱がせてみると、ばりばりに凍りついていた。

その後、男性は県警ヘリに救助され、富山市民病院へと搬送されていった。一ノ越から室堂に下りて派出所で待機していた妻は、八人の大量遭難のニュースを聞いて絶望感に落ち込んでいたが、夫が救助されたという知らせに涙を流して喜んだという。

のちに男性が語ったところによると、彼は妻と別れたあと、一人で雄山に登り、その帰りに一ノ越へもどる途中で道がわからなくなり、山崎カールのほうへ迷い込んでしまったとのことである。夜中まであちこちさまよっていたようだが、朝四時ごろになってから岩陰でしばらく休み、七時ごろから再び歩きはじめたところを発見されたのだった。

立山で八人が死亡したというニュースは、すぐにマスコミに流された。剣御前小屋の菅野は、そのニュースをラジオで聞いた。

実は菅野には、劔御前までたどりついた遭難者は一人だけだったという記憶しかない。事故からもう十五年近くも経っているのだから、忘れるのも仕方ない。菅野の記憶にあるのが遠藤なのか野村なのかはわからない。ただ、小屋に担ぎ込まれたのち、しばらくすると男性が元気を取りもどしたことだけは記憶に残っている。

「嬉しそうに話をしていたのは覚えているんですよ。『助かってほんとうによかった。嬉しい』っていう話をしていました」

だが、菅野はラジオで八人が亡くなったというニュースをすでに聞いていた。それを男性に伝えるべきかどうか迷ったが、事態は決してハッピーエンドにはなっていなかったし、少なくとも男性は自分の喜びの感情を素直に表現できるぐらいには元気を取りもどしていた。結局、菅野は男にニュースを伝えた。

八人の死を知ったとたん、男性からはたちまち喜びの表情が剥がれ落ち、しばし愕然としていたという。

事故分析と検証

この事故は、ブームの真っ只中で起こった、中高年登山者による初めての大量遭難事故となった。そして事故の直後には、生存者の一人が手紙に書いてきたように、さまざまなマスコミによるさまざまな検証が行なわれた。

たとえばそのひとつに、装備が適切だったかどうかというのがある。十月十日前後に三〇〇〇メートルの山に登るには、装備がお粗末だったのではないかという指摘である。

秋のこの連休時と春のゴールデンウィークは、とくにアルプス級の山に登るときには最も装備に注意を払わなければいけないとされている。というのも、この時期は、天候によって山が真冬に逆もどりしたり、あるいは真夏のような暑さになったりするからだ。気候の差があまりに両極端なのである。

たしかに、助かった二人は、革製の登山靴に透湿性防水素材の雨具、Tシャツに長袖シャツ、セーター、ニッカボッカー、毛糸の手袋、帽子といういでたちだった。かたや亡くなった八人は、「軽装ではあったですよね。吹雪のなかを歩くのに適した装備ではなかったと思います」と、発見者の常行が言う。だけど、と常行は続ける。

「十月十日の体育の日のころでも、暑いときには半袖で稜線を縦走できるときだってあるんです。だから、もし天気さえよければ、充分に通用する装備だったと思います」

亡くなった八人のザックの中には、替えの下着や靴下やTシャツなどが入っていたが、手をつけられた様子はなかったという。もし、風雪をしのげるところに避難したうえで、それらを使っていたら、結果はまた違うものになっていたのかもしれない。

しかし、常行が指摘するのは、装備以前の問題である。「装備云々よりも、引き返す決断力があったかどうかに尽きると思います。まず勇気を持って引き返すことができたなら、この事故は防げたんじゃないですか」

山での厳しい状況下では、装備の差が最終的に生死を分けることがある。だけど、そういう状況に追い込まれる以前に引き返していれば、なにも問題は起こらない。

一ノ越山荘に着いた時点で、その先の行動を見合わせていたら……。雄山の頂上で昼食を摂ったのちに一ノ越へ引き返していたら……。

いちばん重要なのは、天気がどんどん悪化するなかで、しかも装備が不充分な状況下では、いかに〝早く引き返す〟決断ができるかどうか、なのだと思う。

もう一点、取材を通して感じたのは、山の危険に対する遭難パーティの危機感の低さだ。猛吹雪に見舞われているにもかかわらず、山頂でのんびり豚汁をつくって食べることなど、ふつうではあり得ない話だ。その後、引き返しているならまだしも、十人はなにかに引きずられるようにして先に進んでいってしまっている。

「同じ日、やはり雄山の頂上にいたある山岳会のパーティは、遭難パーティと同様のルートで別山乗越から劔沢に入ろうとしていましたが、吹雪のなか稜線上で行動するだけの力は自分たちにないと判断し、いったん室堂に下りて雷鳥沢から劔沢に向かったといいます。それは賢明な判断だったと思います。稜線で吹雪に遭遇したら、まともに前を見られないし、お互いの声も届かないので、パニックになるのは目に見えます。でも、遭難したパーティはそれがわからなかったんですね」（高瀬）

雄山の山頂に着いた時点で、メンバーの中には体の不調を訴える者もいた。雄山を出発してしばらくすると何人かが遅れはじめ、隊列はバラバラになった。吹雪もますますひどくなっていた。それでもリーダー格の男性は、なにも手を打とうとはせず、ただ前へ前へと進み続けた。行動不能に陥るものが出て、ようやく救助を要請しようとしたが、その判断はあまりにも遅すぎた。

「彼らは大汝の避難小屋（休憩所）を通過していっているわけですよね。なんであそこに避難しなかったのか。当事者にしてみれば非常事態なのだから、小屋を破ってでも避難するのは仕方がないと思います。このケースではほかにもいろんな分岐点があったと思いますが、その分岐点をすべて遭難する方向へ突っ走っていってしまいましたよね」（多賀谷）

この事故には、たくさんの〝たら〟〝れば〟が存在する。だが、多賀谷も高瀬も常行も、口をそろえたように「結果論に過ぎないんだけど」と最後に付け加えた。

起きてしまった事故に対し、たしかに第三者はなんとでも言える。それはフェアなことではないと自覚しながらも言わざるを得ないところに、遭難事故防止活動や救助活動に携わる者たちの苦悩があるような気がする。

高瀬は、この事故についての手記を、こう結んでいる。

〈何回となく現場を体験していても、目前に遺体がゴロゴロしている異様な光景は初めてで、生涯忘れることはできないだろう。

稜線に散った八人の尊い生命……

こんな悲劇は二度と繰り返してはならないと思った〉

第九章

吾妻連峰のスキーツアー遭難事故

スキーツアー

山形県の最南部、福島との県境に東西に連なるのが吾妻連峰。その東側、東吾妻山や吾妻小富士を従える東吾妻連峰は、山スキーのメッカとして古くから人気を集めてきた。

一九一一（明治四十四）年一月十二日、日本陸軍視察のため新潟の高田歩兵連隊に配属されたオーストリア・ハンガリー帝国の軍人、テオドール・エドレル・フォン・レルヒ少佐が青年将校にスキーを指導したのが、日本におけるスキーの起源であることはよく知られるところだ。その約二カ月後、レルヒ少佐と同じころに来日していたオーストリア商社の日本駐在員、エゴン・フォン・クラッツァーと、上智大学のドイツ語講師、レオポルド・ウインクラー（いずれもオーストリア人）は、東吾妻連峰の北麓にある五色温泉の宗川《そうかわ》旅館を訪れ、泊まりがけでスキーを楽しんだ。それがきっかけとなり、同年十二月二十五日、日本最初の民間スキー場である五色温泉スキー場がオープンした（リフトの老朽化などにより一九九八年に閉鎖）。

当時からスキーは富裕層や外国人のみが楽しめるスポーツとされており、一九二四（大正十三）年には皇室専用の会員制スキークラブ「六華倶楽部」が宗川旅館の敷地内に建設され、多くの皇族が吾妻連峰でスキーを楽しんだ。家形山の北東山中に建つ東海大学緑樹山荘も、皇族専用の避難小屋として大正末期に建設された青木小屋が前身である。

大正期には、槇有恒、深田久弥、串田孫一ら著名な登山家も相次いで五色温泉を訪れ、それぞれ紀行文を残している。最後の備中松山藩主を父親に持ち、スキーの機動力をいち早く雪山登山に取り入れた登山家、板倉勝宣もその一人だ。

板倉が初めて五色温泉を訪れたのは、一九一六（大正五）年十二月二十四日のことのようだ。彼の著書『山と雪の日記』に収められている「五色温泉スキー日記」には、友人らとともに年明けの一月二日まで温泉に逗留《とうりゅう》しながら、周辺でスキーの練習をしたりショートツアーに出たりした様子が楽しげに綴られている。また、そののちも五色温泉を再訪し、オーストリア人のウインクレル氏（前出のレオポルド・ウインクラーと思われる）や友人らと五色温泉から福島県側の高湯温泉への山スキーツアーを楽しんでいる。

大正期から戦前にかけて、五色温泉や高湯を起点に高倉山や家形山などを巡るコースには多くの山スキー愛好家が訪れ、冬の東吾妻連峰はスキー登山の好フィールドして広く知られていく。戦中は山スキーヤーの姿も途絶えたものの、戦後しばらくすると、冬の東吾妻にぽつぽつとシュプールが刻まれるようになっていく。

一九五六（昭和三十一）年十二月からは、高湯温泉に新設されたゴルフ場が冬期間のみ高湯スキー場として営業を開始し、多くのスキーヤーが訪れた。六二（昭和三十七）年には高湯温泉の上部に白樺平スキー場が、六七（昭和四十二）年には石楠花スキー場もオープン（両スキー場はのちに統合して、あづまスキー場となった）。リフトのおかげで冬のアプローチが大幅に短縮されたことにより、戦前の五色温泉に代わって高湯温泉がスキー登山の拠点となっていった。ちなみに戦前に東吾妻を山スキーで訪れていた深田久弥は、『日本百名山』の「吾妻山」の項に次のように記している。

〈吾妻山のなかでも、東部の方が交通の便に恵まれているので早くから開け、スキー場として繁盛していた。しかしスキー・リフトが普及して以来、大部分のスキーヤーはそれのみに固執して、美しいタンネの森に処女雪を踏んで行く醍醐味を忘れたかの感がある。吾妻山のスキーの魅力は、その広い区域のワンダリングの楽しさにある〉

残念ながら吾妻スキー場は二〇〇六（平成十八）年に閉鎖となり、今日の東吾妻連峰のスキー登山の拠点は浄土平に変わっている。ただし、高湯温泉から浄土平を経て土湯峠に至る磐梯吾妻スカイラインは冬季通行止めとなるため、厳冬期に入山する山スキーヤーは非常に少なく、実質的な山スキーシーズンはスカイラインが開通する四月上旬以降のわずか一カ月弱ほどしかない。

なお、吾妻連峰の西側、西吾妻山を盟主とする西吾妻連峰においては、調べたかぎり古いスキー登山の記録は見当たらず、山スキーのフィールドとしての歴史は浅いようだ。しかし、山形県側では一九六三（昭和三十八）年に天元台吾妻国際スキー場（現在の天元台高原スキー場）が、福島県側では九二（平成四）年にグランデコスノーリゾートがオープン。これにより厳冬期でも容易に稜線までアプローチできるため、山スキーシーズンは東吾妻連峰に比べると断然長い。

さて、この吾妻連峰でも大きな遭難事故がこれまでに何件か起きているが、そのなかでも山岳遭難史上に残る事故として挙げられるのが、一九九四（平成六）年二月に起きた、スキーツアーの七人パーティによる遭難である。

建国記念日絡みの三連休の初日となる二月十一日の朝、三十から六十代の男女七人が東京駅に集合し、七時四分発の新幹線あおば二〇三号で福島へと向かった。

七人のうち平岡實（三十八歳）と松本政子（五十四歳）は同じ社会人山岳会に、栗原一恵（四十一歳）は別の山岳会に所属しており、ほかの四人は無所属であった。リーダーの坂根正一（六十八歳）は日本山岳ガイド連盟（日本全国各地の山岳ガイド組織、山案内人組織が結集した全国団体。一九九〇年に発足したが、二〇〇三年に日本アルパイン・ガイド協会と統合合併し、現在の日本山岳ガイド協会となる）に所属する山岳ガイドという肩書を持っていたが、この計画は坂根のガイド山行ではなく、通称「坂根グループ」の山行として実施されたものだった。

坂根は一九二五（大正十四）年樺太生まれで、子どものころから生活に欠かせないものとしてスキーに親しんでいた。山スキーに魅せられたのは一九七〇（昭和四十五）年、会社の後輩に誘われて北アルプス・蓮華温泉への山スキーツアーに参加したのがきっかけだった。以降二十四年間にわたって、坂根は毎年欠かさず蓮華温泉スキーツアーに参加し続けてきた。その過程で、最初は会社のごく限られた仲間内で始まったツアーに、同僚やその友人らが加わるようになり、さらに山小屋で出会った人たちなどと、参加者の輪はどんどん広がっていった。

また、ツアーの経験を重ねるうちに坂根自身のスキルも向上し、細かな地形も頭に叩き込まれ、どんなに天気が悪かろうと、見通しがなかろうと、確実にルートをたどって蓮華温泉に降りられるまでになっていた。加えて坂根は誰にも面倒見がいいうえ、初対面の人でも惹きつけてしまう人間的魅力があった。そして気がつけば、坂根はいつの間にか蓮華温泉ツアーのリーダー的存在となっており、彼を中心とした山仲間の集まりは「坂根グループ」と呼ばれるようになっていた。

のちに刊行された事故報告書には、「坂根グループ」についてこう記されている。

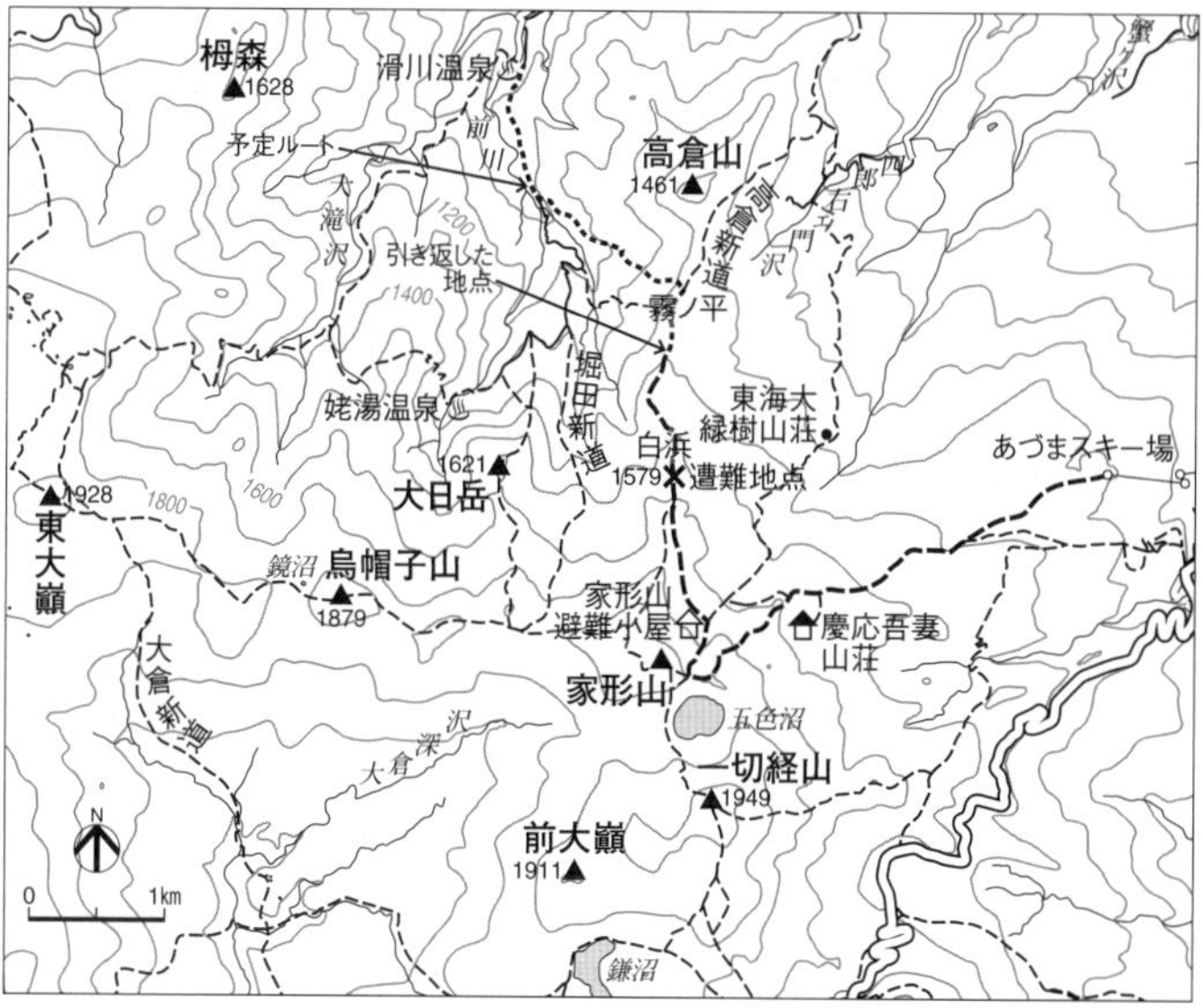
栂森
1628
滑川温泉
予定ルート
前川
高倉山
1461
大滝沢
1200
引き返した地点
1400
高倉新道
石五門沢
四郎
霧ノ平
姥湯温泉
掘田新道
東海大緑樹山荘
白浜
1579
遭難地点
あづまスキー場
1621
大日岳
1928
東大巓
1800
1600
鏡沼
烏帽子山
1879
家形山避難小屋
慶応吾妻山荘
家形山
五色沼
大倉新道
大倉深沢
一切経山
1949
前大巓
1911
鎌沼
N
0
1km

〈「みんな自由に楽しんでいるなって、見ているのが楽しい」。何の代償を求めることもなく、自分の出来ることで相手に喜びを与え、友が友を呼ぶ。来る者を拒否することもなく仲間に加えていく。喜んでもらえる顔を見るのが好きな坂根と、「山」も「スキー」も「坂根」も楽しみたいメンバー達。こんな漠然とした集まりを「坂根グループ」と呼んでいた〉

坂根グループとしての山行は、あくまで蓮華温泉スキーツアーが中心であったが、大雪山や八幡平、志賀草津、大渚山など、ほかの山スキーエリアへも出掛けていった。吾妻連峰への山スキーツアーは、それまでに少なくとも十回以上は実施しており、坂根にとっては馴染みのあるエリアだった。参加メンバーも、坂根グループの山行で三、四回はいっしょになったことがあり、初対面同士という者はいなかった。

ルートの喪失と彷徨

午前九時十九分、福島駅に到着した七人は、駅で着替えを済ませ、共同装備を分配したのち、ワンボックスのジャンボタクシーであづまスキー場へ向かった。一行の計画は次のとおりだ。

二／十一　あづまスキー場～慶応吾妻山荘分岐～家形山～家形山避難小屋（泊）

二／十二　家形山避難小屋～滑川温泉（泊）

二／十三　滑川温泉～奥羽本線峠駅

滑川温泉は冬季休業となるが、施設のメンテナンスのため管理人が常駐しており、事前に連絡を入れれば宿泊ができた。一日目は家形山避難小屋で豪華な食事をつくり、二日目は貸切状態の温泉宿で宴会を楽しめるこのコースをたどるのはこれが三回目で、坂根のお気に入りのツアーコースだった。

あづまスキー場を出発したのがちょうど十二時ごろ。天気は高曇りだったが風が強く、四本のリフトのうち二本目と四本目の二本が動いていなかった。七人は一本目のリフトを降りたのち、シールを付けて登りはじめた。ちょうど三本目のリフトを降りてゲレンデを登っている途中で、四本目のリフトが動きはじめた。ゲレンデトップから樹林帯に入り、慶応吾妻山荘分岐へ緩やかに登っていく。午後一時半ごろ、分岐の手前で休憩を取り、各自それぞれ行動食を食べた。

分岐の先で、家形山へ登るルートと、山腹をトラバースして家形山避難小屋へ向かうルートが二分する。七人は避難小屋へのルートを探したが、方向が定められず、また雪が深く歩きにくかったため、ひとまず家形山方向へ向かうことにした。

スリップしそうな急斜面を登り詰め、五色沼を左に見下ろす稜線に出たのち、家形山との間にあるコルに下った。コルからは家形山に登らず、直接、家形山避難小屋を目指した。スキーにはシールを付けたまま下ったが、下りはじめは木立ちのない急斜面で、数人のメンバーは転倒しながら下っていった。

避難小屋に着いたときは、夕刻の四時半ごろになっていた。コルに到着したのが二時半。通常、コルから避難小屋までは三十分ほどだが、二時間もかかったことになる。転倒したメンバーを待ったりしながら下ったせいもあるかもしれないが、いくらなんでも時間がかかりすぎていたので、あるいは証言者の記憶違いなのかもしれない。

到着後、坂根とマネージャー的立場の松井節子（四十五歳）は小屋の中を整理し、夕食の準備に取り掛かった。ほかの五人は外へ薪拾いに出ていった。焚き火を起こした小屋の中は煙たかったが、暖かく快適だった。夕食のメニューは焼肉、シチュー、ごぼうの肉巻きなど。なかでも小屋に備え付けのスコップで焼くステーキは、このツアーの大きな楽しみのひとつであった。みんなで酒を飲みながら夜のひとときを楽しく過ごし、九時ごろには就寝した。

翌十二日は朝五時から六時の間に起き出して、前夜の残ったご飯とスープスパゲティの朝食を摂った。小屋の中を掃除して行動を開始したのが八時十五分。風はほとんどなく、小雪がちらつくなか、県境尾根に向かって樹林帯を登っていった。積雪は膝下までで、坂根、平岡、松本が交代でラッセルをした。

事故報告書には「九時三十分、夏道の標識に出会う」とあるので、県境尾根に乗ったと思われる。しかし尾根上は小さな木があって歩きにくかったため、シールを付けたまま尾根の東側を下降した。斜面は滑りにくく、みんな転びながら下っていき、途中からトラバースして尾根へと向かった（事故報告書によると、雪崩の恐れがあり、トラバースするには危険な斜面だという）。

夏道上にある一五七九メートルの白浜には午後一時過ぎごろに着いた。依然として小雪が舞っていたが、周囲の山々がときどき見える程度の視界はあった。

「やっと目標が見つかった。霧ノ平も見えた。これで行ける」

そう坂根が言った。平岡は坂根から「あれが高倉山だ」と教えられた。

しかし、避難小屋を出発して白浜に着くまで約五時間。事故報告書でも指摘されているが、やはり時間がかかり過ぎている。

白浜付近の尾根には雪が付いていなかったため、尾根の西側をトラバースするように進み、途中で尾根に上がった。その先はところどころに小さな雪庇があって滑りにくかったので、尾根の東側に入って進んだ。

三時前になって、坂根からストップがかかった。霧ノ平には滑川温泉への下降点を示す標柱があるはずなのだが、その標柱にはまだ出会っていなかった。坂根は「一時間半も行動してきて標柱が見つからないのはおかしい。気がつかないうちに霧ノ平を通り過ぎてしまったのだろう」と判断し、往路をもどることをメンバーに告げた。

だが、霧ノ平はまだその先だった。引き返すことを決めた地点は、一四〇三の小ピークの手前あたりだったと思われる。事故報告書は、このピークを高倉山への登りと間違えた可能性を指摘する。

〈通常、この岩峰は東側を巻いて通過するが、注意していないと稜線をそのまま登ることになる〉(事故報告書より。以降、出典のないものは同書からの引用となる)

このとき平岡と松井は「家形山避難小屋にもどってもいいな」と思ったが、口には出さなかった。

しかし、引き返しても標柱が見つかるわけもなく、白浜の少し北側の森林限界付近までもどったところで再び行動を停止する。標柱が見つからずに不安が膨らんできたのだろう、坂根と平岡が尾根の西側を、松本と尾島京子(三十七歳)が東側を降りて偵察したが、現在地を確認することはできなかったようだ。

ここで坂根がどう考えたのかはわからないが、今度は尾根の西側斜面を北へ向かってたどりはじめ、再び一四〇三ピークの手前あたりまで戻ってきたのが午後四時四十五分。あたりはもう暗くなっており、冬山の常識からすれば、とっくに行動を終了していなければならない時間帯だった。

だが、坂根はここにきて家形山避難小屋に引き返すことを決め、ヘッドランプを点けて再び尾根の西側を南へもどりはじめる。尾根の西側斜面にこだわったのは、坂根が三年前に同じコースを滑っており、その際には白浜あたりの尾根から斜面を西に下り、霧ノ平の下までトラバースするルートをとっていたからだ。

〈霧ノ平から下のルートが分かっていれば、ここから下ってもよかったが、（経験のある）坂根が分からなかったので、自信がなかった。避難小屋へのルートははっきりしているので、もどる方が下るより安全に思えた〉（平岡）

高倉山〜霧ノ平の稜線上にいることは間違いないが（実際の位置は霧ノ平と白浜の間）、どうしても現在地が特定できず、滑川温泉への下降点がわからない。それが坂根の認識だったのだろう。同じところを何度も行ったり来たりするのは、いたずらに体力を消耗するだけなのに、そうせざるを得なかったところに、坂根のあせりが見て取れるようだ。

夜の闇が迫りつつあり、しかも風雪のなかでは、そう長い時間行動できるはずもなく、避難小屋までたどり着くのはどだい無理だった。場所は白浜と霧ノ平の中間地点あたりだろうか、坂根がビバークを決断したのは六時半ごろのことであった。

ツエルトやシャベルは誰も持っていなかったので、尾根の西側の樹林帯のなかで、一本の木の根元にコッヘルで雪洞を掘った。木を取り囲むように半円形の穴を掘り、最初に松本と栗原が中に入って食事の準備に取り掛かった。

雪洞は七人が足を投げ出して座れる程度の大きさで、横になることはできなかった。坂根の指示で内部を広げたが、入口（穴の上部）も広がって雪が吹き込んできてしまう結果となった。そこで入口にスキー板を並べておき、銀マットを乗せ、その上に雪を入れたビニール袋やザックを置いて重しとしたが、風雪は多少吹き込んできた。寒さと冷えを防ぐために、着られるものはすべて着込み、背中と尻にはエアマットや銀マットを当てた。携行していたシュラフを使わなかったのは、雪洞が狭いうえ、濡らすことを嫌ったためと思われる。雪洞内にはガスストーブを置くスペースはなく、一人がストーブを、もう一人がコッヘルを持って炊事をした。平柳直子（四十四歳）が次のように証言する。

〈食べた共同食料はスープスパゲティ一～二個だけで、私が持ち込んだ行動食の菓子パン1個半とごぼう肉巻き2～3個を皆で分け、この他に小チーズ1／2ずつ、チョコ1／7、プルーンとホットウイスキーを各自がとった〉

〈この他にラーメンを食べたと思う。他のメンバーも行動食を持ち込み食べていたような気がする〉（平岡）

朝を待つ間、交代でときどきガスストーブを点けて暖をとった。窮屈な姿勢と寒さのため、誰もがほとんど眠れなかったようだが、この時点ではまだパーティに緊迫した雰囲気はなかったという。

遭難者の連鎖

十三日の朝は五時から六時の間に起床し、八時ごろ雪洞から出て行動を開始した。朝食については、平岡は「行動食のパンかなにかを食べた。各自が適当に食べたのではないか」と記憶するが、平柳は「なにも食べずに出発した」と断言している。

外気温はかなり低く、外に出してあったザックは固く凍結し、背負うときに苦労した。視界は数十メートルほどで、マット類をまともにたためないほどの強風が吹き荒れていた。それでも同様の強さの風は過去の冬山でも経験しており、天候も行動できないほど悪くはなかった。この日の行動についてのメンバー全員の共通認識は家形山避難小屋に引き返すことであり、滑川温泉に下ることや雪洞で停滞することは選択肢になかった。

出発しておよそ三十分後、前日に引き返した地点、白浜の少し北側の森林限界付近に出た。ここから急斜面を登って白浜への尾根に乗ろうとしたが、立っていられないほどの猛烈な風に見舞われた。あまりの風の強さに平柳は思わず転倒し、なかなか起き上がることができなかった。

仕方なく風が弱まるところまで後退し、坂根の指示で尾根の東側斜面を進むことにした。東側は風が弱く、降雪もなかったが、トップは腰までのラッセルとなり、一時間ほどラッセルしてもほとんど前に進めなかった。これではラチがあかないと、平岡が坂根に「こんなことをしていたら避難小屋には行き着かない。尾根に戻り、這ってでも強風地帯さえ通過すれば、なんとか小屋まで行ける」と進言し、ラッセルしたルートをもどることになった。

森林限界付近にもどったのが十一時半ごろで、七人は再度、強風帯の急斜面に取り付いた。斜面の高低差は約二〇〜三〇メートル、距離は八〇メートルほどで、一カ所段差があった。その段差のところで全員がスキーを外し、つぼ足で登っていった。このころからパーティは平岡、松本、平柳の三人と、ほか四人の二班に分裂しがちになり、ことに栗原の遅れが目立ちはじめていた。白浜の手前に差し掛かったときに平柳が振り返ると、後続が見えなかったので、そこで少し待った。

全員がそろってから再びスキーを装着し、緩斜面を登って白浜へと向かった。依然として風は強かったが、先ほどの強風帯ほどではなかった。白浜付近は尾根上に雪がなかったので、尾根の西側の斜面をトラバースした。白浜の五〇メートルほど南側はコル状になっていて、その先から家形山への登路が続いていた。そこを少し登ると樹林帯となり、東側の斜面に入れば風が弱まった。

その樹林帯のなかに栗原以外の六人が入ったのが十二時～十二時半ごろ。栗原は距離にして七〇～八〇メートルほど遅れており、待っていてもなかなかやってこなかった。それでもまだ切迫感はなかったという。

〈早く避難小屋に入って、暖かい物を食べたいと思っていた。状況は悪いが、別のメンバーと行った大渚山の山スキー（強風、道迷い、雪の状態が悪い）の時ほどの緊迫感はなかった〉（平柳）

あまりに栗原の到着が遅いので、平岡が自分のザックを置いて迎えにいき、ふらふらになって歩いている栗原のザックを持ってもどってきた。平岡によると、栗原のザックはずいぶん重く、それがバテの原因になっているかもしれないと感じたという。栗原を待つ間、坂根はほかのメンバーにこう言った。

「栗原が疲れている。彼女は避難小屋までは絶対に登れない。滑川に下ろう。六時間三十分で下れる」

なにを根拠に「六時間三十分」と言ったのかわからないが、前日から滑川温泉への下降点がわからず、何度も行きつもどりつして、いたずらに体力を消耗していることを考えると、ほかのメンバーの賛同を得られる提言だとはとても思えない。あるいはすでにこのとき、坂根も冷静な判断を下せる状態ではなかったのかもしれない。

まだ到着しない栗原を心配し、再び平岡が迎えにいくと、栗原はふらふらの状態で、「もうダメ。私、動けない」と平岡に訴えた。

〈こんな所でと思い、焦った。彼女を励まし、歩かせようとしたが、そのうちに「もう私立っていられない」と言って、座り込んでしまった。とにかく皆のいる弱風帯に行くため、「這ってでも来いよ！　こんなところじゃしょうがないよ」と彼女に言った〉（平岡）

その叱咤に栗原は這って進みはじめたが、コルから少し登ったところで動かなくなってしまった。そこは風の通り道になっていて風が強く、平岡はなんとか栗原を動かそうとしたが、一人の力ではどうにもならなかった。

その後、メンバー全員が栗原がいる場所まで下りてきた。時刻は不明だが、この時点でようやく坂根は「救助要請をしよう」と言って、ビバークポイントを探しにいった。栗原は、最初のうちはみんなの呼び掛けにも答えていたが、やがて反応がなくなってきた。それを見た平柳は、「もうダメかもしれない」と思ったという。

午後一時ごろ、ビバークする場所を探しにいっていた坂根から「とりあえず雪洞を掘るから栗原を連れてきて」と言われ、その場から移動することになった。坂根が探してきた場所は、栗原が動けなくなったところから三〇メートルほど白浜方面にもどった地点で、コルにいったん下って登り返す必要があったが、風当たりは弱かった。

平柳が「栗ちゃん、歩けなかったら、お尻で滑ってもいいから動こう」と声を掛けると、栗原は体を動かしてコルに滑り落ちたが、そこからは自力で動けず、意識もほとんどなくなってしまった。平岡が背負って運ぼうとしたがうまくいかなかったので、シュラフに入れてみんなで搬送することにした。四苦八苦して栗原をシュラフに押し込み、どうにかビバーク地点まで引っ張り上げた。しかし、掘った雪洞は深さわずか三〇センチほどで、雪洞というよりは雪面の窪みのようなものだった。

そこに栗原を横たえたのも束の間、今度は松本が雪洞の縁に腰掛けてうつらうつらしはじめた。平岡が「寝ちゃダメだ」と言ったが、松本は「ここでいい」と言って眠りに落ちてしまったので、平柳と尾島がシュラフに入れて栗原の隣に寝かしつけた。

さらに松井も「眠い」と言い出したので、平岡が違う場所に松井のための雪洞を掘りはじめた。なんとか一人用の雪洞を掘り、すでに意識が混濁しはじめていた松井をシュラフに入れて雪洞に収容したが、あとで気がつくと松井はシュラフから出て眠っていた。

動けるメンバーの間では救助を要請しにいく話も出たが、次々に力尽きていくメンバーの対処をするのが精一杯だった。三時半ごろになって平柳が坂根に「救助要請に行かないのか」と尋ねると、「今日はもう遅いし、雪崩の危険もあるので行かない。ここに雪洞を掘って、お湯を沸かそう」と言われたので、栗原と松本の雪洞の横にコッヘルで雪洞を掘りはじめた。硬い雪や雪中の木の根などに苦労しながら掘り進めたが、そのすぐそばで尾島が風にさらされていたので、途中で掘るのをやめて平柳と尾島が雪洞の中に入った。

風は西側から吹いていて、風下側（尾根の東側）に少し下れば雪洞を掘るのに適した斜面があったが、誰もそのことにはまったく気づかなかった。

この、ビバーク地に複数の雪洞を構築する作業中に、坂根は自分のザックを二回、風で飛ばされた。一回目は探しにいって回収してきたが、二回目は見つからず、すべての装備を失ってしまった。その坂根のために平岡は別の雪洞を掘ったが、坂根は一時的に目が見えなくなっていたようで、誤って雪洞を崩してしまった。平岡は再度、深さ一・五メートルほどの一人用の縦穴の雪洞を掘り、そこに坂根を入らせた。坂根はザックを失くしてシュラフもなかったので、平岡が自分のシュラフを坂根の体に掛けて保温した。

尾島とともに先に雪洞に入っていた平柳は、雪洞の中でガスストーブを使おうとしたが、ガスボンベとバーナーヘッドが結合できず、使用できなかった。ヘッドランプも不調で、スイッチを入れると数秒間点灯するものの、すぐに消えてしまった。いずれも低温が原因のトラブルと思われた（推定気温マイナス一〇度以下）。そのヘッドランプも、用を足しに外に出たときに風で飛ばされて失くしてしまった。

「手の色が変わってきちゃった」

尾島にそう言われて平柳が手を見ると、凍傷のため黒く変色していたので、「明日、病院で診てもらおうね」と言った。

坂根を雪洞に収容した平岡は、平柳と尾島が入っている雪洞に上半身だけを突っ込み、下半身は外に出したまま横になった。雪洞が小さいので、そうするしかなかったのだ。その平岡が雪洞の入口を塞ぐ形となり、雪洞の中は意外に暖かかった。

平柳はシュラフとシュラフカバー、エアマット、銀マットを雪洞内に持ち込み、ザックは外に置いていた。尾島は自分のザックをどこかに置き忘れ（雪洞の入口近くに置かれていた）、平柳からシュラフカバーを借りて、その中に入った。


うつらうつらしながら夜を明かして迎えた十四日の朝。意識があったのは、同じ雪洞に入っていた平岡と平柳、尾島の三人だけだった。

〈坂根、松本、栗原、松井の近くに行き、声を掛け、体を揺するが、返事はなかった。4人とも体は固くなっていた。死んだとは思いたくなかった〉（平岡）

前の晩、平岡は坂根からこう言われていた。

「平岡君、迷惑かけて申し訳ない。皆によろしく」

それが最後に聞いた言葉となった。

この日の天気は小雪だが、猛烈な風はまだおさまっていなかった。平岡と平柳は出発するために雪洞の外に出たが、尾島がなかなか出てこなかった。そのうち「トイレできないから、ここ（雪洞内）でしてもいい？」と声が掛かり、平柳が「いいよ」と答えたが、手が凍傷のためオーバーズボンのファスナーや下着の上げ下げができず、平柳が手伝った（平柳はウェアのファスナーすべてに紐の取っ手を付けていたので、凍傷になった手でも自分で開閉できたが、尾島のウェアのファスナーにはそれがなかった）。

「尾島さん、早く行こうよ」

「三人でいっしょに下ろう」

平柳と平岡はそう言って出発を促したが、もはや尾島には行動するだけの体力は残っていなかった。

「もう私、いいここで。動けそうもない。心残りはないし。平柳さん、親切にしてくれてありがとう」

「ここにいたんじゃ、みんなと同じになっちゃうよ」

そんな言葉が交わされたが、結局、尾島は動かなかった。

「私も行き着けるかどうかわからないけど……」

平柳は最後にそう言って、八時過ぎに平岡とともにビバーク地をあとにした。

リーダーが不在となったのち、二人が目指したのは家形山避難小屋ではなく、滑川温泉だった。スキーを履いていては立っていられないほどの強風だったので、スキーを両手に持ち、這って尾根から西側の斜面に入った。沢に入っても風は強く、平柳は振り子状の斜面で何度も転倒した（二人が下っていったのは、滑川温泉に通じている前川の枝沢だったが、それを認識していたのかどうかは不明）。平岡は吐き気がおさまらず、何度も吐いた。

九時から九時半ごろ、樹林帯に入ったところで休憩を取った。

〈筋肉痛がひどかった。途中の雪面の穴を見て、そこでシュラフに入って眠りたいと思った。「もう置いていって」と平岡に言ったが、「ダメだ、一緒に行こう」と言われた〉（平柳）

幸いだったのは、この休憩中にストーブに点火できたことだ。温かい砂糖湯を飲み、平岡が持っていたおにぎりをひとつ湯で溶かして食べると、元気が出てきた。

〈筋肉痛も消え、また行こうという気になった〉（平柳）

休憩後はシールを外して滑降し、午後四時まで行動した。平柳にはまだ余力があったが、平岡が「ビバークしよう」と申し出た。メンバーの中ではいちばん体力があった平岡だが、前日にいくつもの雪洞を掘り、しかも下半身を外にさらして夜を明かしたこともあって、だいぶ疲労が蓄積していたようだ。平柳がコッヘルで雪洞を掘る間、平岡は動かずにぼーっと座っているだけだった。

雪洞内は暖かかったが、二人とも手の指は凍傷にかかっていた。夕食にはモツ煮込みとチーズを食べ、日本酒とコケモモ酒を飲んだ。就寝時には、平柳はエアマットを敷いてシュラフに入った。平岡は銀マットの上に横になり、その上から三季用のシュラフとシュラフカバーを掛けただけで寝た。

翌十五日の朝は、明るくなってから目が覚めた。風は強かったが、天気はよく陽が射していた。おにぎりとパックの赤飯とたくあんを雑炊にして二人で食べ、八時から行動を開始した。すぐに登りとなりシールを付けようとしたが、どちらのシールも接着面がきかなくなっていたので、バンダナを裂いて板に縛り付けた。

地形図上に表記されている七つの堰堤を数えながら下っていき、最後の堰堤の下で橋に出た。それを見て、平柳は「助かった！」と思ったという。

十二時半、やっとのことで滑川温泉にたどり着いた。温泉には人の気配がなく、「無人では」と心配したが、三十分後に宿の人に発見された。そのときの模様を、滑川温泉福島屋のオーナー・笹木正道は次のように話している。

〈旅館の前でスキー板を外して休んでいる二人を息子が見つけた。二人は疲れ切った様子で何も話したくないようでした。しばらくして男の方が〝まだ上に五人いる〟とボソッと言ったので、これは大変とばかり米沢警察署に通報した。二人は凍傷がひどく、口かずも少なく、特に女性の方はうなだれて一言も発しなかった〉（二階堂匡一朗著『吾妻山回想譜　―先人に捧ぐる鎮魂歌―』より）

坂根グループ七人の遭難が確実視されたのは、下山予定日翌日の十四日のことである。しかし、登山届がどこにも提出されていなかったこと、ふたつの山岳会のメンバーと未組織登山者の混成パーティだったことなどから、初動の情報収集は難航した。たどったコースや参加メンバーの特定などに時間がかかり、捜索・救助活動が始まったのは、平岡と平柳が自力下山した日の朝になってからだった。

捜索・救助活動の構成員は福島県警の警察官のほか、地元の社会人山岳会「吾妻山の会」のメンバー、遭難者が所属していたふたつの山岳会の会員らで、地上からの捜索を展開した。また、福島県知事から要請を受けた自衛隊がヘリコプターを出動させ、空からの捜索も行なわれた。その活動中に、遭難パーティのメンバー二人が下山したという一報がもたらされた。二人から「ほかのメンバー五人は霧ノ平と高倉山のコルでビバークしている」ことが伝えられ（実際のビバーク地点は白浜付近）、自衛隊のヘリが現場付近を捜索し、ビバーク地点が特定された。その後、地上班も現場へ向かって救助活動を手伝い、五人はヘリで福島市内の病院へ搬送されたが、全員死亡が確認された。

なお、この捜索・救助活動中に、遭難者の一人が所属する山岳会のメンバーが行方不明になるという二重遭難が起きた。幸い大事には至らず、夜間自力下山中に、捜索に出ていた吾妻山の会のメンバーと合流して無事下山した。

「楽しい登山」の落とし穴

一九九四(平成六)年二月十一日~十三日の連休は全国的に大荒れの天候となり、坂根グループの件を含め、八都県で十一件の遭難事故が発生し、遭難者数は三十人にのぼった。その内訳は、死者六人、行方不明一人、重傷者二人、軽傷者二人、無事救出十九人となっている。

この悪天候をもたらしたのが南岸低気圧である。二月九日、関東では平年より十七日も早く春一番が吹いたが、その二日後の十一日に東シナ海に低気圧が発生し、発達しながら本州南岸を東進した。

この影響で十二日、西日本から東日本の各地は大雪に見舞われ、東京では二三センチの積雪を観測する、二十五年ぶりの大雪となった(十二日の朝、家形山避難小屋出発時に天気がさほど悪くなかったのは、東北地方は太平洋とオホーツク海にあったふたつの強い低気圧に挟まれて、一時的な高圧帯に入っていたためだという)。さらに十三日には西高東低の強い冬型の気圧配置となり、そこに沿海州からマイナス四〇度の寒気が入り込んだため、吾妻連峰では十四日にかけて激しい風雪が吹き荒れたのだった。

ただ、この悪天候は事前に予測できたことであり、天気予報でも「連休の山は大荒れになる」と注意を促していた。問題は、天候について関心を持つ者が、坂根グループには誰一人としていなかったことだ。

〈(山行前はいつも見ているのだが)今回は天気予報を全く知らなかった。集合後の列車の中でも、避難小屋でも天気予報に関する話題は全く出なかった〉(平柳)

〈事前に見たような気がするが、見ていないかもしれない〉(平岡)

そもそも坂根は、山行時における天候にはほぼいつも無頓着だったという。

〈これは蓮華ツアーで天気が悪くても行けた自信がそうさせたのだと思う。大人数の時や、初めての所で出発時に余程悪いとき、不調な者がいたとき、メンバーで強く中止を言う者がいたとき以外は、天気が悪くても出発していたし、他のものもそういうものだと思っていた〉

だから事前にあまり天気予報を参考にしなかったし、ラジオも携行していなかった。事故報告書はこの点を、〈判断以前の、気象に関する認識と情報入手に基本的欠陥があったといえる〉と指摘している。

しかしそれは天候に限った話ではない。事故報告書に目を通して強く感じるのは、坂根グループとしての、山もしくは山スキーというものに対する考え方に致命的な欠陥があったということだ。

前述したとおり、坂根は会社の後輩に誘われて蓮華温泉への山スキーツアーに参加したのを機に山スキーにのめり込み、蓮華温泉に毎年通ううちに自分自身が核となって坂根グループが形成されていく。グループの輪はどんどん大きくなり、蓮華温泉のツアーだけでも二十四年間の延べ参加者数は二九〇人を数えるまでになった。ただし、各山行の参加メンバーは、マネージャー役の松井と数名以外は常に流動的だったそうで、〝来るものは拒まず、去る者は追わず〟というスタンスだったことがうかがえる。

とくに二十四年間の歴史の後半は、蓮華温泉ツアーの参加人数は膨張気味であり、しかもスキー技術がおぼつかない者、登山経験が未熟な者、装備に不備がある者など、明らかにツアーコースを踏破できるだけのレベルに達していない者も参加していたという。

坂根グループが吾妻に入山したのと同じ十一日、青森市在住の山岳写真家・山岳ガイドのいちのへ義孝が、地元福島の友人とともに吾妻小屋へ向かおうとしていた。しかし、強風のため午前中からリフトが止まっていたため、彼らはしばらく様子を見ることにした。そのときに目撃したのが坂根グループの一行だった。

〈午後からリフトが動きだした。でも前日、吾妻小屋の管理人の遠藤さんが、スキー場から小屋まで十三時間かかったので無理するな、ということもあったので行動するのはやめようということにした。天気予報も悪天をつげていましたしね。たまたま彼らの出発するところを見ていたら、おぼつかないスキーさばきで、ずいぶん小さなザックで登っていくな、と思ってましたよ。そのときも行動をためらうような強風でしたよ。

吾妻といえど二月は冬山ですからね。スキー場とはわけが違いますよ〉（『山と溪谷』一九九四年四月号より）

実際、行動経過のなかでも触れたが、一日目と二日目のペースはあまりに遅い。メンバーのなかには出発前に体調を崩した者がいて、坂根はそれを考慮して吾妻連峰のなかでも「最短コース」であるこのツアールートを選択していた。しかしそれでも一日目から行程はかなり遅れていたのだから、メンバーの力量不足は否めない。

登山計画書にしても、毎回の山行において提出する習慣はなく、坂根が立てた計画を松井がメンバーに通達するのが常であった。その一連の流れのなかでは、計画がグループの力量に見合っているかどうかはチェックされず、エスケープルートが設定されることもなかった。吾妻のケースではそれが仇《あだ》となり、捜索・救助活動の初動の遅れにつながった。七人が右往左往した尾根からは、東側の板谷鉱山や北側の五色温泉へ下るエスケープルートもとれるのだが、計画段階でそれが考慮された形跡もない。

また、装備の不備も目につく。共同装備については松井が担当となって指示を出していたが、本人に山の経験が少なく、非常用装備にも疎いという一面があった。吾妻のツアーのときも、ツエルトやシャベル、ラジオは携帯しておらず、それが遭難の一因にもなっている。ツエルトに関しては事前に松井から指示があったようだが、その指示に誤りがあったか、指示された者に思い違いかがあって、結局誰も持っていかなかった。

個人装備を見ても、下半身に着用する下着はほとんどの者が綿素材のものを使用していた。遭難の要因とは直接関係ないかもしれないが、凍傷や低体温症への対策が充分だったとは言えまい。それにも増して気になるのは、行動中にビンディングやシールが外れる小さなトラブルが何度もあったことだ。道具の不備は、事前にしっかりチェックしていれば防げるはずなのに、それがなされていなかったために不具合が続き、結果的にトータルとしての時間のロスが大きくなった可能性もある。

ちなみに個人装備の行動食をどれぐらい持っていたのかは、個々によってかなり差がある。ただ、いちばんたくさんの食料を携行し、行動中やビバーク中にもできるだけ補給するようにしていたのが、生還者の一人である平柳だった。

事故について知れば知るほど浮かび上がってくるのは、坂根グループに内在した危うさである。その二十四年間の歴史のなかでは、ひとつ間違えれば大きな事故につながっていたであろう「ヒヤリ・ハット」が少なからずあったという。しかし、それが教訓として生かされることはなく、逆に「なんとかなるものだ」という勘違いを招くことになってしまった。

十三日の昼ごろ、吹雪のなかで栗原一人が遅れはじめたときでも、生還した平岡と平柳は「緊迫感を感じていなかった」と述べている。その楽観さは空恐ろしくもある。

それまで運よく切り抜けられてきた危機一髪の体験は、いつしか武勇伝として伝わり、坂根が偶像化される一因になってしまったことに、このグループの不幸があった。

〈やがて参加するものは、ペースもゆっくりで、何の義務もなく（と思っている人が多かった）、「自分が中心」というようなアクの強いところもない坂根から、いろんな所へ「連れてってもらう」楽しみを得る。全てを依存し、考える事を放棄した時、天気が悪くても、坂根への「依存

性」の前では、何の疑問も無かったようだ〉

そんな坂根グループの山行に対して、一部では「危ない」という声も上がり、参加しなくなる者もいたという。しかし、多くの者は、誰でも受け入れてくれる楽しい雰囲気のグループと、優しく人間味に溢れた坂根の人柄に盲信的になり、面と向かってその危うさを指摘する者はほとんどいなかったようだ。

ルポライターの丸山直樹は、この事故を検証して「楽しすぎたゆえの〝悲劇〟」と題したレポートをまとめているが（山と溪谷社刊『死者は還らず　山岳遭難の現実』に収録）、そのなかで坂根グループをこう定義している。

〈坂根が主催する蓮華温泉山スキーツアーには、人間に対する限りなくやさしいまなざしをもった坂根を慕って、さまざまな人たちが集まってきた。初めに断っておけば、この集団は山岳会でも同人組織でもなく、坂根正一という人物をただ一つの求心力とする、山スキーを楽しむ人たちの集合体である〉

坂根グループの山行をひと言で表わすなら、「楽しい登山」ということに尽きる。参加者を楽しませるために、坂根は事前にコースの下見をしたり、スキーに不慣れな者に付いて一生懸命面倒を見るなどして、最大限に気を配っていた。下山後には山行の記録やエピソードを手描きのイラストと文章で綴ったものを配り、参加者を喜ばせた。そんな坂根に参加者も一〇〇パーセントの信頼を置き、グループの楽しい雰囲気のなかにどっぷりと浸かった。

登山や山スキーに〝楽しさ〟を求めるのは、決して悪いことではない。むしろ自然なことである。テレビで放映される山の番組は、どれも楽しげで美しい。もし登山や山スキーがつらく苦しいことばかりであったなら、誰も山に行きはしないだろう。

しかし、〝楽しい〟だけで済まないのが山だ。どんなに条件がよさそうに見えたとしても、山のそこここにはたくさんの危険が潜んでいる。山に行く以上、それらの危険に目をつむっているわけにはいかない。〝楽しさ〟を追求すると同時に、数多の危険への備えが必要になってくる。それが登山のリスクマネジメントというものであろう。

残念ながら、そのリスクマネジメントが坂根グループにはすっぽり抜け落ちていたと言わざるを得ない。つまり前述した「致命的な欠陥」とは、欠落していたリスクマネジメントのことを指す。

だから二日目に白浜と霧ノ平の間で方向を失ったとき、それまでは記憶に頼っていたルートファインディングが機能せず、地図とコンパスによる現在地の確認も行なわれていなかったため、現在地を特定できずに迷走状態に入ってしまった。地図とコンパスはメンバー全員が所持しており、行動中は個々で地図を見ていたようだが、パーティとして継続的に読図をし、現在地を確認したという証言はない。垣根の勘を信頼し、すべてを頼り切っていたのだから、それも当然だろう。

今であればGPSによって登山中の現在地がピンポイントで把握でき、坂根グループのような遭難事故は未然に防げる確率も高くなっている。しかし、当時すでにGPSが存在していたとしても、それを携行するかどうか以前に重要なのは、リスクマネジメントの意識を持つか持たないかであろう。

結局、天候が悪化するなかで七人は、本来なら余力のある日没前に、風雪の避けられる場所でビバーク態勢に入らなければならないのに、日が暮れても闇雲《やみくも》に行動し続け、いたずらに体力を消耗してしまう。

〈強いていえば、山そのものを楽しむことよりも、山での宴会や、誰がどんなものをもってくるかという楽しみや、下山後に通好みの温泉を借り切りにして騒げる愉快さが、坂根ツアーの特色だった〉（『死者は還らず　山岳遭難の現実』より）

〈一日目、家形山の避難小屋でのバーベキューを終えた一行は、何の疑問も抱かずに、滑川温泉の風呂と、その夜の宴会を目的に出発する。参加メンバーにとっては、2月の山スキーとい

う意識はなく、間違いなく行ける坂根との「温泉の旅」でしかなかった〉

この日の七人は、「今の窮地を切り抜ければ、温かい温泉と楽しい宴会が待っている」という思いを支えに、ギリギリまでがんばり続けたのではないだろうか（坂根パーティの山行では日没後にヘッドランプを頼りに下山した例が多いという）。それだけに、疲れ果てた揚げ句に楽しみが夢と消えたときの七人の落胆は、察するに余りある。

そして三日目は、過酷な雪山の自然に翻弄され、なす術もなく体力と気力を奪われていく。もともと想定しうる雪山のリスクへの対策がなにもなされていないうえ、唯一頼りにしていたリーダー坂根の経験則が通用せず、ほかの六人はその坂根に依存するだけだったのだから、それも致し方ない。

事故から二十年以上が経過した二〇一六（平成二十八）年十二月、地元で活動する吾妻山の会のメンバーにインタビューする機会があった。救助隊の一員として坂根グループの捜索・救助活動にも参加したメンバーの一人は、次のように語っていた。

「ニュースでは『遭難者は雪洞を掘っていた』と報道されていましたが、私たちが遭難現場に到着したときは、烈風のなかの尾根の上にただ横たわっているだけの状態でした。強風で現場の写真も撮れなかったので、隊員の一人に現場をスケッチさせました。その場所からわずか東側のほうの斜面に行けば、風はほとんどこないんですけどね。行ったりもどったりを繰り返して、最後に力尽きてしまったようでした」

その現場のイメージと、七人が思い描いていたであろう山スキーツアーのイメージのギャップはあまりに大きい。しかし、それが山のリアルだということを、私たちは直視しなければならない。

第十章

トムラウシ山のツアー登山遭難事故

嵐の渦中へ登山決行

東京都千代田区に本社を置くツアー登山の専門会社・アミューズトラベル株式会社（以下アミューズ社）のパンフレットに、その商品は次のように紹介されていた。

〈北海道最高峰の旭岳から歩き始め、大スケールの景観が広がる縦走路を「遥かなる山」トムラウシ山へ、無人小屋に泊まりながら縦走します。縦走ならではの魅力が凝縮された例年満席の大人気コースです。お申し込みはお早めに！〉

期日は二〇〇九（平成二十一）年七月十三日から十七日までの四泊五日で、料金は一五万二〇〇〇円。「魅力の大縦走大雪山系縦断の満喫コース」と銘打たれたこのツアー登山に、最終的に十五人のツアー客が参加した。

七月十三日の午後一時三十分、集合場所となった新千歳空港の到着ロビーには、広島、名古屋、仙台の三カ所から参加者が集まってきた。アミューズ社が手配した各航空便に搭乗していたガイドおよび参加者は以下のとおりである（氏名はすべて仮名）。

●広島空港十時二十五分発　ＪＡＬ　三四〇一便

西原豊ガイド（六十一歳）、寺井雅彦（六十四歳）、清水武志（六十一歳）、星野陽子（六十四歳）、

大内厚子（六十一歳）、宮本幸代（六十二歳）、谷みゆき（六十四歳）
●中部空港十時四十分発　ＪＡＬ　三一〇五便
山崎勇ガイド（三十八歳）、久保博之（六十五歳）、平戸佳菜子（五十五歳）、杉中保子（五十九歳）、永井孝（六十九歳）、岩城敏（六十六歳）、大谷由紀子（六十九歳）、浅上智江（六十八歳）、阿部道子（六十二歳）
●仙台空港十時三十五分発　ＡＤＯ　五一便
里見淳子（六十八歳）

以上のほか、札幌市在住の瀬戸順治ガイド（三十二歳）が新千歳空港で合流し、一行は総勢十八人となった。三人のガイドのうち、リーダー兼旅程管理者（いわゆる添乗員）だったのが西原ガイドで、瀬戸がメインガイド、山崎がサブガイドという役割だったが、お互いの面識はまったくなかった。また、全国的なガイド組織である日本山岳ガイド協会の資格を持っているのは、西原ガイドだけだった。今回の大雪山～トムラウシ山のコースに関しては、地元在住の瀬戸は五回ほど歩いていたが、西原ガイドと山崎ガイドにとっては初めてのコースだった。リーダーの西原ガイドから空港で「今回は僕も初めてなんだ」と聞かされ、山崎ガイドは内心唖然とし、「大丈夫かな。ケガ人もなく無事に下りてこられたらいいいな」と思ったという。

十八人全員が空港で顔をそろえたのち、一行はチャーターしたバスで大雪山の登山口となる旭岳温泉の宿へ移動した。到着後、今後の天候についてガイドから「明日は大丈夫そうだが、二日目と三日目はあまりよくないかも」という簡単な説明があった。

翌十四日の朝は予定どおり五時五十分に宿を出発し、歩いて大雪山旭岳ロープウェイの山麓駅に向かった。一行には新たにポーター役のネパール人、ラクパ・ノルブ・シェルパ（六十二歳）が加わり、総勢十九人となっていた。ロープウェイ駅で西原ガイドがラクパを紹介するとき、「ラクパと山崎はテントを持っています。避難小屋が混んでいる場合、テントで寝てもらうことになるかもしれません」と付け加えた。

六時十分発の臨時便で山上の姿見駅に上がった一行は、六時半ごろから行動を開始した。旭岳山頂到着は、午前九時ちょうど。出発時にはかかっていたガスも山頂に着くころには消え、周囲の山々が見渡せた。

このツアー中、行動時のガイドの位置取りはほぼ決まっていて、パーティの先頭を歩くのは瀬戸ガイド、ラクパと山崎ガイドが中間部に入り、しんがりに西原ガイドがついた。

旭岳をあとにした一行は雪渓を下り、間宮岳の手前の岩陰で昼食を摂った。しかし、昼食の前後にちょっとした異変が起こる。女性客の大内が嘔吐してしまったのだ。大内は標高

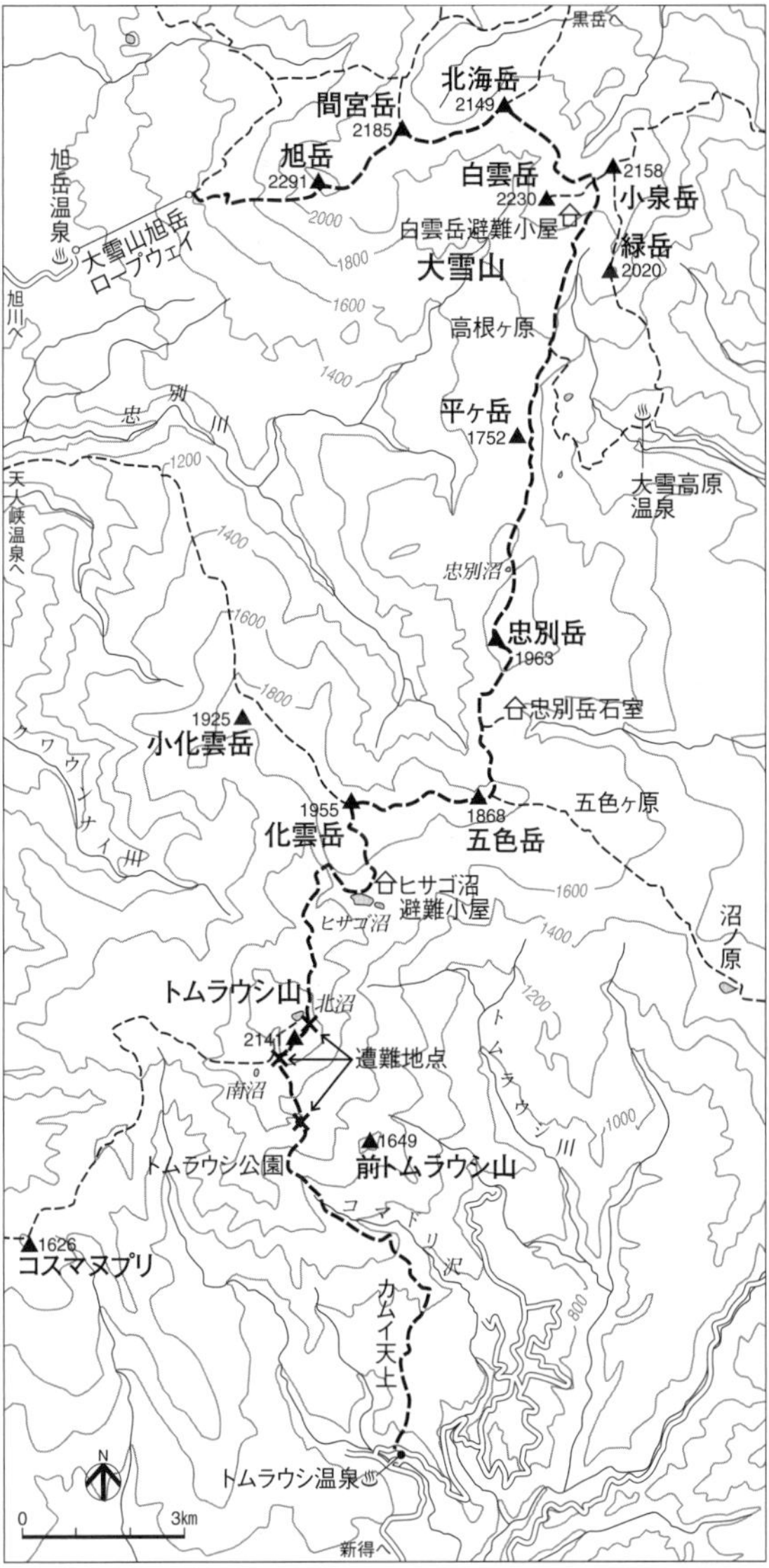
黒岳へ
北海岳
2149
間宮岳
2185
旭岳
2291
白雲岳
2230
白雲岳避難小屋
2158
小泉岳
緑岳
2020
旭岳温泉
大雪山旭岳ロープウェイ
旭川へ
大雪山
高根ヶ原
平ヶ岳
1752
忠別川
大雪高原温泉
天人峡温泉へ
忠別沼
忠別岳
1963
忠別岳石室
1925
小化雲岳
クワウンナイ川
1955
化雲岳
1868
五色岳
五色ヶ原
ヒサゴ沼避難小屋
ヒサゴ沼
沼ノ原
トムラウシ山
北沼
2141
遭難地点
南沼
トムラウシ川
1649
前トムラウシ山
トムラウシ公園
1626
コスマヌプリ
コマドリ沢
カムイ天上
トムラウシ温泉
新得へ
0
3km
N

一七〇〇メートル以上に達すると高山病の症状が出るのだが、重症化することはなく徐々に順応していくというのがいつものパターンだった。

しゃがみ込んで嘔吐する大内に西原ガイドが付き添って介抱したため、おのずと二人は一行から遅れる形となった。が、大した遅れではなく、十一時半前後の北海岳山頂到着の時点で三分ほど遅れていた程度だった。

白雲岳分岐着は十二時半ごろ。ここで山崎ガイドとラクパは白雲岳避難小屋に先行し、ほかの者は白雲岳を往復、午後二時四十分過ぎに白雲岳避難小屋に到着した。

夕食後、ガイドは携帯電話の天気サイトで上川地方の天気予報をチェックし、明日の午後は寒冷前線が通過して天気が悪くなりそうなことを確認した。そこで雷を警戒し、少しでも早くヒサゴ沼避難小屋に到着するよう出発時間を三十分早めることにして、参加者に伝えた。

翌日は朝から雨だった。それほどひどい降りではなかったが、全員が雨具を着用して五時に小屋を出発した。天気が悪いわりには意外と視界はよく、後方の山々や高原沼、空沼などの湖沼群が遠望できた。しかし、平ヶ岳あたりから風雨ともに強くなり、忠別岳の登りではかなりの強風にさらされた。雨はずっと降り続き、時折強くなったり小降りになったりした。

参加者はみな透湿性防水素材の上下セパレートタイプの雨具を着用していたが、雨による濡れにはばらつきが見られ、服がちょっと湿った程度の者もいれば、全身びしょ濡れになった者もいた。だが、そのことよりも深刻だったのが、足元からの濡れである。雨によって登山道が川のようになっており、ほとんどの者が靴の中までびしょびしょになってしまったのだ。

「今回の行程でいちばん問題だったのがそれ。足先からの冷えがいちばんこたえ、体力の消耗が著しかった」（寺井）

ヒサゴ沼避難小屋に到着した時間ははっきりしないが、午後三時前には着いていたようだ。二日目を終えた参加者の疲労の度合いには個人差があり、疲労困憊した者がいる一方で、疲れはなく物足りなさを感じていた者もいた。

小屋の二階には先着していた登山者がいたため、アミューズ社のパーティは一階に陣取った。しかし、十九人全員が横になるにはあまりに窮屈だったので、ガイド二人と参加者一人は二階に回った。一階は、濡れたウェアからしたたり落ちる水滴で、あちこちがびしょびしょに濡れていた。一時は小康状態となっていた風雨は夜更けになって再び強まり、どこからともなく雨が染み込んできて床を濡らした。

快適とはほど遠い環境のなかで、多くの者は充分な睡眠がとれず、前日の疲れを残したまま朝を迎えることになった。

十六日の朝は、夜中ほどではなかったが、風も雨もまだかなり強かった。西原ガイドから「出発を三十分遅らせて五時半にします」というアナウンスがあったのは、出発予定時間の五時前のことだった。〈天候の回復具合や出発直後の雪渓の登りを考慮して〉（『トムラウシ山事故調査報告書』より）というのがその根拠だ。五時半の出発間近になって、今度は西原ガイドが参加者にこう伝えた。

「今日の僕たちの仕事は、皆さんを山から無事に下ろすことです。なのでトムラウシ山には登らず迂回ルートを通るので、了承しておいてください」

準備を整えた参加者が三々五々、外に出はじめたとき、里見は小屋の出入り口付近で隣にいた山崎ガイドに声を掛けた。

「山崎さん、台風みたいだね」

「これは台風と同じです」

「こんな天気の日になんで歩かなければならないの。歩きたくないわね」

それに対して山崎ガイドはなにも言わなかった。里見もまた、それ以上なにか言うとワガママになると思い、口をつぐんだ。

なお、この日の午後には、「花の沼ノ原・五色ヶ原からトムラウシ山縦走」と銘打たれた同じアミューズ社のツアーの一行がヒサゴ沼避難小屋にやってくることになっていた。これを迎えるためラクパ一人が小屋に残り、十人用テント一張、四人用テント一張、炊事用具などの共同装備も小屋にデポしておいた。本隊が携行した共同装備は、瀬戸ガイドのツエルトと山崎ガイドの四人用テント一張だけであった。

五時半にヒサゴ沼避難小屋を出発した一行は、ヒサゴ沼の畔をぐるっと回り、雪渓のところでガイドの指示により全員がアイゼンを装着した。しかし、アイゼンの装着に慣れていない参加者がおり、ガイドが手伝うなどしたため時間がかかった。

雪渓が終わったところでラクパはパーティと別れ、ヒサゴ沼避難小屋へもどっていった。ここから稜線までは、大きな岩がゴロゴロとした歩きにくいコル地形の道となる。その登りで、足をもつれさせて何度も倒れるなど、早くも行動に支障をきたしはじめている者がいた。

その後の長丁場と当時の天候のことを考えたら、稜線に出るまでの間に異変の兆候が現われた時点で、引き返すかエスケープルートに回るかの決断を下すべきだった。瀬戸ガイドは、「稜線に出た時点で状況を考慮し、場合によっては天人峡へのエスケープルートをとることもやむを得ない」と考えていたという。だが、稜線に到着後、三人のガイドは計画の変更を検討することもなく、当初の計画どおりそのまま縦走を続けてしまう。

稜線には強い西風が吹き付けており、時折、雨もぱらついた。天沼を過ぎて日本庭園の木道のあたりに差し掛かるころには西風がますます強くなり、ところどころで瞬間的に立っていられないほどの風が吹いた。「ときどき風が弱くなるので、そのときに動いてください」という西原ガイドの指示に従い、星野は屈んだ体勢で木道の端をしっかりつかみ、横向きになって少しずつ進んでいった。木道をつかんでいなければ飛ばされてしまうほどの風だった。寺井は踏張りながら木道を前進したが、猛烈な風にあおられ、何度か木道を外れて飛び出してしまった。

山崎ガイドは隊列の前とうしろを行ったり来たりしながら、なにか大声で指図を出していたが、その声は風にかき消されてほとんど聞き取れなかった。

〈もし引き返すという決断をするなら、結果論だが、天沼かロックガーデンの登り口辺りだろう。あるいはもっと手前のヒサゴ沼分岐で、主稜線に上がった段階でそうするのが現実的だろう。しかし、そこで、「ルートを変えて、下山します」と言えるほどの確証がなかった。それと、やはり前日に低気圧が通過して、この日は離れていくだろうという予報だった。それが、逆にあそこまで風が強くなってしまうというのは、全く予想外、想定外だった〉（『事故調査報告書』より瀬戸ガイドのコメント）

参加者の足並みが乱れはじめるのは、ロックガーデンの登りに差し掛かったあたりからだった。抜きつ抜かれつしているうちに、いつしか列の前とうしろではかなり間隔が開いていた。後方にいた人からは、もう先頭が見えていなかったという。人のことをかまうどころではなく、誰も彼もが自分のことだけで精一杯だったようだ。

このあたりで山崎ガイドは西原ガイドに「ヤバいよ。これ、マズいっすよ」と言ったという。しかし言葉は返ってこず、そのまま先に進んでしまった。

「『やっぱり引き返そう』と言われるのをどれだけ待っていたか。それ以上言っても仕方がないので、じゃあ、自分のできることをするしかないなって思ったんです」

ロックガーデンは岩に付けられたペンキマークを追って登っていくが、雨に濡れた岩が滑るので慎重にならざるを得ず、いっそう時間がかかったようだ。その途中で、伊豆ハイキングクラブの六人パーティがアミューズ社のパーティを追い越していく。

〈このロックガーデンでアミューズPを追い越したのが9時30分過ぎ。彼らはあまりにも遅すぎるという印象だった〉(『事故調査報告書』より)

ペースが遅いというのは、里見も感じていたことだった。「なんでこんなにのんびり歩かなければならないの」と思ったりもした。だから追い越されたときは、「私もこの人たちといっしょに行きたい」というのが率直な気持ちだった。それまでの行程で、先頭の瀬戸ガイドは何度もうしろを気にして振り返っていたという。遅れがちな参加者のことを考えて、わざとペースを落としていたのだろう。

　ロックガーデンのどのあたりだったかは不明だが、途中で寺井は「ここで着なかったら着るチャンスがない」と思い、薄手のダウンジャケットを一枚着込み、さらにネックウォーマーを被った。結果的にそれがよかったのだろうと、彼はこのときのことを振り返る。

　ロックガーデンを上がり、ハイマツ帯から広い丘に向かう途中では、登山道が水浸しになっていて、その脇では雨水が滝のようにゴーゴーと音を立てて流れていた。

「まるで沢登りをしているようだったので、杉中さんに『これって沢登りといっしょじゃない』って、口に出しそうになったぐらいだった」（平戸）

　いつもパーティの後方につけていた寺井は、広い丘に来るまでにほかの参加者を追い越し、気がつけばいつの間にかパーティの先頭を歩く瀬戸ガイドの横に来ていた。

「その丘の上で、みんながそろうまで待たされた。二、三十分は待っていたと思う」

　ここでまた風がいちだんと強さを増したという。

〈ものすごい風になった。とてもではないが、まっすぐに立って歩けない風だ。記憶では冬の富士山ぐらいの強風だった〉（『事故調査報告書』より山崎ガイドのコメント）

化雲岳へ
ヒサゴ沼分岐
ヒサゴ沼
避難小屋
ヒサゴ沼
天沼
日本庭園
ロックガーデン
北沼分岐先
ガイド1名とツアー客4名が
ビバーク。うちツアー客2名が
死亡（第2ビバーク地点）
北沼
北沼徒渉点
ガイド1名とツアー客1名が
ビバーク。ともに死亡
（第1ビバーク地点）
▲2141
トムラウシ山
オプタテシケ山へ
南沼
南沼キャンプ場手前
ツアー客1名が死亡
トムラウシ公園上部
ツアー客2名が死亡
ツアー客2名がビバーク。
うち1名が死亡
（第3ビバーク地点）
トムラウシ公園
1800
前トム平
前トムラウシ山
▲1649
1600
前トム平下部
ハイマツの中に倒れていた
ガイド1名が、翌朝発見される
コマドリ沢
カムイサンケナイ川
1400
カムイ天上
1200
1000
ユウトムラウシ川
短縮コース
登山口
樺沼
トムラウシ温泉
東大雪荘
ツアー客5名が
自力下山
三股山
▲1213
N
0
1
2km
新得へ

全員がそろうのを待って、一行は丘を下りはじめた。あまりの強風のため真っ直ぐ歩けず、ストックを突いてもよろけてしまうほどだった。その先には、無数の白波の立つ北沼があった。

北沼での待ち時間

北沼に到着した時刻は、『事故調査報告書』によると十時ごろとされている。ヒサゴ沼避難小屋から北沼までの標準コースタイムは約二時間半であるが、アミューズ社のパーティはその二倍のおよそ五時間をかけて北沼にたどり着いたことになる。

北沼からは水が東斜面のほうへ溢れ出しており、川幅二メートルほどの流れになっていた。この流れを渡る際には、流れの真ん中に瀬戸ガイドが立って参加者に手を貸した。このとき、徒渉のサポートをしていた山崎ガイドは、風を受けてバランスを崩し、流れのなかに倒れ込んで全身がずぶ濡れになってしまった。

〈お客様を支えている時に風で体を持って行かれ、全身を濡らしてしまった。お客様がふらついた拍子に、後に飛ばされたわけだが、自分のザックが大きかったので、風の抵抗も強かった。最大のミスで、一気に体温が下がっていった〉(『事故調査報告書』より)

流れを渡り終えたところが北沼分岐である。ここから左に行けばトムラウシ山山頂に至り、右のルートをとればピークを迂回して南沼に出る。北沼分岐はほぼ平坦な場所で、巻き道の方向は緩やかな下りになっていた。流れを渡り終えた参加者は、分岐からその下りにかけて、長さ一五～二〇メートルほどの列になって待機していた。

「待機している時間が何分ぐらいだったかはまったくわからない。一段と強い風が吹きつけるなかで、ただひたすらじっと待っていた」（清水）

先頭から五番目ぐらいに流れを渡った里見は、誰だったのか不明だが、「座って待っていてください」と言われ、岩の上に腰を掛けてしばらく待機していた。とにかく風が強く、何度かハイマツの上にぽーんと体が投げ出された。手と足は寒さでひっきりなしに震え、止めようと思っても止められなかった。

遅れていた三人を西原ガイドと山崎ガイドがサポートして渡し終え、どうにか全員が北沼分岐に集結した。しかし、とうとうここで行動不能者が出てしまう。最後に流れを渡った浅上が、低体温症で動けなくなってしまったのだ。

「流れを渡ったところに石があり、そこにガイドさんが浅上さんを連れてきて座らせ、なにかいろいろ介抱していた。気を失いかけていたのかもしれない」（平戸）

行動不能者が出たことへの対応に三人のガイドが追われている間、ほかの参加者は吹きさらしの場所でずっと待機させられていた。風は徒渉後からまた一段と強まってきていて、間断なく吹き続けるような風になっていた。その間に阿部の様子もおかしくなり、嘔吐していたかと思うと、続けて言葉になっていない意味不明の奇声を発しはじめた。

たまりかねた久保が西原ガイドのところへ行って「どうするんですか」と尋ねると、「様子を見る」という返事だった。しかし、しばらく待っても指示がなかったため、久保は誰に言うでもなく大声で叫んだ。

「これは遭難だから、早く救助要請をすべきだ。じっと待っていたらみんな死んでしまう。方針を決めて指示を出してくれ」

それを聞いて、「私、死にたくない」と大声を上げたのは星野だ。寺井がザックを持ち上げて瀬戸ガイドに「動こう」と促すと、彼は寺井の顔を見てから西原ガイドのところへ行き、なにやら相談したあとで参加者にこう告げた。

「歩ける人は歩いていってください」

行動不能に陥った浅上には西原ガイドがその場に残って付き添うことになったため、男性客の一人である永井は持っていた自分のツエルトを二人に貸し与えた。だが、北沼分岐を出発しようとしたときか、出発して間もなくのところかで（北沼分岐出発時の状況については、生存者の証言などに食い違いが見られた）、新たに宮本、大内、杉中の三人が低体温症により行動不能となってしまった。結局、その三人の女性に瀬戸ガイドと永井が付き添ってその場に残ることになり、山崎ガイドが残る十人のツアー客を率いて下山することになった。

しかし、北沼の流れのところで転んで全身を濡らしてしまった山崎ガイドは、自分の体に異変が起こりつつあることを感じはじめていた。

〈瀬戸ガイドに「10人連れて下ってくれ」と言われたが、この時点で僕も低体温症の症状が出ていて、道も知らないし、正直言って自信なかった。この中で一番体力の残っている彼の方がいいのでは、と思ったが、2人で論じている余裕もないし、最終的に彼の指示に従った〉（『事故調査報告書』より山崎ガイドのコメント）

北沼分岐で待機していた時間がどれくらいだったのか、はっきり記憶または記録している者はいない。個々の記憶もかなり曖昧だ。「水流を渡り終えてから二時間は待っていたという感覚がある」と言うのは久保であり、平戸は「流れを渡る前に待たされた時間を含めれば一時間半ぐらいかもしれない」と言う。かと思うと、寺井は「北沼を渡ってからは一時間も待っていない。一時間半というのは大げさすぎる。そんなに待っていたら私が死んでいる」と言っている。
いずれにしても、北沼での待ち時間が参加者に大きなダメージを与え、低体温症を進行させることになったのは事実だ。その点で、ガイドに大きな判断ミスがあったことは否定のしようがない。
「待機しているとき、ガイドさんからはなんの指示も状況説明もなかった。『早く動かないと』と思ったが、具合の悪い人を一生懸命助けていることはわかっていたから、なんにも言えなかった。ほんとうならガイドさんから『着られるものを着て』といった指示があってもよかった。やはりこの北沼での対処がいちばん問題だったと思う。具合が悪くなった人を介抱するのは当然だけど、それと同時にもうちょっと風の当たらないところへ誘導するなど、ほかの人たちのフォローをすべきだった。三人のガイドさんの間で、そのへんの意思の疎通ができていなかったのではないか」（平戸）
「スタート時点からの間違いの積み重ねがあるにしても、今回の件でいちばん問題だと思うのは、三人のガイドの意思疎通が欠けていて、後続者が来るまでほかの参加者を最も寒いところで待たせたということだろう。あれほど寒かった経験は初めて。あと三十分このままでいたら、死ぬと思った。北沼の横を通り過ぎて雪渓を過ぎたあたりまで行けば、多少風がやわらいでい

トムラウシ山方面から望む北沼。事故の検証調査で

この道標周辺で遭難者は長時間待たされた

た。地形がわかっているんだったら、そこまで行かさなければいけない。少なくとも北沼を渡ったところで待つことはなかった。渡り終えた順にある程度ひとまとめにして先に行かせていれば、八人も亡くなっていなかった」（寺井）

三人のガイドの間でコミュニケーションが充分ではなく、意思の疎通が欠けていたことにより、ターニングポイントとなる場面で迅速かつ適切な対処ができずに後手後手に回ってしまったのは、誰の目にも明らかだった。

自力で動ける十人の参加者を率いて、山崎ガイドは下山を開始したが、出発して間もなく、岩陰に入ったところで風が遮られたので、エネルギー源を補給するためにいったん休憩を取った。この間に里見は、雨具の下にレスキューシートを巻き付けた。そして大谷にも「大谷さん、ダウン着なさいよ。寒いからね」と声をかけた。その声が届いたのかどうかわからない。結局、大谷はダウンジャケットを着ないまま、行動を再開したようだった。

事故直後の報道のなかには、参加者が軽装だったことを指摘するものがいくつもあった。しかし、取材したかぎりでは参加者の装備にこれといった手落ちは見られなかった。防寒具にしろ雨具にしろ、誰もがしっかりしたものをひととおり持っていたようである。

ただし、それらを充分活用していたかとなると話は別だ。北沼まで来る間にダウンジャケットやフリースの防寒具を着込んだ者、徹底的に濡れをシャットアウトした者、あるいは里見のように独自の防寒対策をとった者は、命を落とさずにすんでいる。かたや、防寒具を携行しているのに使用せず、亡くなってしまった者もいた。防寒具を着たからといって必ず助かるとはいえないが、所持していた装備の機能をちゃんと発揮させていれば、命を落とさずにすんだ人もいたのではないだろうか。

「一一〇番してくれ」

休憩を終えて歩きはじめると、すぐに雪渓に差し掛かった。行動不能に陥る者が出はじめたのは、このころからである。それを、余力のある参加者が肩を貸したり抱きかかえたりしてサポートした。山崎ガイドは、ところどころで立ち止まり、後続の人が来ていることを確認できると、また先に進むということを何回か繰り返した。しかしトムラウシ分岐から先では待つことをしなかった。山崎ガイドのあとを必死で追いかけていた星野は、ふと振り返ると誰もついてきていなかったので、「どなたもついてきていませんよ。待ってあげなくていいんですか」と声を掛けた。すると山崎ガイドは、「救助を呼ばなきゃいけないから、早く下りる」と答えた。

足元がふらつきだした大谷の肩を抱えながら里見が下っていると、先を行く先頭集団の数人がちらっと振り返るのが見えた。

「引き返してきて助けてくれるのかなあと思ったら、すーっと曲がっていって姿が見えなくなってしまった。『あっ、私たちは見捨てられたんだ』と思った。あのときほど心細かったことはなかった」（里見）

清水はまともに歩けなくなっていた岩城を支えながらトムラウシ分岐の手前まで下りてきたが、そこまでが限界だった。

「なにが起きたのかわからなかった。低体温症のことはまったく思い浮かばず、『なんでしゃがみこんで動かないの』という感じだった。そこでもう一度トムラウシ分岐まで行って自分のザックを置き、空身で岩城さんのところにもどっていった。でも、どうやっても動いてくれなかったし、返事も返ってこなくなった」（清水）

低体温症が進行した者は、しばらくはほかの者にサポートされながら歩を進めていたが、やがては力尽き、一歩も歩けなくなってしまった。そうなると、サポートする者もどうすることもできなかった。やむなく「救助隊を呼んでくるから、がんばってね」などと声を掛け、行動不能者をその場に残して下山を続けた。

南沼のキャンプ指定地。このあたりからパーティは瓦解する。事故の検証調査で

先頭を切って下山を続けていた山崎ガイドは、トムラウシ分岐を過ぎたころから足がふらつきだし、何度か転ぶようになった。

〈低体温症の知識は、文字の上では知っていた。しかし、実際に自分がなってみて、こんなにあっけなくなるんだと感じた。この分岐（注・トムラウシ分岐のこと）に着いた辺りから『あぁ、俺はもう死ぬんだ』と思い始めていた〉（『事故調査報告書』より）

山崎ガイドのあとに続いていた星野の携帯電話が鳴ったのは、前トム平下部のガレ場に差し掛かっていたときだった。それは夫からの電話で、昼ごろから何度もかけていた電話がこのときようやく通じたのだった。通話を終えたあと、そのやりとりを見ていた山崎ガイドが言った。

「それで一一〇番してくれ」

時刻は午後三時五十五分。星野が携帯からかけた電話が、この遭難事故の第一報となった。通話中に電話は何度も切れ、切れるたびに警察がかけ直してきた。やがてバッテリーがなくなってしまったが、最低限の情報は伝わったようだった。

しかし、通報後、低体温症が進行していた山崎ガイドはとうとう動けなくなってしまった。星野は何度も「下りよう」と促したが、歩き出そうとはしなかった。そこへ寺井が下りてきたので、星野と寺井は山崎ガイドを置いて下山を再開した。

7月16日、事故当日、星野陽子が撮影した唯一の写真

二人と別れたあと、山崎ガイドは朦朧とした意識のまま、再び自力で下りはじめる。しかし、前トム平の下部、巨岩のトラバース帯まで来たところで力尽きた。ザックを下ろして携帯電話を取り出そうとしたところ、そのまま前のめりにハイマツ帯のなかに倒れ込んで意識を失った。〈110番通報が通じて、自分の中で緊張の糸が切れた。最後に煙草を一本吸って死のうと考えたが、ライターが何遍やっても火がつかない。「あぁ、煙草も吸えんうちに死んじゃうんだ」と思いながら、そこから先はもう記憶がない〉(『事故調査報告書』より)

先頭集団に大きく離されながらも懸命に下山を続けていた平戸は、やがて谷に追いつき、そこからは二人でいっしょに行動することになったが、それもほんのわずかな時間のことで、トムラウシ公園の上部のあたりでとうとう谷が動けなくなった。平戸は自分のシュラフを取り出して谷の上にかけ、しばらく付き添っていたが、午後六時ごろ、谷の足に触ってみたら、もう冷たくなっていた。

「それでもうダメだなというのがわかって、そのときになって初めて『さあ、自分のことはどうしよう』と思った。休んでいるうちに体力は回復していたし、意識もはっきりして普通の状態にもどっていたので、下りようかどうしようか迷った。が、真っ暗闇のなかを歩くのは怖いという気持ちがあった。ここで下りてはいかんなと思い、ビバークすることに決めた」

横になる前にパンなどの行動食を食べ、登山靴も雨具も着けたままシュラフの中に潜り込んだ。それでも寒さは感じたが、凍えるような寒さではなく、濡れていた足も意外と冷たくはなかった。ビバーク地点からは山麓の明かりが見えていて、あれがトムラウシ温泉の明かりなんだろうと思った。夜中、被っているシュラフを一度だけめくってみたら、満天の星が輝いていた。

山崎ガイドを残して下山を再開した寺井と星野は、たどっているルートが正しいのかどうか不安を覚えながらも下山を続けた。やがて日没となり、ヘッドランプを点けてさらに下っていくと、カムイ天上分岐の標識が現われて正しいルートをたどっていることがわかった。短縮コースとトムラウシ温泉コースの分岐からは温泉コースのほうを進み、道路に飛び出したのち、通りかかった報道機関の車に拾われ、短縮コース登山口に設けられていた遭難対策本部へ搬送された。そこにはたくさんの人がいて、大きなバスも停まっていた。

星野と寺井の下山時刻は午後十一時五十五分。バスの中で事情聴取を受けたのち、トムラウシ温泉まで送られ、そこで再び夜中の三時ごろまで事情聴取が行なわれた。

さらに日付が変わった十七日の午前〇時五十分には清水と里見が、朝方の四時ごろには久保がそれぞれ自力で下山してきた。

トムラウシ公園の上部でビバークをした平戸は四時前から歩き出し、下山途中で捜索のヘリコプターに発見・救助された。意識を失っていた山崎ガイドは、現場を通りかかった登山者に発見され、通報を受けた救助隊のヘリコプターが午前十一時三十五分に病院へと搬送した。彼の意識がようやく正常にもどったのは、十二時五十分ごろのことだった。

場面は十六日の北沼周辺に変わる。山崎ガイドと十人のツアー客を送り出した瀬戸ガイドは、北沼分岐の先の雪渓を登り切ったところに所持していたツエルトを張り、その場に残った永井に手伝ってもらいながら行動不能の三人の女性のケアに当たった。ひとまず落ち着いたのち、彼は「南沼キャンプ場にテントを張っている人たちがいたら力を貸してもらおう」と考え、南沼キャンプ場に向かった。

〈南沼キャンプ場の手前で岩城がうずくまっていた。声を掛けたが反応がなく、首筋に触れても脈はなかった。さらに南沼のキャンプサイトに行くと、青いビニールシートの塊が二つあった。中を開けるとテントや毛布、ガスコンロなどがあったので、担いだり手に持ったりして来た道を戻った。途中、岩城に毛布を掛けてあげ、ビバークサイトに帰着する〉(『事故調査報告書』より)

南沼に置かれていたテントやコンロなどは、登山道整備業者がたまたま現地にデポしておいたものであり、これがなかったら、もっと犠牲者は増えていただろう、と報告書は指摘している。デポ品をビバークサイトに持ち帰った瀬戸ガイドは、永井といっしょにテントを設営し、その中に三人の女性を収容して手当てを続けた。しかし、ガスコンロによる保温や心臓マッサージなどの甲斐なく、宮本は息を引き取ってしまう。

ただ、意識を失っていた大内は意識を取りもどし、しばらくすると元気になってきた。もう一人の杉中の状態も落ち着いているように見えたので、瀬戸ガイドは水汲みを兼ねて再び南沼を往復し、ガスコンロやボンベや毛布を補充してきた。しかし、午後八時ごろテントにもどったところ、杉中が意識不明に陥っており、すぐに心臓マッサージを施したものの息を吹き返すことはなかった。その後は、三人とも雨具を着たまま膝を抱え、うとうとしながら朝を待った。

あたりが明るくなってきた翌朝四時前、西原ガイドと浅上がビバークしている北沼分岐付近まで偵察に出た瀬戸ガイドは、そこで二人の遺体を発見する。ツエルトは風で飛ばされ、近くの岩に引っ掛かっていた。

この日の天候は晴れ。朝六時五十分に陸上自衛隊のヘリコプターが北沼に飛来し、遭難者は全員山麓へと搬送されていった。

この遭難事故における死者は最終的に八人にのぼった。死因はいずれも低体温症であった。

ツアー登山の実情

国内の山において、いつごろからツアー登山が行なわれるようになったのかははっきりしないが、一九八〇（昭和五十五）年前後ではないかと思われる。その後、ツアー登山が急成長を遂げていくのは、それ以前から始まっていた中高年層の登山ブームの高まりにうまく乗っかることができたからであろう。

しかし、当初は山をろくに知らない派遣会社の添乗員が引率したこと、ガイドレシオ（ガイド一人あたりに対する客の適正人数の目安）が不備だったこと、客の体力・技術を審査せず誰彼なく受け入れたことなどから、さまざまな事故やトラブルが続発した。山を知らないわずか数名の添乗員が、山を知らない何十人もの初心者ばかりを率いて山に登ろうとしたのだから、それも当然である。今考えると恐ろしいぐらい滅茶苦茶なツアー登山が平気で催行されており、事故やトラブルが起きるも当然のことであった。

そんなさなかで起きたのが一九九九（平成十一）年九月の羊蹄山での事故である。この事故は、比羅夫登山口から羊蹄山へ向かったツアー登山の一行十五人のうちの女性客二人が、徐々に遅れをとりはじめて集団と離れて登山道を見失い、濃霧の山頂付近を迷走した末に疲労凍死してしまったというものであった。遺族は旅行会社と同行した添乗員を相手に損害賠償を求めて提訴し、第一審で被告の添乗員に有罪判決が言い渡されている。

相次ぐ事故やトラブルを受け、国内の旅行業界における二団体、（社）日本旅行業協会（ＪＡＴＡ）と（社）全国旅行業協会（ＡＮＴＡ）もさすがに危機感を募らせ、二〇〇三（平成十五）年七月にツアー登山における安全確保を図るための任意団体「旅行業ツアー登山協議会」を設立。続く〇四（平成十六）年六月には、協議会に加盟する会員六十八社が、ツアー登山を取り扱うにあたって配意し、遵守しなければならない内容をまとめた「ツアー登山運行ガイドライン」とガイドレシオが策定された。

業界全体としてのこうした取り組みが功を奏し、野放し状態だったツアー登山にある、一定の秩序をもたらした。一時期に比べると質の高いツアー登山が行なわれるようになり、山のルールやマナーから外れたトラブルもあまり聞かれなくなっていった。

旅行業ツアー登山協議会の取り組みが一定の効果を上げたことから、トムラウシ山での事故が起きる前の二〇〇九（平成二十一）年三月、協議会は発展的解散となり、四月からはＪＡＴＡ

とANTAがそれぞれツアー登山の部会を設置し、業界全体の課題については連絡会を設けて対応することになった。早速、JATAがガイドラインの見直しを行なっていたところに飛び込んできたのが、トムラウシ山での事故のニュースだった。

近年稀に見るツアー登山中の大量遭難となったこの事故は、山岳遭難史に一ページを刻んだだけではなく、ツアー登山が内包しているさまざまな問題を改めて浮き彫りにし、中高年層を中心に多くの顧客を獲得しているツアー登山業界に大きな衝撃を与えたのだった。

ちなみに同年九月一日に発表された新しいガイドラインには、引率者の条件についての追記のほか、「自社で適切な引率者を充分に配備できない場合は、現地の有資格ガイドを採用するのが望ましい」「参加者の装具が不充分で安全確保が困難と判断したら参加を断ることも考慮すべき」「避難小屋の場所取りは避け、パーティ全員分の野営装備を持参する」など、この事故を踏まえた項目がいくつか盛り込まれた。

なお、トムラウシ山のツアー登山を主催したアミューズ社は、三年後の二〇一二(平成二十四)年十一月にも中国の万里の長城ツアーで気象遭難による事故を起こし(ツアー客三人が低体温症により死亡)、同年十二月、観光庁から旅行業登録を取り消され、廃業に追い込まれた。

北海道警は二〇一七(平成二十九)年十二月、安全対策を怠り暴風雨の悪天候下でツアーを続けたとして、アミューズ社の元社長と同行ガイド三人を業務上過失致死傷の疑いで書類送検した。しかし、釧路地検は翌一八（平成三十）年三月九日付で、「証拠を検討した結果、被疑者の過失を認めがたい」とし、嫌疑不充分で四人を不起訴処分とした。

不起訴の理由は、生還したガイド二人については「死亡したリーダーガイドにツアー中止やエスケープルートへの計画変更を助言する立場にすぎず、その助言を聞き入れられなかった可能性も否定できない。このため二人に事故を回避できる可能性があったとは認めがたい」というものだった。元社長については「同業他社も中止の判断は現場のガイドに一任している。現場にいない経営者があらかじめすべての危険を考慮し、中止を判断するのは極めて困難だ」とした。また、死亡した西原ガイドに対しては、「ツアー中止などを判断する立場だった」と指摘するにとどめた。

一命をとりとめた山崎ガイドは、入院中にこんなことを考えていたという。

「ああしておけばよかった、こうしておけばよかったと、いろいろな後悔ばかりしていました。引き返すチャンスはいっぱいあったのに、なぜ引き返さなかったんだろうとか、お客さんがバラバラになったときに、どうして僕はテントを広げなかったんだろうとか。でも結局、ヒサゴ沼避難小屋を出発したことがすべてだと思います。北沼まで来てしまって、ああいう状態になっちゃってからでは、もう遅すぎます」

事故を回避するターニングポイントは、ヒサゴ沼避難小屋から雪渓を登って稜線に出たとき、日本庭園のあたりを縦走しているとき、ロックガーデンに差し掛かったときなど、いくつかあったと思う。だが、最大のターニングポイントは、やはりヒサゴ沼避難小屋を出発するときだった。山崎ガイドも言うように、北沼分岐まで来てしまった時点では、正直もう遅かったような気がする。もはや犠牲者が出ることは食い止められず、できることといったら、いかにそれを最小限に抑えられるか、ぐらいだっただろう。

なぜ悪天候をついてまで出発してしまったのか。その判断が大きな分かれ道になったことは間違いない。そういう意味では、事故の要因はガイドの判断ミスのひと言に尽きる。

問題は、なにがガイドの判断ミスを引き起こさせたのか、ということだ。

ガイドとしての資質、ガイド同士の人間関係、各ガイドの権限、ツアー会社とガイドの契約内容および力関係、計画の妥当性、天候、予備日の有無、参加者の技量と足並み、ガイドと参加者の体調、装備、リスクマネジメントなどなど、検証されなければならないことは山ほどあった。

事故後、日本山岳ガイド協会は事故調査特別委員会を立ち上げ、生存者全員およびアミューズ社の関係者らに聞き取り調査をして、『事故調査報告書』をまとめて公開した。だが、リーダーであった西原ガイドが死亡しているうえ、ガイド二人と元社長が不起訴処分となったため、充分な検証がされたとは言い難い。不起訴の報を聞いた遺族が不満の声を上げたのも、当然のことだろう。

この事故を起こしたアミューズ社はもう存在しないが、ツアー登山は今も盛んに行なわれている。登山の経験の少ない初心者や、技術・体力に自信のない中高年登山者にとって、計画立案から交通機関・宿の手配、そして引率までを面倒見てくれるツアー登山は、利用価値の高い登山の一形態なのだろう。

しかし、トムラウシ山での事故以降、ツアー登山中の遭難事故がまったくなくなったというわけではない。何人もの犠牲者が出る大きな事故こそないものの、参加者や引率ガイドが死傷する事故は毎年散見される。山岳遭難救助隊員に話を聞けば、「危なっかしいツアー登山を催行している」として、具体的なツアー会社の名前も挙がる。

ツアー登山が内包している問題は今なお多い。トムラウシ山のような事故が繰り返されないことを願うばかりだ。

あとがき

日本における近代登山の歴史には、社会的にも大きなニュースとなった遭難事故が少なからず記録されている。しかし、そのひとつひとつの事故について、概要的なことはおぼろげながら頭に入っていても、そのときの状況や事故に至るまでの経過、事故要因など、詳細についてはほとんど知らないも同然だった。なかには小説や映画として取り上げられたものもいつくかあったが、それらはあくまでフィクションであり、ほんとうのところはどうだったのかわからないままだった。

しかし、山岳遭難事故の検証が執筆テーマのひとつとなって以来、古い記録や文献に触れているうちに気になってきたのが、こうした過去の大きな遭難事故の詳細であった。そこで調べはじめたことが、本書を執筆するきっかけとなった。

ただ、そのほとんどが古い事故なので、当事者に話を聞くことはかなわず、頼りになるのは事故に関する文献のみだった。私がこれまで行なってきた遭難事故の検証作業のほとんどは、事故の当事者および救助隊員などの関係者に会って話を聞き、それを整理してまとめるという形をとっていたが、本書に関してはその方法論がまったく通用しなかった。

代わりに新聞や雑誌の記事、事故に関する書籍など、可能なかぎりの文献を集めて読み込み、事故を検証していった。なかでも最もよりどころとなったのが事故報告書の類である。かつては登山者の多くが山岳会や山岳部に所属していたため、遭難事故が起こると会や部で事故をしっかり検証し、同じ過ちを繰り返さないために事故報告書をまとめるのが当たり前のように行なわれていた。だから報告書を一読すれば、当時の状況、事故発生までの過程、事故発生後のメンバーの行動、事故の要因などが手に取るようにわかり、まるでその場にいたかのように現場の様子を思い浮かべることができた。

ただひとつ苦労したのは、事故報告書は非売品で発行部数も少なく、しかも古いものばかりなので、入手するのが非常に困難だったことだ。そのせいもあって資料集めに苦労し、着手してから刊行するまでに約三年という時間がかかってしまった。

作業がはかどるようになったのは、日本山岳会の図書室のおかげである。そこには寄贈された古い事故報告書が保管されており、昔の大学山岳部の部報や山岳雑誌のバックナンバーなどもそろっていた。もし日本山岳会の図書室がなかったら、おそらく本書は世に出ていなかっただろう。

本書で取り上げた個々の事例のほとんどは、このように事故報告書をベースにして、ほかの文献も参考にしながら執筆した。そういう意味で、内容的には事故報告書を私なりに再構成したものになったと考えている。そのやり方で果たしてよかったのか、ライターとしては疑問を感じないわけでもなかったが、それ以外にやりようがなかったのもまた事実である。

本書では十件の事故を取り上げているが、立山の事例は拙著『ドキュメント　気象遭難』に、トムラウシ山の事例は共著の『トムラウシ山遭難はなぜ起きたのか』にも収録されている。個人的には、すでに発表しているものを再録するのは本意ではなかったが、「どちらも登山史に残る遭難事故だから」という編集担当の意向で本書に含めることになった。

再録にあたって、立山の事例では新たに救助に携わった二人にインタビューして、その内容を加筆した。また、いくつか事実誤認があったことも判明したので、その箇所は修正した。トムラウシ山の事例については、初出を大幅に削る形で収録した。事故の詳細については前書をご覧いただきたい。

なお、登場人物の名前については実名を原則としている。正直、実名にするか仮名にするか迷ったが、登場する著名人のみ実名にしてほかの方を仮名にするというのは整合性がとれないし、かといって著名人も含めて仮名にするというのもおかしな話である。また、同じ事例を扱っているほかの書籍や文献などでも実名で書かれていることも考慮した。ただし、唯一、当事者の方々に取材して執筆したトムラウシ山の事例のみ、「仮名で執筆する」というのが約束だったので、仮名となっている。

最後に、本書を通して今に通じる遭難事故回避のための教訓を得ていただけたら嬉しく思う。もし機会があれば、気になっているほかの遭難事例についてもおいおい同様の作業を進めていきたい。

また、資料探しをお手伝いいただいた日本山岳会のスタッフの方、そして遅れがちの原稿を辛抱強く待っていていただいた山と溪谷社の神長幹雄氏に心より感謝を申し上げる。

二〇一九年十二月十二日

羽根田　治

参考文献

第一章　木曽駒ヶ岳の学校集団登山事故

平成24年度特別展「中箕輪尋常高等小学校の駒ヶ岳遭難」展示図録（箕輪町郷土博物館）

『新装版　聖職の碑』新田次郎著（講談社文庫）

『伊那路』昭和38年12月（上伊那郷土研究会）

『山岳』第8年3号（日本山岳会）

『ケルンに生きる　─遭難の手記3』（二玄社）

『野外教育研究』２００６年10巻1号

『目で見る日本登山史』（山と溪谷社）

第二章　劔澤小屋の雪崩事故

『劔沢に逝ける人々』（東京帝国大学山の会編）

『世界ノンフィクション全集5』（筑摩書房）

『新編日本山岳名著全集12』（三笠書房）

『ケルンに生きる　─遭難の手記1』（二玄社）

『岩と雪の悲劇Ⅱ 立山ガイドの系譜』安川茂雄著（三笠書房）

『単独行』加藤文太郎著（二見書房）

第三章　冬の富士山巨大雪崩事故

『追悼　富士に眠る仲間へ』（日本大学体育会山岳部編）

『富士遭難追悼号』（東京大学スキー山岳部）

『ケルンに生きる　─遭難の手記2』（二玄社）

『日本大学山岳部八十年の歩み』（日本大学保健体育審議会山岳部・桜門山岳会）

第四章　前穂東壁のナイロンザイル切断事故

『石岡繁雄が語る氷壁　ナイロンザイル事件の真実』石岡繁雄・相田武男著（あるむ）

ウェブサイト「登山家　石岡繁雄の一生」https://shigeoishioka.com

『岩稜会冬山合宿前穂東壁遭難記録原本』

『三重県山岳連盟報告　第6号』

『ナイロンザイル事件報告書』（岩稜会）

『日本登山大系　槍ヶ岳・穂高岳』柏瀬祐之・岩崎元郎・小泉弘編（白水社）

第五章　谷川岳の宙吊り事故
『この山にねがいをこめて――谷川岳警備隊員の手記』（二見書房）
『日本登山大系　谷川岳』柏瀬祐之・岩崎元郎・小泉弘編（白水社）
『垂直の上と下』小森康行著（中公文庫）
『谷川岳に逝ける人びと』安川茂雄著（平凡社ライブラリー）
『山・よき仲間』成瀬岩雄著（茗溪堂）

第六章　愛知大学山岳部の大量遭難事故
『薬師』（愛知大学山岳部薬師岳遭難誌編集委員会編）

第七章　西穂独標の学校登山落雷事故
『西穂高岳落雷遭難事故調査報告書』（長野県松本深志高等学校）

第八章　立山の中高年初心者遭難事故
『ドキュメント　気象遭難』羽根田治著（山と溪谷社）

第九章　吾妻連峰のスキーツアー遭難事故
『1994年2月　吾妻連峰山スキー　遭難事故報告書』（坂根グループ友人有志）
「そして5人は帰らなかった――吾妻連峰・雪山遭難を辿る」（教育テレビ）
『死者は還らず　山岳遭難の現実』丸山直樹著（山と溪谷社）
『吾妻山回想譜――先人に捧ぐる鎮魂歌』二階堂匡一朗著

第十章　トムラウシ山のツアー登山遭難事故
『トムラウシ山遭難はなぜ起きたのか――低体温症と事故の教訓』羽根田治ほか著（山と溪谷社）
『トムラウシ山遭難事故調査報告書』（トムラウシ山遭難事故調査特別委員会）

＊そのほか、それぞれの事故に関する新聞および『山と溪谷』『岳人』の記事を参考にしています。

本文写真＝読売新聞社、毎日新聞社、
内田 修、羽根田 治、
前田陽子
地図制作＝千秋社

羽根田 治（はねだ・おさむ）

1961年、埼玉県浦和市（現・さいたま市）生まれ。フリーライター。山岳遭難や登山技術に関する記事を、山岳雑誌や書籍で発表する一方、沖縄、自然、人物などをテーマに執筆活動を続けている。主な著書に『ドキュメント生還』『空飛ぶ山岳救助隊』『山でバテないテクニック』『野外毒本』『トムラウシ山遭難はなぜ起きたのか』（共著）、『山の遭難』など多数。近著に『人を襲うクマ』がある。2013年より長野県の山岳遭難防止アドバイザーを務める。

十大事故から読み解く

山岳遭難の傷痕

二〇二〇年二月五日　初版第一刷発行
二〇二〇年九月十五日　初版第三刷発行

著　者　羽根田 治
発行人　川崎深雪
発行所　株式会社 山と溪谷社
〒一〇一－〇〇五一
東京都千代田区神田神保町一丁目一〇五番地
https://www.yamakei.co.jp/

■乱丁・落丁のお問合せ先
山と溪谷社自動応答サービス　電話〇三－六八三七－五〇一八
受付時間／10:00～12:00、13:00～17:30（土日、祝日を除く）
■内容に関するお問合せ先
山と溪谷社　電話〇三－六七四四－一九〇〇（代表）
■書店・取次様からのお問合せ先
山と溪谷社受注センター　電話〇三－六七四四－一九一九
FAX〇三－六七四四－一九二七

印刷・製本　大日本印刷株式会社

ISBN 978-4-635-17199-1